영어독립
인생 명언 200

영어독립 인생 명언 200

초판 1쇄 발행 2023년 3월 22일
초판 7쇄 발행 2024년 6월 26일

지은이 상상스퀘어 영어독립콘텐츠팀
펴낸이 고영성

기획 김주현   편집 박희라   디자인 강지은

펴낸곳 주식회사 상상스퀘어
출판등록 2021년 4월 29일 제2021-000079호
주소 경기도 성남시 분당구 성남대로 52, 그랜드프라자 604호
팩스 02-6499-3031
이메일 publication@sangsangsquare.com
홈페이지 www.sangsangsquare.com

ISBN 979-11-92389-20-2   (03740)

당신의 삶을 변화시키는
인생 명언 영어로 공부하기

영어독립

인생 명언 200

상상스퀘어 영어독립콘텐츠팀 지음

영어로 익히는 명언, 명언으로 배우는 영어!

인간관계, 도전과 변화, 배움과 학습, 꿈과 비전 등
유명 인사들이 남긴 주옥같은 명언 200개 수록

상상스퀘어

**If you change the way you look at things,
the things you look at change.**

- Wayne Dyer -

사물을 보는 방식이 바뀌면, 바라보는 사물도 바뀐다.

- 웨인 다이어 -

나 _____ 은(는)

영어독립 인생 명언 200을 통해

_____ 것이 목표다.

영어와 한국어의 가장 큰 차이점이 무엇이라고 생각하시나요? 단연 어순이라고 생각합니다. '누가(무엇을 어디에서 어떻게) 했다'라고 할 때 우리말에서는 동사('했다')가 문장의 제일 마지막에 나오지만, 영어에서는 '누가 했다 (무엇을 어디에서 어떻게).'와 같이 동사가 주어의 바로 다음에 나오기 때문입니다. 이 어순을 파악해야 영어 문장 구조를 쉽게 이해할 수 있습니다. 여기서 두 가지 대원칙만 알면 됩니다.

첫 번째, 문장의 핵심 주어와 핵심 동사는 가장 앞에 나온다.
두 번째, 모든 문장에는 동사가 하나다.

물론 예외는 있습니다. 강조하고 싶은 내용을 앞으로 가지고 오는 경우나 주어가 생략되는 경우, 접속사(그리고, 그런데, 그러나 등)로 연결된 경우가 그렇습니다. 하지만 모든 문장에서 기본적으로 동사가 하나이고 앞에 나온다는 점을 안다면, 두렵기만 하던 영어의 긴 문장이 만만해 보이기 시작할 겁니다. 동사가 아닌데 동사처럼 보이는 현재분사와 과거분사 등은 문장을 부연 설명하는 내용이기 때문입니다. 이들을 포함한 나머지는 핵심 주어와 핵심 동사만큼 중요하지 않습니다. 주어와 동사가 없으면 문장이 될 수 없기 때문입니다.

그렇다면 영어 문장을 해석할 때 가장 먼저 해야 하는 일은 무엇일까요? 문장에서 절대 빠질 수 없는 주어와 동사를 찾는 일입니다. 주어와 동사는 어떻게 찾아야 할까요? 대부분은 문장의 가장 앞부분에 있습니다. 주어와 동사가 뒤에 나오거나 혹은 도치되는 경우, 주어가 생략되거나, 주어가 길어서 뒤로 가는 경우 등의 예외 사항만 잘 찾아내면 되죠. 《영어독립 인생 명언 200》은 이러한 방법으로 문장 구조를 한눈에 파악할 수 있도록 돕는 책입니다. 유명 인사들이 남긴 주옥같은 명언 한 문장으로요.

명언으로 영어를 공부하면 여러 가지 좋은 점이 있습니다. 동기 부여가 될 뿐만 아니라 화자의 의도와 목적을 곱씹으며 문장을 한 번 더 들여다보게 됩니다. 이렇게 마음이 움직이고 머리가 고뇌하는 과정에서 문장이 두 번, 세 번, 네 번… 우리 안에서 부활하게 됩니다. 만약 인생 명언을 만난다면 그것이 우리의 삶을 바꾸는 계기가 될 수도 있습니다. 단순한 영어 공부, 그 이상이 《영어독립 인생 명언 200》으로 이루어질 수 있습니다.

《영어독립 인생 명언 200》은 〈영어독립〉 학습 서비스를 이용하는 분들이 영어 단어를 공부할 때 도움을 받을 수 있도록 기획되었습니다. '단어는 아는데, 문장 해석이 안 되는 분들을 도와드릴 방법은 없을까?'라는 고민에서 상상스퀘어 영어독립콘텐츠팀이 한마음으로 집필했습니다. 〈영어독립〉은 실제로 쓰이는 영단어를 빅테이터-AI 기반으로 우선순위를 정리하여 더 효율적으로 습득할 수 있도록 설계한 서비스입니다. 《영어독립 인생 명언 200》을 통해 문장의 구조를 이해하고, 〈영어독립〉을 통해 단어의 다양한 뜻까지 파악한다면, 누구나 긴 영어 문장을 쉽게 읽을 수 있을 거라고 생각합니다.

긴 영어 문장을 보면서 어디서부터 해석해야 할지 막막한 기분이 들었던 분들, 영어 문법 공부가 필요한데 너무 광범위해서 손을 못 대고 있는 분들께 이 책을 추천합니다. 어렵고 막연하던 영어 공부 여정에 상상스퀘어 영어독립콘텐츠팀이 다양한 방법으로 실질적인 도움이 될 수 있도록 최선을 다하겠습니다.

상상스퀘어 영어독립콘텐츠팀

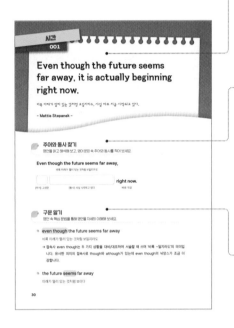

명언

인생조언, 인간관계, 도전과 변화, 배움과 학습, 꿈과 비전 등 유명 인사들이 남긴 주옥같은 명언을 영어로 읽고 해석하면서 그 의미를 생각해 보세요.

주어와 동사 찾기

해당 명언에서 핵심 주어와 핵심 동사를 찾아 적어 보세요. 주어와 동사를 찾는 연습을 하다 보면 반복적인 패턴이 있다는 것을 알 수 있습니다. 예외적인 상황을 제외하면 주어와 동사는 대부분 문장의 가장 앞에 위치합니다. 접속어로 연결되지 않는 한 핵심 동사는 문장에 하나만 있다는 사실도 기억하세요!

구문 알기

명언 속에 포함된 영어 문법을 설명해 드립니다. 단어는 아는데 문장이 해석되지 않았던 분들께 꼭 필요한 기초 문법을 모두 담았습니다. 한 문장을 완전히 이해하려고 노력하는 것이 중요합니다. 문장에서 각 요소의 순서와 시제, 용법 등 여러 표현을 공부하다 보면, 이 말을 했던 유명 인사의 의도를 더 깊이 이해할 수 있을 것입니다.

단어·숙어 알기

명언에 나온 단어와 숙어를 설명해 드립니다. 명언에 쓰인 뜻 외에도 단어의 다양한 뜻을 익힐 수 있습니다. 예문에서는 동기를 부여하는 다른 여러 명언도 만날 수 있습니다.

명언 다시 쓰기

영어 문장을 구문별로 끊어서 적어 봅니다. 문장 전체를 한꺼번에 번역하는 것이 아니라 문장의 각 구문을 차례대로 적는 연습을 하면 문장을 완전히 익히는 데 도움이 될 것입니다. 각 줄의 해석은 최대한 끊어서 나누었습니다. 마지막에는 문장 전체를 쓰면서 영어 공부뿐만 아니라 명언의 내용을 새기며 인생 공부도 할 수 있습니다.

《영어독립 인생 명언 200》을 이렇게 공부해 보세요!

적은 시간이라도 오래도록 쌓이면 큰 변화를 가져올 수 있습니다. 이때 꾸준히 공부할 뿐만 아니라 적절한 방법까지 곁들인다면, 학습 효과는 단순히 열심히 하는 것보다 훨씬 큰 효율을 가지고 올 수 있습니다. 〈영어독립〉 사이트에서 제공하는 우선순위 단어를 학습하고, 퀴즈를 통해 독해 실력을 높여 보세요. 〈영어독립〉 유튜브 채널에서 영어 공부에 도움이 되는 다양한 콘텐츠를 통해 영어에 쉽게 다가가 보세요. 이와 함께 〈스터디언 클래스〉에서 강의를 통해 기초 문법 학습과 독해의 기본기를 다질 수 있습니다.

단어 학습 〈영어독립〉

빅데이터-AI 기반으로 영어 단어를 효과적으로 학습하도록 도와주는 사이트입니다. 퀴즈를 풀면서 모르는 단어를 찾아 학습하고, 학습한 단어를 다시 퀴즈 형식으로 복습하는 방식으로 이루어져 있습니다. 대표적인 아웃풋 방식인 퀴즈를 통해 영어를 효율적이고 재미있게 공부할 수 있습니다.

유튜브 〈영어독립〉

유튜브 채널에서 《영어독립 인생 명언 200》에 나오는 명언들을 더 깊고 재미있게 공부할 수 있는 영상을 만날 수 있습니다. 단순히 책을 눈으로 읽는 데서 끝나는 것이 아니라, 영상으로 보고 들으며 복습할 수 있습니다.

인터넷 강의 〈스터디언 클래스〉

《영어독립 인생 명언 200》에 나오는 명언들의 문장 구조, 문법, 단어 등을 마치 일대일 과외를 받듯 자세하게 학습할 수 있습니다.

《영어독립 인생 명언 200》 학습 진도표

머리말				6	
책의 구성 및 활용 방법				8	
001	시간	Even though the future seems far away, it is actually beginning right now.	Mattie Stepanek	30	월 일
002	습관	We are what we repeatedly do. Excellence, then, is not an act but a habit.	Aristotle	32	월 일
003	인간 관계	The true measure of a man is how he treats someone who can do him absolutely no good.	Samuel Johnson	34	월 일
004	태도	Win as if you were used to it, lose as if you enjoyed it for a change.	Ralph Waldo Emerson	36	월 일
005	노력	Good character is not formed in a week or a month. It is created little by little, day by day.	Heraclitus	38	월 일
006	인생 조언	Just remember, once you're over the hill you begin to pick up speed.	Arthur Schopenhauer	40	월 일
007	감사	Cease to inquire what the future has in store, and take as a gift whatever the day brings forth.	Horace	42	월 일
008	고난	The hardships that I encountered in the past will help me succeed in the future.	Philip Emeagwali	44	월 일
009	배움과 학습	The unsuccessful person is burdened by learning, and prefers to walk down familiar paths.	John C. Maxwell	46	월 일
010	실패와 성공	Many of life's failures are people who did not realize how close they were to success when they gave up.	Thomas A. Edison	48	월 일

011	인생 조언	You have to attach some sort of emotional reason to any big goal you're after, or you will give up.	Rachel Hollis	50	월	일
012	도전과 변화	The first step toward change is awareness. The second step is acceptance.	Nathaniel Branden	52	월	일
013	성장과 변화	Seeds of faith are always within us; sometimes it takes a crisis to nourish and encourage their growth.	Susan L. Taylor	54	월	일
014	태도	The way you think, the way you behave, the way you eat, can influence your life by 30 to 50 years.	Deepak Chopra	56	월	일
015	노력	When I was young, I observed that nine out of every ten things I did were failures. So I did ten times more work.	George Bernard Shaw	58	월	일
016	인생 조언	Don't spend your life accumulating material objects that will only turn to dust and ashes.	Denis Waitley	60	월	일
017	신뢰	A reputation for a thousand years may depend upon the conduct of a single moment.	Ernest Bramah	62	월	일
018	행복	Three grand essentials to happiness in this life are something to do, something to love, and something to hope for.	Joseph Addison	64	월	일
019	태도	Remember to look at your glass half full and not half empty.	Mattie Stepanek	66	월	일
020	두려움	Being aware of your fear is smart. Overcoming it is the mark of a successful person.	Seth Godin	68	월	일

021	인생 조언	No matter how chaotic it is, wildflowers will still spring up in the middle of nowhere.	Sheryl Crow	70	월	일
022	도전과 변화	Man cannot discover new oceans unless he has the courage to lose sight of the shore.	Andre Gide	72	월	일
023	인간 관계	When a friend is in trouble, don't annoy him by asking if there is anything you can do.	Edgar Watson Howe	74	월	일
024	태도	Live as if you were to die tomorrow. Learn as if you were to live forever.	Mahatma Gandhi	76	월	일
025	꿈과 비전	You are never too old to set another goal or to dream a new dream.	Les Brown	78	월	일
026	인생 조언	Over every mountain there is a path, although it may not be seen from the valley.	Theodore Roethke	80	월	일
027	언어 습관	Think twice before you speak, because your words and influence will plant the seed of either success or failure in the mind of another.	Napoleon Hill	82	월	일
028	고난	If you're going through hell, keep going.	Winston Churchill	84	월	일
029	배움과 학습	The top experts in the world are ardent students. The day you stop learning, you're definitely not an expert.	Brendon Burchard	86	월	일
030	태도	Life is not a problem to be solved, but a reality to be experienced.	Soren Kierkegaard	88	월	일

031	인생 조언	Life is a series of waves to be embraced and overcome.	Danny Meyer	90	월	일
032	문제 해결 능력	No problem can be solved from the same level of consciousness that created it.	Albert Einstein	92	월	일
033	성과	A sure sign that things are going well is when no one can really remember whose idea was whose.	Stephen Colbert	94	월	일
034	태도	Behavior is the mirror in which everyone shows their image.	Johann Wolfgang von Goethe	96	월	일
035	꿈과 비전	You don't have to be a genius or a visionary or even a college graduate to be successful. You just need a framework and a dream.	Michael Dell	98	월	일
036	인생 조언	We are imprisoned in the realm of life, like a sailor on his tiny boat, on an infinite ocean.	Anna Freud	100	월	일
037	신뢰	It takes 20 years to build a reputation and five minutes to ruin it. If you think about that, you'll do things differently.	Warren Buffett	102	월	일
038	인생 조언	Life is not a matter of holding good cards, but of playing a poor hand well.	Robert Louis Stevenson	104	월	일
039	태도	It is the ability to take a joke, not make one, that proves you have a sense of humor.	Max Eastman	106	월	일
040	창의력	Every animal leaves traces of what it was; man alone leaves traces of what he created.	Jacob Bronowsk	108	월	일

041	인생 조언	Neither the life of an individual nor the history of a society can be understood without understanding both.	C. Wright Mills	110	월	일
042	도전과 변화	The opposite for courage is not cowardice, it is conformity. Even a dead fish can go with the flow.	Jim Hightower	112	월	일
043	인간 관계	They may forget what you said, but they will never forget how you made them feel.	Carl W. Buehner	114	월	일
044	태도	I think self-discipline is something, it's like a muscle. The more you exercise it, the stronger it gets.	Daniel Goldstein	116	월	일
045	노력	Gold medals are made out of sweat, blood and tears and effort in the gym every day.	Gabby Douglas	118	월	일
046	인생 조언	The world is quite eager to give you a set of criteria if you let it.	J. K. Rowling	120	월	일
047	감사	The talent for being happy is appreciating and liking what you have, instead of what you don't have.	Woody Allen	122	월	일
048	희망	Hope is being able to see that there is light despite all of the darkness.	Desmond Tutu	124	월	일
049	배움과 학습	The purpose of learning is growth, and our minds, unlike our bodies, can continue growing as we continue to live.	Mortimer Adler	126	월	일
050	실패와 성공	Failure will never overtake me if my determination to succeed is strong enough.	Og Mandino	128	월	일

051	인생 조언	No one can make you feel inferior without your consent.	Eleanor Roosevelt	130	월	일
052	도전과 변화	I would rather be a superb meteor, every atom of me in magnificent glow, than a sleepy and permanent planet.	Jack London	132	월	일
053	성장과 변화	There is nothing noble in being superior to your fellow men. True nobility lies in being superior to your former self.	Ernest Hemingway	134	월	일
054	태도	You might not be able to control your circumstances, but you can control your response to your circumstances.	Foster Friess	136	월	일
055	노력	Effort only fully releases its reward after a person refuses to quit.	Napoleon Hill	138	월	일
056	인생 조언	Knowing your own darkness is the best method for dealing with the darknesses of other people.	Carl Jung	140	월	일
057	태도	A gentleman would be ashamed should his deeds not match his words.	Confucius	142	월	일
058	고난	The world is full of suffering but it is also full of people overcoming it.	Helen Keller	144	월	일
059	탁월함	Perfection is achieved, not when there is nothing more to add, but when there is nothing left to take away.	Antoine de Saint-Exupéry	146	월	일
060	두려움	The weeds keep multiplying in our garden, which is our mind ruled by fear. Rip them out and call them by name.	Sylvia Browne	148	월	일

061	인생조언	All truths are easy to understand once they are discovered; the point is to discover them.	Galileo Galilei	150	월	일
062	도전과 변화	Refuse to be average. Let your heart soar as high as it will.	Aiden Wilson Tozer	152	월	일
063	인간관계	It's better to hang out with people better than you. Pick out associates whose behavior is better than yours and you'll drift in that direction.	Warren Buffett	154	월	일
064	태도	Choosing to be positive and having a grateful attitude is going to determine how you're going to live your life.	Joel Osteen	156	월	일
065	꿈과 비전	Vision is the art of seeing what is invisible to others.	Jonathan Swift	158	월	일
066	인생조언	Your assumptions are your windows on the world. Scrub them off every once in a while, or the light won't come in.	Alan Alda	160	월	일
067	신뢰	If you have nothing to hide, there is no reason not to be transparent.	Mohamed ElBaradei	162	월	일
068	인내	A hero is an ordinary individual who finds the strength to persevere and endure in spite of overwhelming obstacles.	Christopher Reeves	164	월	일
069	배움과 학습	Knowledge has to be improved, challenged, and increased constantly, or it vanishes.	Peter Drucker	166	월	일
070	실패와 성공	I firmly believe that unless one has tasted the bitter pill of failure, one cannot aspire enough for success.	A. P. J. Abdul Kalam	168	월	일

| 071 | 인생
조언 | If you enjoy the fragrance of a rose, you must accept the thorns which it bears. | Isaac Hayes | 170 | 월 | 일 |

| 072 | 인간
관계 | One of the most beautiful qualities of true friendship is to understand and to be understood. | Lucius Annaeus Seneca | 172 | 월 | 일 |

| 073 | 성과 | If I only had an hour to chop down a tree, I would spend the first 45 minutes sharpening my axe. | Abraham Lincoln | 174 | 월 | 일 |

| 074 | 태도 | Pursue some path, however narrow and crooked, in which you can walk with love and reverence. | Henry David Thoreau | 176 | 월 | 일 |

| 075 | 꿈과
비전 | The path from dreams to success does exist. May you have the vision to find it, the courage to get on to it, and the perseverance to follow it. | Kalpana Chawla | 178 | 월 | 일 |

| 076 | 인생
조언 | Knowledge is that possession that no misfortune can destroy, no authority can revoke, and no enemy can control. | Bryant H. McGill | 180 | 월 | 일 |

| 077 | 호기심 | Millions saw the apple fall, but Newton was the one who asked why. | Bernard Baruch | 182 | 월 | 일 |

| 078 | 행복 | I have learned to seek my happiness by limiting my desires, rather than in attempting to satisfy them. | John Stuart Mill | 184 | 월 | 일 |

| 079 | 태도 | The only proper way to eliminate bad habits is to replace them with good ones. | Jerome Hines | 186 | 월 | 일 |

| 080 | 창의력 | The creative process is not controlled by a switch you can simply turn on or off; it's with you all the time. | Alvin Ailey | 188 | 월 | 일 |

081	인생 조언	The person who can bring the spirit of laughter into a room is indeed blessed.	Bennett Cerf	190	월	일
082	도전과 변화	We must free ourselves of the hope that the sea will ever rest. We must learn to sail in high winds.	Aristotle Onassis	192	월	일
083	인간 관계	No matter what happens in life, be good to people. Being good to people is a wonderful legacy to leave behind.	Taylor Swift	194	월	일
084	태도	True wealth is not of the pocket, but of the heart and of the mind.	Kevin Gates	196	월	일
085	노력	The harder I train every day on the track and in the gym, the more trust I gain in myself.	Miguel Cotto	198	월	일
086	인생 조언	In order for the light to shine so brightly, the darkness must be present.	Francis Bacon	200	월	일
087	감사	It's not possible to experience constant euphoria, but if you're grateful, you can find happiness in everything.	Pharrell Williams	202	월	일
088	인생 조언	Keep your face always toward the sunshine, and shadows will fall behind you.	Walt Whitman	204	월	일
089	배움과 학습	Intellectual growth should commence at birth and cease only at death.	Albert Einstein	206	월	일
090	후회	For all sad words of tongue and pen, the saddest are these, "It might have been."	John Greenleaf Whittier	208	월	일

091	인생 조언	Man never made any material as resilient as the human spirit.	Bernard Williams	210	월	일
092	도전과 변화	However impenetrable it seems, if you don't try it, then you can never do it.	Andrew Wiles	212	월	일
093	열정	The secret of genius is to carry the spirit of the child into old age, which means never losing your enthusiasm.	Aldous Huxley	214	월	일
094	태도	No matter how you feel, get up, dress up, show up, and never give up.	Regina Brett	216	월	일
095	노력	I can accept failure. Everyone fails at something. But I can't accept not trying.	Michael Jordan	218	월	일
096	인생 조언	It is time for parents to teach young people early on that in diversity there is beauty and there is strength.	Maya Angelou	220	월	일
097	신뢰	Truth will rise above falsehood as oil above water.	Miguel de Cervantes	222	월	일
098	고난	Only if you have been in the deepest valley, can you ever know how magnificent it is to be on the highest mountain.	Richard M. Nixon	224	월	일
099	태도	Humor does not rescue us from unhappiness, but enables us to move back from it a little.	Mason Cooley	226	월	일
100	두려움	You can discover what your enemy fears most by observing the means he uses to frighten you.	Eric Hoffer	228	월	일

101	인생 조언	Don't let nobody tell you that you can't do it. Love what you do until you don't love it anymore. Nothing's impossible.	Fetty Wap	230	월	일
102	도전과 변화	A ship in port is safe, but that's not what ships are built for.	Grace Hopper	232	월	일
103	인간 관계	It is literally true that you can succeed best and quickest by helping others to succeed.	Napoleon Hill	234	월	일
104	태도	My mission in life is not merely to survive, but to thrive; and to do so with some passion, some compassion, some humor, and some style.	Maya Angelou	236	월	일
105	꿈과 비전	The only thing worse than being blind is having sight but no vision.	Helen Keller	238	월	일
106	인생 조언	I prefer to be a good human being rather than a good character on screen.	Sudeep	240	월	일
107	언어 습관	Kind words not only lift our spirits in the moment they are given, but they can linger with us over the years.	Joseph B. Wirthlin	242	월	일
108	후회	Never look back unless you are planning to go that way.	Henry David Thoreau	244	월	일
109	배움과 학습	Success isn't about the end result, it's about what you learn along the way.	Vera Wang	246	월	일
110	상상력	Imagination will often carry us to worlds that never were. But without it we go nowhere.	Carl Sagan	248	월	일

111	인생 조언	The world and the universe are far more wonderful if there's not a puppet master.	Dave Matthews	250	월	일
112	문제 해결 능력	Those who occupy their minds with small matters, generally become incapable of greatness.	Francois de La Rochefoucauld	252	월	일
113	성장과 변화	Growth is painful. Change is painful. But, nothing is as painful as staying stuck where you do not belong.	N.R. Narayana Murthy	254	월	일
114	태도	Focus on the journey, not the destination. Joy is found not in finishing an activity but in doing it.	Greg Anderson	256	월	일
115	꿈과 비전	One can never consent to creep when one feels an impulse to soar.	Helen Keller	258	월	일
116	인생 조언	Prejudices are the chains forged by ignorance to keep men apart.	Marguerite Gardiner	260	월	일
117	신뢰	Integrity is doing the right thing, even when no one is watching.	C. S. Lewis	262	월	일
118	행복	Real happiness is cheap enough, yet how dearly we pay for its counterfeit.	Hosea Ballou	264	월	일
119	탁월함	The difference between something good and something great is attention to detail.	Charles R. Swindoll	266	월	일
120	실패와 성공	Success consists of going from failure to failure without loss of enthusiasm.	Winston Churchill	268	월	일

121	인생 조언	That some achieve great success, is proof to all that others can achieve it as well.	Abraham Lincoln	270	월	일
122	도전과 변화	Accept the challenges so that you can feel the exhilaration of victory.	George S. Patton	272	월	일
123	인간 관계	A good listener is not only popular everywhere, but after a while, he knows something.	Wilson Mizner	274	월	일
124	태도	Notice that the stiffest tree is most easily cracked, while the bamboo or willow survives by bending with the wind.	Bruce Lee	276	월	일
125	꿈과 비전	Setting goals is the first step in turning the invisible into the visible.	Tony Robbins	278	월	일
126	인생 조언	We are drowning in information but starved for knowledge.	John Naisbitt	280	월	일
127	감사	Being healthy is the crown that only the sick can see. A lot of times, we take it for granted.	Hasan Minhaj	282	월	일
128	고난	The greater the difficulty, the more glory in surmounting it. Skillful pilots gain their reputation from storms and tempests.	Epictetus	284	월	일
129	배움과 학습	The educated differ from the uneducated as much as the living from the dead.	Aristotle	286	월	일
130	창의력	Diversity and inclusion, which are the real grounds for creativity, must remain at the center of what we do.	Marco Bizzarri	288	월	일

131	인생 조언	Harmony makes small things grow; lack of it makes great things decay.	Sallust	290	월	일
132	도전과 변화	If something's important enough, you should try. Even if the probable outcome is failure.	Elon Musk	292	월	일
133	열정	Enthusiasm in our daily work lightens effort and turns even labor into pleasant tasks.	James Baldwin	294	월	일
134	태도	Never say never because limits, like fears, are often just an illusion.	Michael Jordan	296	월	일
135	노력	Far and away the best prize that life offers is the chance to work hard at work worth doing.	Theodore Roosevelt	298	월	일
136	인생 조언	A compromise is the art of dividing a cake in such a way that everyone believes he has the biggest piece.	Ludwig Erhard	300	월	일
137	호기심	What we have to do is to be forever curiously testing new opinions and courting new impressions.	Walter Pater	302	월	일
138	인생 조언	The fragrance of flowers spreads only in the direction of the wind. But the goodness of a person spreads in all directions.	Chanakya	304	월	일
139	태도	It does not matter how slowly you go as long as you do not stop.	Confucius	306	월	일
140	두려움	Embrace your fear. Imagine what you're most afraid of, touch it and hold it so that you rob it of its power.	Maria Ressa	308	월	일

141	인생 조언	Criticism, like rain, should be gentle enough to nourish a man's growth without destroying his roots.	Frank A. Clark	310	월	일
142	도전과 변화	Jump, and you will find out how to unfold your wings as you fall.	Ray Bradbury	312	월	일
143	인간 관계	One of the most sincere forms of respect is actually listening to what another has to say.	Bryant H. McGill	314	월	일
144	태도	Mistakes are always forgivable, if one has the courage to admit them.	Bruce Lee	316	월	일
145	두려움	Follow your passion, be prepared to work hard and sacrifice, and, above all, don't let anyone limit your dreams.	Donovan Bailey	318	월	일
146	인생 조언	Movement is a medicine for creating change in a person's physical, emotional, and mental states.	Carol Welch	320	월	일
147	신뢰	Whoever is careless with the truth in small matters cannot be trusted with important matters.	Albert Einstein	322	월	일
148	희망	Optimism is the faith that leads to achievement. Nothing can be done without hope and confidence.	Helen Keller	324	월	일
149	배움과 학습	The reading of all good books is like a conversation with the finest men of past centuries.	René Descartes	326	월	일
150	실패와 성공	Success is not built on success. It's built on failure. It's built on frustration. Sometimes it's built on catastrophe.	Sumner Redstone	328	월	일

151	인생 조언	The value of a man resides in what he gives and not in what he is capable of receiving.	Albert Einstein	330	월	일
152	문제 해결 능력	Welcome those big, sticky, complicated problems. In them are your most powerful opportunities.	Ralph Marston	332	월	일
153	성과	It is no use saying, "We are doing our best." You have got to succeed in doing what is necessary.	Winston Churchill	334	월	일
154	태도	Most people have the will to win, few have the will to prepare to win.	Bobby Knight	336	월	일
155	꿈과 비전	Some people dream of accomplishing great things. Others stay awake and make it happen.	Mohsin Jameel	338	월	일
156	인생 조언	Humility and knowledge in poor clothes excel pride and ignorance in costly attire.	William Penn	340	월	일
157	언어 습관	As long as a word remains unspoken, you are its master; once you utter it, you are its slave.	Solomon Ibn Gabirol	342	월	일
158	고난	The apprenticeship of difficulty is one which the greatest of men have had to serve.	Samuel Smiles	344	월	일
159	태도	Be miserable. Or motivate yourself. Whatever has to be done, it's always your choice.	Wayne Dyer	346	월	일
160	상상력	Logic will get you from A to B. Imagination will take you everywhere.	Albert Einstein	348	월	일

161	인생 조언	As far as we can discern, the sole purpose of human existence is to kindle a light in the darkness of mere being.	Carl Jung	350	월	일
162	도전과 변화	You need to overcome the tug of people against you as you reach for high goals.	George S. Patton	352	월	일
163	인간 관계	To become truly great, one has to stand with people, not above them.	Montesquieu	354	월	일
164	태도	I often obsess so much about things that I can't get done that I ruin other things.	Marilyn Manson	356	월	일
165	노력	Don't worry when you are not recognized, but strive to be worthy of recognition.	Abraham Lincoln	358	월	일
166	인생 조언	To be truly engaged at work, your brain needs periodic breaks to gain fresh perspective and energy.	Shawn Achor	360	월	일
167	감사	Whoever does not regard what he has as most ample wealth, is unhappy, though he be master of the world.	Epictetus	362	월	일
168	인내	Patience is not simply the ability to wait - it's how we behave while we're waiting.	Joyce Meyer	364	월	일
169	배움과 학습	Without knowledge action is useless and knowledge without action is futile.	Abu Bakr	366	월	일
170	두려움	Courage is doing what you are afraid to do. There can be no courage unless you are scared.	Eddie Rickenbacker	368	월	일

171	인생 조언	Our prime purpose in this life is to help others. And if you can't help them, at least don't hurt them.	Dalai Lama	370	월	일
172	도전과 변화	The soul is placed in the body like a rough diamond, and must be polished, or the luster of it will never appear.	Daniel Defoe	372	월	일
173	성장과 변화	Solitude is painful when one is young, but delightful when one is more mature.	Albert Einstein	374	월	일
174	태도	Those who make the worst use of their time are the first to complain of its shortness.	Jean de la Bruyére	376	월	일
175	노력	Continuous effort - not strength or intelligence - is the key to unlocking our potential.	Winston Churchill	378	월	일
176	인생 조언	The world continues to offer glittering prizes to those who have stout hearts and sharp swords.	F. E. Smith	380	월	일
177	신뢰	To one who has faith, no explanation is necessary. To one without faith, no explanation is possible.	Thomas Aquinas	382	월	일
178	고난	A gem cannot be polished without friction, nor a man perfected without trials.	Chinese Proverb	384	월	일
179	도전과 변화	Only I can change my life. No one can do it for me.	Carol Burnett	386	월	일
180	인생 조언	Life is a series of collisions with the future; it is not the sum of what we have been, but what we yearn to be.	José Ortega y Gasset	388	월	일

181	인생 조언	Worry does not empty tomorrow of its sorrow. It empties today of its strength.	Corrie Ten Boom	390	월	일
182	도전과 변화	Life comes with many challenges. The ones that should not scare us are the ones we can take on and take control of.	Angelina Jolie	392	월	일
183	인간 관계	The need for connection and community is primal, as fundamental as the need for air, water, and food.	Dean Ornish	394	월	일
184	태도	He who is not a good servant will not be a good master.	Plato	396	월	일
185	후회	Those who do not remember the past are condemned to repeat it.	George Santayana	398	월	일
186	인생 조언	Everyone has limits. You just have to learn what your own limits are and deal with them accordingly.	Nolan Ryan	400	월	일
187	호기심	No one is dumb who is curious. The people who don't ask questions remain clueless throughout their lives.	Neil deGrasse Tyson	402	월	일
188	인생 조언	Knowledge without justice ought to be called cunning rather than wisdom.	Plato	404	월	일
189	배움과 학습	It is from books that wise people derive consolation in the troubles of life.	Victor Hugo	406	월	일
190	창의력	Man is the only creature that consumes without producing.	George Orwell	408	월	일

191	성과	What we can control is our performance and our execution, and that's what we're going to focus on.	Bill Belichick	410	월	일
192	문제 해결 능력	Making progress on longstanding challenges requires a different lens and a new approach.	Ayanna Pressley	412	월	일
193	열정	When you catch a glimpse of your potential, that's when passion is born.	Zig Ziglar	414	월	일
194	태도	It isn't the mountains ahead to climb that wear you out; it's the pebble in your shoe.	Muhammad Ali	416	월	일
195	노력	There is no problem that is not improved by effort, and no effort that is too paltry to be worth undertaking.	Sam Waterston	418	월	일
196	인생 조언	I think all my life's story is condensed in my face. It is neither innocent nor coy. It speaks volumes.	Dimple Kapadia	420	월	일
197	실패와 성공	Frustration is fuel that can lead to the development of an innovative and useful idea.	Marley Dias	422	월	일
198	시간	Since the day of my birth, my death began its walk. It is walking toward me, without hurrying.	Jean Cocteau	424	월	일
199	태도	You can do everything you can try to stop bad things from happening to you, but eventually things will happen, so the best prevention is a positive attitude.	Marie Osmond	426	월	일
200	두려움	You gain strength, courage, and confidence by every experience in which you really stop to look fear in the face.	Eleanor Roosevelt	428	월	일

Even though the future seems far away, it is actually beginning right now.

비록 미래가 멀리 있는 것처럼 보일지라도, 사실 바로 지금 시작되고 있다.

– Mattie Stepanek –

주어와 동사 찾기
명언을 읽고 해석해 보고, 영어 문장 속 주어와 동사를 적어 보세요.

Even though the future seems far away,
비록 미래가 멀리 있는 것처럼 보일지라도

		right now.
(주어) 그것은	(동사) 사실 시작되고 있다	바로 지금

구문 알기
명언 속 핵심 문법을 통해 명언을 자세히 이해해 보세요.

🍃 **even though** the future seems far away

비록 미래가 멀리 있는 것처럼 보일지라도

→ 접속사 even though는 두 가지 상황을 대비/대조하여 서술할 때 쓰며 '비록 ~일지라도'의 의미입니다. 유사한 의미의 접속사로 though와 although가 있는데 even though의 뉘앙스가 조금 더 강합니다.

🍃 the future **seems** far away

미래가 멀리 있는 것처럼 보이다

→ seem은 감각동사의 하나로 '~하게 보이다'라는 의미이며, 감각동사 다음에는 형용사가 옵니다. 따라서 여기서도 뒤에 나오는 far away는 부사가 아니라 형용사로, '멀리 떨어진, 먼'의 의미로 쓰였습니다. 감각동사에는 seem 이외에도 look, sound, smell, taste, feel 등이 있습니다.

 ## 단어·숙어 알기
명언에 나온 단어와 숙어를 익혀 보세요.

▨ **actually :** 🔵 사실, 실제로

　EX What people **actually** refer to as research nowadays is really just Googling. (Dermot Mulroney)
　요즘 사람들이 실제로 조사라고 하는 것은 사실 구글링에 불과하다.

 ## 명언 다시 쓰기
명언을 소리 내어 읽어 보고 단계별로 써 보세요.

비록 미래가 보일지라도

🖊

멀리 있는 것처럼

🖊

그것은 사실 시작되고 있다

🖊

바로 지금

🖊

"비록 미래가 멀리 있는 것처럼 보일지라도, 사실 바로 지금 시작되고 있다."

🖊

We are what we repeatedly do. Excellence, then, is not an act but a habit.

우리는 우리가 반복적으로 하는 것이다. 그러므로 탁월함은 행동이 아니라 습관이다.

– Aristotle –

주어와 동사 찾기

명언을 읽고 해석해 보고, 영어 문장 속 주어와 동사를 적어 보세요.

| | | **what we repeatedly do.** |

(주어) 우리는 (동사) 이다 우리가 반복적으로 하는 것

| | , then, | not an act but a habit. |

(주어) 탁월함은 그러므로 (동사) 이다 행동이 아니라 습관

구문 알기

명언 속 핵심 문법을 통해 명언을 자세히 이해해 보세요.

◈ We are [what we repeatedly do].

우리는 [우리가 반복적으로 하는 것]이다.

→ what은 의문사 외에도 '~하는 것'으로 해석하는 선행사를 포함한 관계대명사로 쓸 수 있습니다. 이때 what이 이끄는 절은 문장에서 주어, 보어, 목적어 역할을 모두 할 수 있으며, 이 문장에서는 be동사 다음에 와서 주어를 보충 설명해 주는 보어로 쓰였습니다.

◈ Excellence, then, is not an act but a habit.

탁월함은 그러므로 행동이 아니라 습관이다.

→ 'A가 아니라 B'라는 의미의 상관접속사 [not A but B] 구문입니다. A보다 B를 강조하고 싶을 때 유용한

표현으로, but은 등위접속사이기 때문에 A와 B에는 서로 대등한 관계인 단어와 단어, 구와 구, 절과 절의 형태가 와야 합니다. 변형된 형태인 [B, not A]를 써서 Excellence is a habit, not an act.처럼 표현할 수도 있습니다.

단어·숙어 알기
명언에 나온 단어와 숙어를 익혀 보세요.

🔹 **repeatedly :** 🔵 반복적으로

   EX She **repeatedly** touched her collar.

     그녀는 반복적으로 옷깃을 만졌다.

🔹 **excellence :** 🔵 탁월함, 뛰어남

   EX **Excellence** is a continuous process and not an accident. (A. P. J. Abdul Kalam)

     탁월함은 지속적인 과정이지 우연이 아니다.

명언 다시 쓰기
명언을 소리 내어 읽어 보고 단계별로 써 보세요.

우리는 우리가 반복적으로 하는 것이다

탁월함은 그러므로 행동이 아니라 습관이다

"우리는 우리가 반복적으로 하는 것이다. 그러므로 탁월함은 행동이 아니라 습관이다."

The true measure of a man is how he treats someone who can do him absolutely no good.

인간의 진정한 척도는 그가 자신에게 전혀 도움이 되지 않는 사람을 어떻게 대하는가이다.

- Samuel Johnson -

주어와 동사 찾기

명언을 읽고 해석해 보고, 영어 문장 속 주어와 동사를 적어 보세요.

		how he treats
(주어) 인간의 진정한 척도는	(동사) 이다	그가 어떻게 대하는가

someone who can do him absolutely no good.

자신에게 전혀 도움이 되지 않는 사람을

구문 알기

명언 속 핵심 문법을 통해 명언을 자세히 이해해 보세요.

🔖 the true measure of a man is how he treats

인간의 진정한 척도는 그가 어떻게 대하는가이다

→ 여기서 [how + 주어 + 동사]는 간접의문문으로 '~가 어떻게 …하는지'로 해석합니다. 의문문 How does he treat?가 간접의문문 형태로 문장의 일부분이 되면서 의문문의 원래 어순인 [동사 + 주어]가 아니라 평서문과 같은 [주어 + 동사] 순서가 된 것입니다.

🔖 someone [who can do him absolutely no good]

[자신에게 전혀 도움이 되지 않는] 사람

→ who는 관계대명사로, 선행사 someone을 꾸며 줍니다. 이때, who 이하의 관계사대명사절에 주어가 없는 것은 관계대명사 who가 [접속사 + 대명사 주어]의 역할을 하고 있기 때문입니다. no good은 '쓸모가 없는'이라는 뜻이므로 '그에게 아무것도 해 줄 수 없는 사람', 즉 '전혀 도움이 되지 않는 사람'이라는 의미를 만들어 줍니다

단어·숙어 알기
명언에 나온 단어와 숙어를 익혀 보세요.

🍃 **treat :** 통 다루다, 처리하다, 치료하다, 대접하다

EX Do right. Do your best. **Treat** others as you want to be **treated**. (Lou Holtz)
올바르게 행하라. 최선을 다하라. 당신이 대접받고 싶은 대로 다른 사람을 대하라.

명언 다시 쓰기
명언을 소리 내어 읽어 보고 단계별로 써 보세요.

인간의 진정한 척도는

✎

그가 어떻게 대하는가이다

✎

자신에게 전혀 도움이 되지 않는 사람을

✎

"인간의 진정한 척도는 그가 자신에게 전혀 도움이 되지 않는 사람을 어떻게 대하는가이다."

✎

Win as if you were used to it, lose as if you enjoyed it for a change.

익숙한 것처럼 승리를 거둬라, 변화를 위해 즐기는 것처럼 패배하라.

- Ralph Waldo Emerson -

주어와 동사 찾기

명언을 읽고 해석해 보고, 영어 문장 속 주어와 동사를 적어 보세요.

(   )   **as if you were used to it,**

(주어 생략) 당신은   (동사) 이겨라   그것에 익숙한 것처럼

(   )   **as if you enjoyed it for a change.**

(주어 생략) 당신은   (동사) 패배하라   변화를 위해 그것을 즐기는 것처럼

구문 알기

명언 속 핵심 문법을 통해 명언을 자세히 이해해 보세요.

▪ **as if** you were used to it / **as if** you enjoyed it for a change

그것에 익숙한 것처럼 / 변화를 위해 그것을 즐기는 것처럼

→ [as if + 주어 + 동사 과거형] 구문은 '마치 ~인 것처럼'으로 해석합니다. 중요한 것은 실제로 일어나지 않은 상황을 가정하거나 일어날 가능성이 적은 경우에 사용하는 가정법 과거 구문이기 때문에 as if 뒤에 오는 문장의 시제가 과거라는 점입니다. 예를 들어 He talks **as if** he **lived** in Seoul. 같은 문장에는 '그가 현재 서울에 살지 않지만 사는 것처럼 말한다'라는 의미가 내포되어 있습니다. 참고로, He talks **as if** he **had lived** in Seoul.은 가정법 과거완료 구문으로 '그는 서울에 살았던 것처럼 이야기하지만 실제로는 살지 않았다'는 의미입니다.

- **as if you were used to it**

  그것에 익숙한 것처럼

  → [be used to + 명사/동명사]는 '~하는 데 익숙해져 있다'라는 뜻입니다. 비슷한 형태의 [be used to + 동사원형]은 '~하는 데 사용되다'의 의미이고, [used to + 동사원형]은 '(옛날에) ~하곤 했다'라는 뜻이므로 혼동하지 않도록 유의해야 합니다.

 ## 단어·숙어 알기
명언에 나온 단어와 숙어를 익혀 보세요.

- **lose :** 통 잃어버리다, 패배하다

  EX **Nothing's worse than a guy who loses fair and square and then whines about it.** (Evel Knievel)

  정정당당하게 지고 나서 그것에 대해 불평하는 사람보다 더 나쁜 것은 없다.

 ## 명언 다시 쓰기
명언을 소리 내어 읽어 보고 단계별로 써 보세요.

승리를 거둬라

✎

그것에 익숙한 것처럼

✎

패배하라

✎

변화를 위해 그것을 즐기는 것처럼

✎

"익숙한 것처럼 승리를 거둬라. 변화를 위해 즐기는 것처럼 패배하라."

✎

Good character is not formed in a week or a month. It is created little by little, day by day.

좋은 인성은 한 주나 한 달 만에 형성되는 것이 아니다. 조금씩 하루하루 만들어지는 것이다.

- Heraclitus -

 주어와 동사 찾기

명언을 읽고 해석해 보고, 영어 문장 속 주어와 동사를 적어 보세요.

		in a week or a month.
(주어) 좋은 인성은	(동사) 형성되지 않는다	한 주나 한 달 만에

		little by little, day by day.
(주어) 그것은	(동사) 만들어진다	조금씩 하루하루

 구문 알기

명언 속 핵심 문법을 통해 명언을 자세히 이해해 보세요.

🔖 good character **is not formed**

좋은 인성은 형성되지 않는다

→ 스스로 어떤 행위를 하는 것이 아니라 다른 무언가에 의해 그런 행위를 당하는 것을 표현할 때는 [be동사 + 과거분사] 형태의 수동태를 씁니다. '받을 수(受)', '움직일 동(動)', 이렇게 한자를 보면 왜 수동태라고 부르는지 이해하기 쉽습니다. 동작을 받는다는 의미인 것이죠. 여기서 인성은 스스로 생겨나는 것이 아니라 제3의 무언가에 의해 만들어진다는 의미이므로 수동태로 쓰였습니다. be동사의 부정문은 be 동사 다음에 not을 쓰면 되기 때문에 수동태의 부정문은 [be동사 + not + 과거분사]로 씁니다.

🔖 **little by little, day by day**

조금씩, 하루하루

→ by는 시간의 전치사로는 '~까지', 장소의 전치사일 때는 '~의 옆에', 수동태에서는 '~에 의해'라는 의미로 쓰이지만, 여기서와 같이 [A by A]의 형태일 때는 A에 해당하는 단어의 의미에 따라 다양하게 활용될 수 있습니다. 예를 들어, '사례별로'는 case by case라고 하고, '나란히'는 side by side라고 합니다.

단어·숙어 알기
명언에 나온 단어와 숙어를 익혀 보세요.

🔖 **character : 명** 성격, 인성, 기질

EX **Dreams are the touchstones of our characters.** (Henry David Thoreau)
꿈은 우리의 성격을 나타내는 기준이다.

명언 다시 쓰기
명언을 소리 내어 읽어 보고 단계별로 써 보세요.

좋은 인성은 형성되지 않는다

✏️

한 주나 한 달 만에

✏️

그것은 만들어지는 것이다

✏️

조금씩, 하루하루

✏️

"좋은 인성은 한 주나 한 달 만에 형성되는 것이 아니다. 조금씩 하루하루 만들어지는 것이다."

✏️

Just remember, once you're over the hill you begin to pick up speed.

일단 언덕을 넘으면 속도가 빨라지기 시작한다는 것을 기억하라.

- Arthur Schopenhauer -

주어와 동사 찾기

명언을 읽고 해석해 보고, 영어 문장 속 주어와 동사를 적어 보세요.

(   ) Just [   ] , once you're over the hill

(주어 생략) 당신은   단지   (동사) 기억하라   일단 언덕을 넘으면

you begin to pick up speed.

속도가 빨라지기 시작한다는 것을

구문 알기

명언 속 핵심 문법을 통해 명언을 자세히 이해해 보세요.

 once you're over the hill you **begin** to pick up speed

일단 언덕을 넘으면 속도가 빨라지기 시작한다

→ once(일단 ~하면), after(~ 이후에), as soon as(~하자마자), by the time(~할 때까지), when(~할 때), while(~하는 동안) 등은 시간의 접속사로 쓰입니다. 시간의 접속사가 이끄는 절에서는 보통 현재 시제가 미래 시제를 대신합니다. 주의할 것은 시간 접속사가 등장한다고 해서 무조건 현재 시제를 쓰는 것이 아니라, 주절의 동사가 의미상 미래일 때만 시간 접속사절의 시제를 현재로 쓴다는 것입니다. 예를 들어, 다음 문장 **As soon as I met** him, I realized that something was wrong.(그를 만나자마자, 뭔가 잘못되었다는 것을 깨달았다.)처럼 주절의 동사가 과거라면, 시간 접속사절의 동사도 과거 시제를 사용해야 합니다.

명언에 나온 단어와 숙어를 익혀 보세요.

- **once :** 웹 일단 ~하면, ~하자마자　　부 한 번, 한때

  EX **Once** you say it, you are its slave.

  일단 당신이 그것을 말하면, 당신은 그 말의 노예이다.

  EX Try everything at least **once** in your life.

  인생에서 적어도 한 번은 모든 것을 시도해 보세요.

- **pick up speed :** 속도를 올리다, 탄력을 받다

  EX Our business partnership will **pick up speed** when the contract is done.

  계약이 완료되면 우리의 사업 제휴가 가속화될 것이다.

명언 다시 쓰기

명언을 소리 내어 읽어 보고 단계별로 써 보세요.

단지 기억하라

✎

일단 언덕을 넘으면

✎

속도가 빨라지기 시작한다는 것을

✎

"일단 언덕을 넘으면 속도가 빨라지기 시작한다는 것을 기억하라."

✎

Cease to inquire what the future has in store, and take as a gift whatever the day brings forth.

미래가 저장해 둔 것이 무엇인지 묻기를 그치고, 그날의 결실이 무엇이든 선물로 여겨라.

- Horace -

주어와 동사 찾기

명언을 읽고 해석해 보고, 영어 문장 속 주어와 동사를 적어 보세요.

(   )   **to inquire what the future has in store,**

(주어 생략) 당신은   (동사) 그쳐라   미래가 저장해 둔 것이 무엇인지 묻는 것을

and (   )   **as a gift whatever the day brings forth.**

그리고   (주어 생략) 당신은   (동사) 여겨라   그날의 결실이 무엇이든 선물로

구문 알기

명언 속 핵심 문법을 통해 명언을 자세히 이해해 보세요.

🔖 cease **to inquire** [what the future has in store]

[미래가 저장해 둔 것이 무엇인지 묻기를] 그쳐라

→ '~을 중단하다, ~하는 것을 그치다'라는 의미의 동사 cease 다음에 to부정사 형태인 to inquire가 왔습니다. to inquire를 우리말로 해석하면 '묻는 것'이므로 동명사 inquiring을 써도 될 것 같지만, 그렇지 않습니다. to부정사는 미래 지향성을 띠는 반면, 동명사는 과거에 '~한 것'이라는 의미를 가질 때가 많기 때문입니다. 이 문장에서는 '앞으로 묻는 것을' 멈추라는 의미이기 때문에 to부정사를 쓴 것입니다.

◾ **take as a gift [whatever the day brings forth]**

[그날의 결실이 무엇이든] 선물로 여기다

→ [take A as B]는 'A를 B로 간주하다'라는 의미의 숙어이고, whatever는 what(무엇)과 ever(~든지)가 결합된 말로 '무엇이든, ~한 모든 것'이라는 의미입니다. 여기서는 [take A as B] 구문의 A에 해당하는 whatever 이하가 너무 길어 B 뒤로 이동한 것으로 보면 됩니다.

 ## 단어·숙어 알기
명언에 나온 단어와 숙어를 익혀 보세요.

◾ **inquire :** 📀 질문하다, ~을 묻다

EX I called her to **inquire** when she would be ready.

나는 그녀에게 언제 준비되는지 물어보기 위해 전화를 걸었다.

 ## 명언 다시 쓰기
명언을 소리 내어 읽어 보고 단계별로 써 보세요.

묻는 것을 그쳐라

✎

미래가 저장해 둔 것이 무엇인지

✎

그리고 선물로 여겨라

✎

그날의 결실이 무엇이든

✎

"미래가 저장해 둔 것이 무엇인지 묻기를 그치고 그날의 결실이 무엇이든 선물로 여겨라."

✎

The hardships that I encountered in the past will help me succeed in the future.

내가 과거에 마주친 고난은 미래에 내가 성공하도록 도와줄 것이다.

– Philip Emeagwali –

주어와 동사 찾기
명언을 읽고 해석해 보고, 영어 문장 속 주어와 동사를 적어 보세요.

(주어) 내가 과거에 마주친 고난은

	me succeed in the future.

(동사) 도와줄 것이다   미래에 내가 성공하도록

구문 알기
명언 속 핵심 문법을 통해 명언을 자세히 이해해 보세요.

🔖 the hardships [that I encountered in the past]

[내가 과거에 마주친] 고난들

→ that은 형용사절을 이끄는 관계대명사 역할을 하며 that절이 선행사 the hardship을 수식합니다.

🔖 the hardship will help me succeed

그 고난은 내가 성공하도록 도와줄 것이다

→ help 다음에 목적어(me)와 목적보어(succeed)가 온 구문입니다. 이때 목적어를 보충 설명해 주는

목적보어 자리에 to부정사(to succeed)와 동사원형(succeed) 둘 다 쓸 수 있습니다. 이를테면, I helped him **clean**.과 I helped him **to clean**. 둘 다 옳은 문장입니다.

단어·숙어 알기
명언에 나온 단어와 숙어를 익혀 보세요.

hardship : 영 고난

EX Dave suffered financial **hardship** after he lost his job.

Dave는 실직한 후 재정적인 어려움을 겪었다.

encounter : 동 마주치다

EX I **encountered** my old friend on the road.

나는 길에서 우연히 옛 친구를 만났다.

명언 다시 쓰기
명언을 소리 내어 읽어 보고 단계별로 써 보세요.

내가 마주친 고난은

과거에

내가 성공하도록 도와줄 것이다

미래에

"내가 과거에 마주친 고난은 미래에 내가 성공하도록 도와줄 것이다."

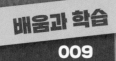

The unsuccessful person is burdened by learning, and prefers to walk down familiar paths.

성공하지 못한 사람은 배우는 것에 부담을 느끼면서 익숙한 길을 걷는 것을 선호한다.

- John C. Maxwell -

 주어와 동사 찾기

명언을 읽고 해석해 보고, 영어 문장 속 주어와 동사를 적어 보세요.

(주어) 성공하지 못한 사람은	(동사) 부담을 느낀다

by learning, and (⬚ **)** ⬚ **to walk down familiar paths.**

배우는 것에 의해   그리고   (주어 생략) 그는   (동사) 선호한다   익숙한 길을 걷는 것을

 구문 알기

명언 속 핵심 문법을 통해 명언을 자세히 이해해 보세요.

🔖 the unsuccessful person **is burdened by** learning

성공하지 못한 사람은 배우는 것에 의해 부담을 느낀다

→ 주어가 행위의 주체가 아닐 때 동사를 [be동사 + 과거분사] 형태로 써서 수동태 구문을 만듭니다. 이때 행위의 주체는 전치사 by(~에 의해)를 써서 나타냅니다. 여기서도 성공하지 못한 사람이 부담을 주는 것이 아니라 '부담을 받는 것'이기 때문에 수동태로 썼습니다. 또한, 부담을 주는 주체는 by 뒤에 나오는 learning, 즉 '배우는 것'입니다.

▨ the unsuccessful person **is** burdened by learning, **and prefers** to ~

성공하지 못한 사람은 배우는 것에 의해 부담을 느끼면서 ~하는 것을 선호한다

→ 등위접속사 and를 사이에 두고 2개의 동사가 온 구조입니다. 주어가 the unsuccessful person으로 3인칭 단수이므로 be동사 is와 일반동사 원형에 -s를 붙인 prefers가 왔습니다.

단어·숙어 알기
명언에 나온 단어와 숙어를 익혀 보세요.

▨ **burden :** 명 부담 동 부담[짐]을 지우다

EX I don't carry the **burden** of the past or the madness of the future. I live in the present. (Narendra Modi)

나는 과거의 짐이나 미래의 광기를 짊어지지 않는다. 나는 현재에 살고 있다.

명언 다시 쓰기
명언을 소리 내어 읽어 보고 단계별로 써 보세요.

성공하지 못한 사람은

✎

배우는 것에 부담을 느낀다

✎

그리고 선호한다

✎

익숙한 길을 걷는 것을

✎

"성공하지 못한 사람은 배우는 것에 부담을 느끼면서 익숙한 길을 걷는 것을 선호한다."

✎

Many of life's failures are people who did not realize how close they were to success when they gave up.

인생의 실패의 상당수는 그들이 포기했을 때 성공에 얼마나 근접했는지 깨닫지 못한 사람들이다.

- Thomas A. Edison -

 주어와 동사 찾기

명언을 읽고 해석해 보고, 영어 문장 속 주어와 동사를 적어 보세요.

		people
(주어) 인생의 실패의 상당수는	(동사) 이다	사람들

who did not realize how close they were to success when they gave up.

그들이 포기했을 때 성공에 얼마나 근접했는지 깨닫지 못한

 구문 알기

명언 속 핵심 문법을 통해 명언을 자세히 이해해 보세요.

> **how close** they were to success

그들이 성공에 얼마나 근접했는지

→ how는 기본적으로 '어떻게' 또는 '얼마나'의 뜻으로 쓰이며 [how + 형용사/부사] 형태로 쓰면 '얼마나 ~한/~하게'의 의미로 정도를 나타냅니다. 얼마나 깊은지에 대해 말한다면 how deep, 얼마나 매운지 묻는다면 how spicy라고 하면 됩니다.

> **when** they gave up

그들이 포기했을 때

→ when이 의문사로 쓰일 때는 '언제'라는 의미이지만, 이 문장에서와 같이 시간의 접속사로 쓰이면 '~할 때'라는 의미가 됩니다.

단어·숙어 알기
명언에 나온 단어와 숙어를 익혀 보세요.

🔖 **realize :** 图 깨닫다, 알아차리다

EX I **realized** the world spins without me having to spin it. (John Schnatter)
나는 내가 세상을 돌리지 않아도 세상이 돈다는 사실을 깨달았다.

🔖 **give up :** 포기하다

EX Never quit believing that you can develop in life. Never **give up**.
(Jon Huntsman, Sr.)
인생에서 발전할 수 있다고 믿는 것을 절대 그만두지 마라. 절대 포기하지 마라.

명언 다시 쓰기
명언을 소리 내어 읽어 보고 단계별로 써 보세요.

인생의 실패의 상당수는

✐

깨닫지 못한 사람들이다

✐

성공에 얼마나 근접했는지

✐

그들이 포기했을 때

✐

"인생의 실패의 상당수는 그들이 포기했을 때 성공에 얼마나 근접했는지 깨닫지 못한 사람들이다."

✐

You have to attach some sort of emotional reason to any big goal you're after, or you will give up.

당신은 당신이 좇는 모든 중요한 목표에 어느 정도 감정적 이유를 부여해야 한다.
그렇지 않으면 포기할 것이다.

— Rachel Hollis —

주어와 동사 찾기
명언을 읽고 해석해 보고, 영어 문장 속 주어와 동사를 적어 보세요.

		some sort of emotional reason
(주어) 당신은	(동사) 부여해야 한다	어느 정도 감정적 이유를

to any big goal you're after, or | | | .
당신이 좇는 모든 중요한 목표에　　그렇지 않으면 (주어) 당신은　　　(동사) 포기할 것이다

구문 알기
명언 속 핵심 문법을 통해 명언을 자세히 이해해 보세요.

🔖 **you have to attach some sort of emotional reason**

당신은 어느 정도 감정적 이유를 부여해야 한다

→ have to는 '~을 해야만 한다'는 의미로 강한 의무를 나타내는 조동사입니다. 조동사 다음에는 반드시 동사원형이 오기 때문에 동사 attach가 원형 그대로 쓰였습니다. have to의 부정형을 don't have to로 알고 있는 경우가 많은데 don't have to는 '~할 필요가 없다'는 의미입니다. '~하지 않아야 한다, ~하면 안 된다'라고 하고 싶다면 must not으로 표현하는 것이 적합합니다.

or you will give up

그렇지 않으면 당신은 포기할 것이다

→ '또는'이라는 의미로 쓰이는 접속사 or는 명령문이나 의무를 부여하는 문장 뒤에 올 경우 '그렇지 않으면, 아니면'으로 해석합니다.

 ## 단어·숙어 알기
명언에 나온 단어와 숙어를 익혀 보세요.

 attach : 📖 붙이다, 첨부하다; ~에 중요성, 의미, 가치, 무게 등을 두다

EX Don't forget to **attach** those files.

그 파일들을 첨부하는 것을 잊지 마세요.

명언 다시 쓰기
명언을 소리 내어 읽어 보고 단계별로 써 보세요.

당신은 부여해야 한다

어느 정도 감정적 이유를

당신이 좇는 모든 중요한 목표에

그렇지 않으면 당신은 포기할 것이다

"당신은 당신이 좇는 모든 중요한 목표에 어느 정도 감정적 이유를 부여해야 한다.

그렇지 않으면 포기할 것이다."

The first step toward change is awareness. The second step is acceptance.

변화를 향한 첫 단계는 인식이다. 두 번째 단계는 인정이다.

– Nathaniel Branden –

주어와 동사 찾기

명언을 읽고 해석해 보고, 영어 문장 속 주어와 동사를 적어 보세요.

		awareness.
(주어) 변화를 향한 첫 단계는	(동사) 이다	인식

		acceptance.
(주어) 두 번째 단계는	(동사) 이다	인정

구문 알기

명언 속 핵심 문법을 통해 명언을 자세히 이해해 보세요.

🔖 the first step

첫 단계

→ first(첫 번째), second(두 번째), third(세 번째) 등 사물의 순서를 나타내는 말을 '서수'라고 합니다.
서수는 앞에 항상 정관사 the가 와서 the first, the second, the third 같은 식으로 쓰입니다.

🔖 The first step toward change is awareness.

변화를 향한 첫 단계는 인식이다.

→ toward는 '~ 쪽으로, ~를 향하여'라는 뜻의 전치사입니다. 전치사는 명사, 대명사, 동명사 앞에 옵니다.

단어·숙어 알기

명언에 나온 단어와 숙어를 익혀 보세요.

🔖 **awareness :** 명 의식, 관심, 경각심

EX My call to the nation is a plea for **awareness**. (Mary Fisher)

제가 국가에 요청한 건 경각심을 일깨워 달라는 호소입니다.

🔖 **acceptance :** 명 받아들임, 동의, 수락

EX The highest patriotism is not a blind **acceptance** of official policy.

(George McGovern)

가장 높은 애국심은 공식적인 정책을 맹목적으로 받아들이는 것이 아니다.

명언 다시 쓰기

명언을 소리 내어 읽어 보고 단계별로 써 보세요.

변화를 향한 첫 단계는

✎

인식이다

✎

두 번째 단계는

✎

인정이다

✎

"변화를 향한 첫 단계는 인식이다. 두 번째 단계는 인정이다."

✎

Seeds of faith are always within us; sometimes it takes a crisis to nourish and encourage their growth.

신념의 씨앗은 항상 우리 안에 있다. 때때로 그것의 성장을 촉진하고 영양분을 공급하는 것은 위기를 필요로 한다.

– Susan L. Taylor –

주어와 동사 찾기

명언을 읽고 해석해 보고, 영어 문장 속 주어와 동사를 적어 보세요.

		always within us;
(주어) 신념의 씨앗은	(동사) 있다	항상 우리 안에

sometimes			**a crisis**
때때로	(가주어)	(동사) 필요로 한다	위기를

.

(진주어) 그것의 성장을 촉진하고 영양분을 공급하는 것은

구문 알기

명언 속 핵심 문법을 통해 명언을 자세히 이해해 보세요.

🔖 seeds [of faith] are always within us

[신념의] 씨앗은 항상 우리 안에 있다

→ 전치사 of는 앞뒤 단어의 관계를 나타냅니다. [A of B]라고 하면 'B의 A' 또는 'B에 대한 A'로 해석하지요. 이처럼 영어에서는 말하고자 하는 주제에 더 가까운 것을 먼저 말하고 그 뒤에 부가적인 정보를 전달합니다.

◌ it takes a crisis to nourish and encourage their growth

⌐⌐⌐⌐ to 생략

그것의 성장을 촉진하고 영양분을 공급하는 것은 위기를 필요로 한다

→ 등위접속사 and를 중심으로 양쪽에 to부정사가 온 구조입니다. 동사 encourage 앞에 to를 쓰지 않아도 to부정사로 유추할 수 있기 때문에 to가 생략된 것입니다. 여기서 to부정사구는 앞에 나온 가주어 it의 진주어이므로 '신념의 씨앗의 성장을 촉진하고 영양분을 공급하는 것은 위기를 필요로 한다'라는 의미가 됩니다.

단어·숙어 알기
명언에 나온 단어와 숙어를 익혀 보세요.

◌ **nourish** : 통 영양분을 공급하다, 키우다, 북돋우다

EX **Pain nourishes your courage.** (Mary Tyler Moore)

고통은 용기를 북돋운다.

명언 다시 쓰기
명언을 소리 내어 읽어 보고 단계별로 써 보세요.

신념의 씨앗은 항상 있다

우리 안에

때때로 위기를 필요로 한다

그것의 성장을 촉진하고 영양분을 공급하는 것은

"신념의 씨앗은 항상 우리 안에 있다. 때때로 그것의 성장을 촉진하고 영양분을 공급하는 것은

위기를 필요로 한다."

The way you think, the way you behave, the way you eat, can influence your life by 30 to 50 years.

당신이 생각하는 방식, 행동하는 방식, 먹는 방식은 30년에서 50년까지 당신의 삶에 영향을 미칠 수 있다.

— Deepak Chopra —

주어와 동사 찾기

명언을 읽고 해석해 보고, 영어 문장 속 주어와 동사를 적어 보세요.

(주어) 당신이 생각하는 방식	(주어) 당신이 행동하는 방식	

		your life by 30 to 50 years.
(주어) 당신이 먹는 방식은	(동사) 영향을 미칠 수 있다	30년에서 50년까지 당신의 삶에

구문 알기

명언 속 핵심 문법을 통해 명언을 자세히 이해해 보세요.

🔹 the way [you think], the way [you behave], the way [you eat]

[당신이 생각하는] 방식, [당신이 행동하는] 방식, [당신이 먹는] 방식

→ way는 단순히 '길'이 아니라 '방식, 방법'의 의미로 빈번히 쓰입니다. 이때 보통은 way 뒤에 수식하는 절이 와서 [the way + 주어 + 동사]의 형태로 무엇에 대한 방법인지 설명해 줍니다. the way 대신에 관계부사 how가 와서 [how + 주어 + 동사]로 써도 같은 뜻입니다.

단어·숙어 알기

명언에 나온 단어와 숙어를 익혀 보세요.

🔹 **behave** : 동 행동하다, 처신하다

    EX I'll observe how you **behave** and I will make my own decision.

      당신이 어떻게 행동하는지 지켜보고 제 결정을 하겠습니다.

🔹 **influence** : 동 영향을 미치다　명 영향, 영향력

    EX My brother had a strong **influence** on my childhood since my parents were too busy.

      부모님이 너무 바쁘셔서 형은 내 어린 시절에 큰 영향력을 끼쳤다.

명언 다시 쓰기

명언을 소리 내어 읽어 보고 단계별로 써 보세요.

당신이 생각하는 방식, 행동하는 방식, 먹는 방식은

당신의 삶에 영향을 미칠 수 있다

30년에서 50년까지

"당신이 생각하는 방식, 행동하는 방식, 먹는 방식은 30년에서 50년까지 당신의 삶에 영향을 미칠 수 있다."

When I was young, I observed that nine out of every ten things I did were failures. So I did ten times more work.

내가 어렸을 때, 내가 했던 일의 열 가지 중 아홉 가지가 실패였다는 것을 관찰했다.
그래서 나는 열 배 더 많은 일을 했다.

– George Bernard Shaw –

 ## 주어와 동사 찾기
명언을 읽고 해석해 보고, 영어 문장 속 주어와 동사를 적어 보세요.

When I was young, ⬚ ⬚⬚

내가 어렸을 때　　(주어) 나는　　(동사) 관찰했다

that nine out of every ten things I did were failures.

내가 했던 일의 열 가지 중 아홉 가지가 실패였다는 것을

So ⬚ ⬚ **ten times more work.**

그래서 (주어) 나는　(동사) 했다　　열 배 더 많은 일을

 ## 구문 알기
명언 속 핵심 문법을 통해 명언을 자세히 이해해 보세요.

🔖 I observed that nine out of every ten things [I did] were failures

나는 [내가 했던] 일의 열 가지 중 아홉 가지가 실패였다는 것을 관찰했다

58

→ '관찰했다'라는 의미의 동사 observed 다음에 접속사 that이 왔고, 그 뒤에 관찰한 내용이 이어지고 있습니다. 이렇게 접속사 that이 이끄는 문장을 that절이라고 하며, 여기서처럼 that절이 동사의 목적어 역할을 할 때는 '목적절'이라고 합니다. 목적절 안의 주어는 nine out of every ten things I did까지로, '열 가지 중 아홉 가지 일들' 다음에 '내가 했던'이라는 의미의 I did가 와서 수식하는 구조입니다. 핵심 주어가 nine (things)로 복수이기 때문에 목적절 안의 동사로 were가 왔습니다.

 nine **out of** every ten things

열 가지 중 아홉 가지 일들

→ [out of A]는 직역하면 'A의 안에서 밖으로'라는 뜻입니다. 여기서처럼 out of 앞뒤로 숫자가 있다면 '~중의 …개'라는 의미로, 비율을 표현할 때 쓸 수 있습니다. 그러나 정확한 비율을 표현하기보다는 '대략 열 개 중에 아홉 개' 정도의 의미를 나타냅니다.

명언 다시 쓰기
명언을 소리 내어 읽어 보고 단계별로 써 보세요.

내가 어렸을 때, 나는 관찰했다

내가 했던 열 가지 일 중에 아홉 가지가

실패였다는 것을

그래서 나는 열 배 더 많은 일을 했다

"내가 어렸을 때, 내가 했던 일의 열 가지 중 아홉 가지가 실패였다는 것을 관찰했다. 그래서 나는 열 배 더 많은 일을 했다."

Don't spend your life accumulating material objects that will only turn to dust and ashes.

결국에 먼지와 재가 되어 버릴 물건들을 모으느라 당신의 인생을 낭비하지 마라.

– Denis Waitley –

주어와 동사 찾기
명언을 읽고 해석해 보고, 영어 문장 속 주어와 동사를 적어 보세요.

(   )   **your life**

(주어 생략) 당신은   (동사) 쓰지 마라   당신의 인생을

accumulating material objects that will only turn to dust and ashes.

결국에 먼지와 재가 되어 버릴 물건들을 모으느라

구문 알기
명언 속 핵심 문법을 통해 명언을 자세히 이해해 보세요.

🔖 don't **spend your life accumulating** material objects

물건들을 모으느라 당신의 인생을 낭비하지 마라

→ '~하는 데 얼마의 시간을 쓰다'라고 말할 때 [spend + 시간 + -ing]로 표현할 수 있습니다. 물론 You **spend** too much money **buying** new shoes.(너는 새 신발을 사는 데 돈을 너무 많이 써.)처럼 시간 대신에 돈과 관련된 표현이 들어가 '~을 하는 데 얼마를 쓰다'라는 의미로 쓸 수도 있습니다.

🔖 material objects [that will only turn to dust and ashes]

[결국에 먼지와 재가 되어 버릴] 물건들

→ that 이하는 관계대명사절로 앞에 있는 material objects를 수식합니다. only는 '오직, 유일한'이라는
　의미로 많이 쓰이지만, 여기서는 '~하기만 할 뿐인, 결국 ~하게 될 뿐인'이라는 뜻으로 동사의 의미를
　강조하는 부사로 쓰였습니다.

단어·숙어 알기
명언에 나온 단어와 숙어를 익혀 보세요.

● **accumulate :** ⑤ 모으다, 축적하다

　EX I knew that I had **accumulated** too much unnecessary stuff.
　　나는 내가 불필요한 것들을 너무 많이 축적해 왔다는 것을 알았다.

● **ash :** ⑲ 재, 잿더미, 유골

　EX His **ashes** were scattered at sea by his mother.
　　그의 유골은 그의 어머니에 의해 바다에 흩뿌려졌다.

명언 다시 쓰기
명언을 소리 내어 읽어 보고 단계별로 써 보세요.

당신의 인생을 낭비하지 마라

물건들을 모으느라

결국 먼지와 재가 되어 버릴

"결국에 먼지와 재가 되어 버릴 물건들을 모으느라 당신의 인생을 낭비하지 마라."

A reputation for a thousand years may depend upon the conduct of a single moment.

천 년 동안의 명성은 한순간의 행동에 달려 있을 수 있다.

- Ernest Bramah -

주어와 동사 찾기

명언을 읽고 해석해 보고, 영어 문장 속 주어와 동사를 적어 보세요.

(주어) 천 년 동안의 명성은

	upon the conduct of a single moment.

(동사) 달려 있을 수 있다   한순간의 행동에

구문 알기

명언 속 핵심 문법을 통해 명언을 자세히 이해해 보세요.

📎 **a reputation for a thousand years**

천 년 동안의 명성

→ 전치사 for 다음에 행위가 지속된 시간이 오면 '~ 동안'으로 해석합니다. '~ 동안'의 의미를 가진 시간의 전치사에는 during도 있습니다. for는 뒤에 지속된 시간의 길이, 즉 숫자가 포함된 시간 표현이 온다면, during은 특정 기간을 나타내는 명사 자체와 함께 옵니다. 예를 들어, '10일 동안'은 for ten days로 표현하는 반면, '주말 동안'은 during the weekend라고 합니다.

a reputation for a thousand years **may depend upon** the conduct

천 년 동안의 명성은 행동에 달려 있을 수 있다

→ 조동사 may는 '~일지 모른다'는 추측과 '~해도 된다'는 허락의 의미를 기본적으로 가지고 있습니다. 여기서는 추측의 의미로 쓰였으므로 '~할 수도 있다' 정도로 해석할 수 있습니다. may는 조동사이므로 다음에 반드시 동사원형이 와야 합니다. '~에 의존하다'라는 동사 depend는 전치사 on 또는 upon과 함께 씁니다.

 ## 단어·숙어 알기
명언에 나온 단어와 숙어를 익혀 보세요.

🔖 **conduct :** 명 행동, 수행 동 행동하다, 처신하다

EX We will **conduct** a survey of the new product.

신제품에 대한 설문 조사를 실시할 예정입니다.

 ## 명언 다시 쓰기
명언을 소리 내어 읽어 보고 단계별로 써 보세요.

천 년 동안의 명성은

달려 있을 수 있다

한순간의 행동에

"천 년 동안의 명성은 한순간의 행동에 달려 있을 수 있다."

Three grand essentials to happiness in this life are something to do, something to love, and something to hope for.

이 삶에서 행복을 위한 세 가지 필수 요소는 해야 할 것, 사랑할 것, 희망할 것이다.

– Joseph Addison –

주어와 동사 찾기

명언을 읽고 해석해 보고, 영어 문장 속 주어와 동사를 적어 보세요.

(주어) 이 삶에서 행복을 위한 세 가지 필수 요소는

something to do, something to love, and something to hope for.

(동사) 이다   해야 할 것, 사랑할 것, 그리고 희망할 것

구문 알기

명언 속 핵심 문법을 통해 명언을 자세히 이해해 보세요.

🔖 <mark>three grand essentials to happiness in this life</mark> are something to do

이 삶에서 행복을 위한 세 가지 필수 요소는 해야 할 것이다

→ 영어는 고난도 문장일수록 주어가 단순하지 않은 경우가 많습니다. 이번 명언의 주어는 in this life 까지로, 매우 깁니다. 이런 경우 핵심이 되는 단어를 찾는 것이 중요한데, 여기에 맞춰 동사의 수가 결정되기 때문입니다. 여기서는 핵심 단어인 essentials가 복수 명사이므로 복수 동사 are가 왔습니다. 영어는 수의 일치를 중요하게 생각한다는 점을 꼭 기억해 주세요.

something [to do], something [to love], and something [to hope for]

[해야 할] 것, [사랑할] 것, [희망할] 것

→ [to + 동사원형]의 형태로 명사, 형용사, 부사 역할을 하는 to부정사는 어떻게 쓸 것인지 정하지 않았다고 해서 '아닐 부(不)'와 '정할 정(定)'을 써서 '부정사'라고 합니다. 이 문장에서는 something 다음에 to부정사가 와서 명사를 수식하는 형용사 역할을 하고 있으므로 '~하는, ~할'로 해석합니다.

단어·숙어 알기
명언에 나온 단어와 숙어를 익혀 보세요.

- **grand :** 웹 웅장한, 아주 멋진, 원대한

  EX His **grand** dream is likely to come true soon.

  그의 원대한 꿈이 곧 현실로 이루어질 것 같다.

명언 다시 쓰기
명언을 소리 내어 읽어 보고 단계별로 써 보세요.

행복을 위한 세 가지 필수 요소는

이 삶에서

해야 할 것, 사랑할 것이다

그리고 희망할 것이다

"이 삶에서 행복을 위한 세 가지 필수 요소는 해야 할 것, 사랑할 것, 희망할 것이다."

Remember to look at your glass half full and not half empty.

당신의 유리잔이 반이나 비어 있는 것이 아니라 반이나 차 있다고 보아야 함을 기억하라.

- Mattie Stepanek -

주어와 동사 찾기

명언을 읽고 해석해 보고, 영어 문장 속 주어와 동사를 적어 보세요.

(⬚) ⬚ **to look at your glass half full**

(주어 생략) 당신은 (동사) 기억하라 당신의 유리잔이 반이나 차 있다고 보는 것을

and not half empty.

반이나 비어 있는 것이 아니라

구문 알기

명언 속 핵심 문법을 통해 명언을 자세히 이해해 보세요.

◥ **remember to look** at your glass half full

당신의 유리잔이 반이나 차 있다고 보는 것을 기억하라

→ [remember + to부정사]는 앞으로 '~할 것에 대해 기억하다'라는 의미입니다. to부정사는 미래 지향성을 가진 경향이 있습니다. to부정사와 함께 쓰이는 want, hope, wish 등도 미래에 어떠한 것을 원하거나 희망하는 동사들입니다. 이와 달리, 과거에 한 일을 기억하는 경우에는 [remember + 동명사]로 씁니다. 이 원칙은 '잊어버리다'라는 뜻의 동사 forget에도 적용할 수 있습니다. [forget + to부정사]는 '~할 것을 잊다'는 의미로, 주로 명령문으로 '~할 것을 잊지 마'라고 할 때 자주 씁니다. 예를 들어, Don't **forget to feed** the dog.(강아지 밥 주는 거 잊어버리지 마.)와 같이 사용합니다. 한편, [forget + 동명사]는 과거에 '~한 것을 잊다'는 의미로, I won't **forget meeting** the movie star in person. (나는 그 영화배우를 직접 만난 것을 잊지 않을 것이다.)과 같은 경우에 씁니다.

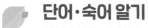

단어·숙어 알기
명언에 나온 단어와 숙어를 익혀 보세요.

🍃 **half :** 📵 (절)반   🔘 절반 정도로

EX The second **half** of the movie was boring.

그 영화의 후반부는 지루했다.

EX Well begun is **half** done.

시작을 잘하는 것은 반이나 끝낸 것이나 마찬가지다.

🍃 **empty :** 📗 비어 있는

EX An **empty** stomach is not a good political adviser. (Albert Einstein)

공복은 좋은 정치적 조언자가 아니다.

명언 다시 쓰기
명언을 소리 내어 읽어 보고 단계별로 써 보세요.

기억하라

당신의 유리잔을 보는 것을

반이나 차 있다고

반이나 비어 있는 것이 아니라

"당신의 유리잔이 반이나 비어 있는 것이 아니라 반이나 차 있다고 보아야 함을 기억하라."

Being aware of your fear is smart. Overcoming it is the mark of a successful person.

두려움을 아는 것은 현명한 것이다. 그것을 극복하는 것은 성공한 사람의 특징이다.

– Seth Godin –

주어와 동사 찾기

명언을 읽고 해석해 보고, 영어 문장 속 주어와 동사를 적어 보세요.

		smart.
(주어) 당신의 두려움을 아는 것은	(동사) 이다 현명한	

		the mark of a successful person.
(주어) 그것을 극복하는 것은	(동사) 이다	성공한 사람의 특징

구문 알기

명언 속 핵심 문법을 통해 명언을 자세히 이해해 보세요.

📎 **Being aware of your fear is smart.**

당신의 두려움을 아는 것은 현명한 것이다.

→ 동명사는 [동사원형 + -ing] 형태로, 동사를 '~하는 것'이라는 명사로 표현할 때 씁니다. [be aware of]는 '~을 알고 있다, 인지하고 있다, 눈치채고 있다'라는 의미로 이 문장에서는 of 뒤에 your fear가 와서 '당신의 두려움을 아는[인지하는] 것'이라는 의미로 쓰였습니다.

📎 **Overcoming it is the mark of [a successful person].**

그것을 극복하는 것은 [성공한 사람]의 특징이다.

→ 이 문장에서도 overcome에 -ing가 붙은 '극복하는 것'이라는 의미의 동명사가 주어 자리에 왔습니다. overcome은 타동사이므로 반드시 목적어와 함께 써야 하는데 동명사 형태가 되어도 이 성질은 변하지 않으므로 여기서도 뒤에 목적어 it이 온 것입니다. the mark는 '특징'으로 해석할 수 있으며 무엇의 특징인지를 전치사 of 뒤에서 설명해 주고 있습니다. 영어에서는 이렇게 of로 '~의'라는 의미를 전달하는데, 우리말로 해석할 때는 보통 of 뒤부터 해석을 합니다.

단어·숙어 알기
명언에 나온 단어와 숙어를 익혀 보세요.

🔖 **mark** : 몡 특징, 표시, 자국   통 표시하다, 흔적을 내다

EX **The ability to change one's views without losing one's seat is the mark of a great politician.** (Mo Udall)
의석을 잃지 않고 자신의 견해를 바꿀 수 있는 능력은 위대한 정치인의 특징이다.

명언 다시 쓰기
명언을 소리 내어 읽어 보고 단계별로 써 보세요.

당신의 두려움을 아는 것은

✏️

현명한 것이다

✏️

그것을 극복하는 것은

✏️

성공한 사람의 특징이다

✏️

"두려움을 아는 것은 현명한 것이다. 그것을 극복하는 것은 성공한 사람의 특징이다."

✏️

No matter how chaotic it is, wildflowers will still spring up in the middle of nowhere.

아무리 혼란스럽더라도, 들꽃은 어딘지도 모르는 곳에서 여전히 피어날 것이다.

- Sheryl Crow -

주어와 동사 찾기

명언을 읽고 해석해 보고, 영어 문장 속 주어와 동사를 적어 보세요.

No matter how chaotic it is,

아무리 혼란스럽더라도   (주어) 들꽃은   (동사) 여전히 피어날 것이다

in the middle of nowhere.

어딘지도 모르는 곳에서

구문 알기

명언 속 핵심 문법을 통해 명언을 자세히 이해해 보세요.

🔖 **no matter how** chaotic it is

아무리 혼란스럽더라도

→ no matter는 '중요하지 않음, 상관없음'이라는 의미로 what/how 등과 함께 쓰여서 절과 절을 이어 주는 접속사 역할을 합니다. no matter how는 '아무리 ~한들, 어떻게 하더라도'라는 의미이고, no matter what은 '무슨 ~이든 간에'라는 의미이며, 각각 [no matter how + 형용사/부사 + 주어 + 동사]와 [no matter what + 명사 + 주어 + 동사]의 형태로 씁니다. 예를 들면 **No matter what** age you are, I don't care.(당신이 몇 살이든 상관없어요.)와 같이 표현할 수 있습니다.

단어·숙어 알기
명언에 나온 단어와 숙어를 익혀 보세요.

- **chaotic :** 웹 혼란 상태인, 어수선한

  EX His place was a bit **chaotic** when we arrived.

  우리가 도착했을 때 그의 집은 약간 어수선했다.

- **wildflower :** 웹 야생화, 들꽃

  EX Taking pictures of **wildflowers** was his hobby.

  야생화 사진을 찍는 것은 그의 취미였다.

- **spring up :** (식물이) 나다, 싹이 트다; 생기다

  EX Daffodils are beginning to **spring up** here.

  수선화가 여기에 피어나기 시작했다.

명언 다시 쓰기
명언을 소리 내어 읽어 보고 단계별로 써 보세요.

아무리 혼란스럽더라도

들꽃은 여전히 피어날 것이다

어딘지도 모르는 곳에서

"아무리 혼란스럽더라도, 들꽃은 어딘지도 모르는 곳에서 여전히 피어날 것이다."

Man cannot discover new oceans unless he has the courage to lose sight of the shore.

인간은 해안을 벗어날 용기가 없으면 새로운 바다를 발견할 수 없다.

– Andre Gide –

 주어와 동사 찾기

명언을 읽고 해석해 보고, 영어 문장 속 주어와 동사를 적어 보세요.

		new oceans
(주어) 인간은	(동사) 발견할 수 없다	새로운 바다를

unless he has the courage to lose sight of the shore.

그가 해안이 시야에서 사라져도 되는 용기를 가지고 있지 않으면

 구문 알기

명언 속 핵심 문법을 통해 명언을 자세히 이해해 보세요.

◾ man **cannot** discover new oceans

인간은 새로운 바다를 발견할 수 없다

→ 조동사 can은 '~할 수 있다', '~을 해도 된다'는 가능과 허락의 의미로 주로 쓰입니다. 부정형은 cannot 으로 쓰고 줄여서 can't로도 사용됩니다.

◾ **unless** he has the courage [to lose sight of the shore]

그가 [해안이 시야에서 사라져도 되는] 용기가 없으면

→ 접속사 unless는 접속사 if가 not과 합쳐진 것으로 조건문에서 '~하지 않는 한, ~이 아닌 한'을 뜻합니다. [lose sight of]는 '~이 더 이상 안 보이게 되다'의 의미로 여기서는 to와 함께 to부정사의 형용사적 용법으로 쓰여 바로 앞의 명사 courage를 수식합니다. courage는 추상명사로 부정관사나 정관사를 붙이지 않는 것이 원칙이지만, to부정사의 수식을 받아 일반적인 '용기'가 아닌 '해안을 벗어날 용기'로 의미가 한정되어 the가 쓰였습니다.

단어·숙어 알기
명언에 나온 단어와 숙어를 익혀 보세요.

🔖 **sight :** 명 시력, 시야, 광경

EX My father lost his **sight** in the accident.
우리 아버지는 사고로 시력을 잃었다.

명언 다시 쓰기
명언을 소리 내어 읽어 보고 단계별로 써 보세요.

인간은 발견할 수 없다

✎

새로운 바다를

✎

그가 용기가 없으면

✎

해안이 시야에서 사라져도 되는 (용기)

✎

"인간은 해안을 벗어날 용기가 없으면 새로운 바다를 발견할 수 없다."

✎

When a friend is in trouble, don't annoy him by asking if there is anything you can do.

친구가 곤란한 상황에 있을 때, 당신이 할 수 있는 무언가가 있는지 물어봄으로써 그를 성가시게 하지 마라.

– Edgar Watson Howe –

주어와 동사 찾기

명언을 읽고 해석해 보고, 영어 문장 속 주어와 동사를 적어 보세요.

When a friend is in trouble, (　　　)　　　　　　　　　　him

친구가 곤란한 상황에 있을 때　　　　(주어 생략) 당신은　　　(동사) 성가시게 하지 마라　　　그를

by asking if there is anything you can do.

당신이 할 수 있는 무언가가 있는지 물어봄으로써

구문 알기

명언 속 핵심 문법을 통해 명언을 자세히 이해해 보세요.

🔊 don't annoy him by asking

물어봄으로써 그를 성가시게 하지 마라

→ 전치사 by 뒤에 명사가 오면 '~로, ~로써'라는 의미로 방법이나 수단을 나타냅니다. 여기서처럼 by 뒤에는 동명사(동사원형 + -ing)가 올 수도 있는데, 이때는 '~함으로써'라고 해석합니다.

🔊 if there is anything [you can do]

[당신이 할 수 있는] 무언가가 있는지

→ anything을 수식하는 you can do 앞에 목적격 관계대명사 that이 생략되었습니다. 즉, you can do는

선행사 anything을 수식하는 관계대명사절입니다. [목적격 관계대명사 + 주어 + 동사]에서 목적격
관계대명사는 생략할 수 있습니다.

단어·숙어 알기
명언에 나온 단어와 숙어를 익혀 보세요.

- **in trouble :** 곤경에 빠져서, 난처하여
  EX The real man smiles **in trouble**.
  진정한 사람은 고난 속에서 미소를 짓는다.

- **annoy :** 图 짜증 나게[약 오르게] 하다, 귀찮게 하다
  EX He knew it would **annoy** her.
  그는 그것이 그녀를 짜증 나게 할 거라는 걸 알고 있었다.

명언 다시 쓰기
명언을 소리 내어 읽어 보고 단계별로 써 보세요.

친구가 곤란한 상황에 있을 때

그를 성가시게 하지 마라

물어봄으로써

만약 당신이 할 수 있는 무언가가 있는지

**"친구가 곤란한 상황에 있을 때, 당신이 할 수 있는 무언가가 있는지 물어봄으로써 그를 성가시게
하지 마라."**

태도

024

Live as if you were to die tomorrow. Learn as if you were to live forever.

내일 죽을 것처럼 살아라. 영원히 살 것처럼 배워라.

- Mahatma Gandhi -

주어와 동사 찾기

명언을 읽고 해석해 보고, 영어 문장 속 주어와 동사를 적어 보세요.

( ) [ ] **as if you were to die tomorrow.**

(주어 생략) 당신은 (동사) 살아라 내일 죽을 것처럼

( ) [ ] **as if you were to live forever.**

(주어 생략) 당신은 (동사) 배워라 영원히 살 것처럼

구문 알기

명언 속 핵심 문법을 통해 명언을 자세히 이해해 보세요.

- Live as if you were to die tomorrow.

내일 죽을 것처럼 살아라.

→ [as if + 가정법 과거] 구문으로 '마치 ~인 것처럼'이라고 해석합니다. 여기서 핵심은 과거 시제를 사용했지만 전달하려는 의미는 과거가 아니라는 것입니다. 현재 일어나지 않은 일이나 가능성이 낮은 일에 대한 비현실성을 강조하기 위해 쓰이는 용법으로, 가정법 과거의 격식체에서 be동사는 were를 사용합니다.

- you were to die tomorrow / you were to live forever

당신은 내일 죽을 것이다 / 당신은 영원히 살 것이다

→ be동사 다음에 to부정사가 와서 다양한 의미로 쓰이는데, 이를 be to 용법이라고 합니다. 주로 예정,

의무, 의도, 가능, 운명을 나타낼 때 씁니다. 제시된 어구는 대표적인 be to 용법인 '예정'으로, '죽을 것이다', '살 것이다'로 해석합니다.

단어·숙어 알기
명언에 나온 단어와 숙어를 익혀 보세요.

🍃 **learn :** 통 배우다

   EX He who **learns** but does not think, is lost. (Confucius)

     배우지만 생각하지 않는 사람은 길을 잃는다.

🍃 **forever :** 부 영원히

   EX Your lungs are changed **forever** from your first cigarette. (Loni Anderson)

     당신의 폐는 당신이 처음 담배를 피우는 순간부터 영원히 바뀌게 된다.

명언 다시 쓰기
명언을 소리 내어 읽어 보고 단계별로 써 보세요.

살아라

✎

내일 죽을 것처럼

✎

배워라

✎

영원히 살 것처럼

✎

"내일 죽을 것처럼 살아라. 영원히 살 것처럼 배워라."

✎

You are never too old to set another goal or to dream a new dream.

당신이 또 다른 목표를 세우거나 새로운 꿈을 꾸기에 절대 너무 늦은 때란 없다.

- Les Brown -

주어와 동사 찾기
명언을 읽고 해석해 보고, 영어 문장 속 주어와 동사를 적어 보세요.

		too old
(주어) 당신은	(동사) 절대 ~ 않다	너무 나이가 많은

to set another goal or to dream a new dream.

또 다른 목표를 세우거나 새로운 꿈을 꾸기에

구문 알기
명언 속 핵심 문법을 통해 명언을 자세히 이해해 보세요.

▷ **too** old **to** set another goal

또 다른 목표를 세우기에 너무 나이가 많은

→ [too A to B]는 'B하기에 너무 A한'이라는 의미입니다. too는 so처럼 '너무'라는 의미가 있지만 부정적 뉘앙스가 좀 더 강합니다. 그래서 '너무 A해서 B할 수 없다'로 의역하기도 합니다. to 다음에는 동사원형이 와서 to부정사 형태가 되어야 합니다.

▷ to set another goal **or** to dream a new dream

또 다른 목표를 세우거나 혹은 새로운 꿈을 꾸기에

→ or는 등위접속사로 둘 중 하나를 선택할 때 쓰입니다. 등위접속사는 문법적으로 대등한 관계의 문장 성분을 연결합니다. 여기서 or는 to부정사인 to set과 to dream을 대등하게 이어 줍니다.

단어·숙어 알기

명언에 나온 단어와 숙어를 익혀 보세요.

▪ **set : 동 ~을 놓다, ~을 세우다**

EX We are working on a project to **set** a benchmark in our industry.

우리는 우리 산업의 기준을 설정하기 위한 프로젝트를 진행하고 있다.

▪ **goal : 명 목표, 득점**

EX A **goal** is a dream with a deadline. (Napoleon Hill)

목표는 마감 시간이 있는 꿈이다.

EX The team only scored one **goal** in the whole game.

그 팀은 경기 내내 단 하나의 골을 기록했다.

명언 다시 쓰기

명언을 소리 내어 읽어 보고 단계별로 써 보세요.

당신은 절대 나이가 너무 많지 않다

또 다른 목표를 세우기에

혹은 새로운 꿈을 꾸기에

"당신이 또 다른 목표를 세우거나 새로운 꿈을 꾸기에 절대 늦은 때란 없다."

Over every mountain there is a path, although it may not be seen from the valley.

모든 산에는, 골짜기에서는 보이지 않을지언정, 길이 있다.

– Theodore Roethke –

주어와 동사 찾기

명언을 읽고 해석해 보고, 영어 문장 속 주어와 동사를 적어 보세요.

Over every mountain there ⬚ ⬚ **,**

       모든 산에는   (유도부사) (동사) 있다   (주어) 길이

although it may not be seen from the valley.

             비록 골짜기에서는 보이지 않을지언정

구문 알기

명언 속 핵심 문법을 통해 명언을 자세히 이해해 보세요.

🔖 **over every mountain there is a path**

모든 산에는 길이 있다

→ 이 문장은 원래 There is a path over every mountain.으로 [there + be동사 + 주어] 형태이며, '~이 있다'로 해석합니다. 주어는 a path, 동사는 is로 '모든 산에'라는 부사구 over every mountain을 강조하기 위해 앞으로 보낸 것입니다. 또한, every는 '모든'의 의미이지만 every 다음에는 단수 명사가 오기 때문에 여기서도 단수형인 mountain이 쓰였습니다.

although it **may not be seen** from the valley

비록 골짜기에서는 보이지 않을지 모른다

→ 접속사 although는 '비록 ~이긴 하지만'의 의미로 though나 although로 바꿔 쓸 수 있습니다. 또는 though를 강조하는 even though로 쓸 수도 있습니다. may는 '~일지 모른다'는 뜻의 추측의 조동사입니다. 여기서는 [may not + be + 과거분사] 형태의 수동태로 쓰였으며 '보이지 않을지 모른다'로 해석합니다.

단어·숙어 알기

명언에 나온 단어와 숙어를 익혀 보세요.

path : 명 길, 방향

EX No one saves us but ourselves. We ourselves must walk the **path**. (Buddha)

우리 자신 말고는 아무도 우리를 구하지 않는다. 우리는 스스로 그 길을 걸어야 한다.

명언 다시 쓰기

명언을 소리 내어 읽어 보고 단계별로 써 보세요.

모든 산에는

길이 있다

비록 그것이 보이지 않을지언정

골짜기에서는

"모든 산에는, 골짜기에서는 보이지 않을지언정, 길이 있다."

Think twice before you speak, because your words and influence will plant the seed of either success or failure in the mind of another.

말하기 전에 두 번 생각하라. 당신의 말과 영향력이 다른 사람의 마음속에 성공이나 실패의 씨앗을 심을 테니까.

– Napoleon Hill –

주어와 동사 찾기

명언을 읽고 해석해 보고, 영어 문장 속 주어와 동사를 적어 보세요.

 twice before you speak,

(주어 생략) 당신은   (동사) 생각하라   말하기 전에 두 번

because your words and influence will plant

왜냐하면 당신의 말과 영향력이 심을 것이기 때문에

the seed of either success or failure in the mind of another.

다른 사람의 마음속에 성공이나 실패의 씨앗을

구문 알기

명언 속 핵심 문법을 통해 명언을 자세히 이해해 보세요.

🔖 your words and influence will plant the seed of either success or failure

당신의 말과 영향력이 성공이나 실패의 씨앗을 심을 것이다

→ [either A or B]는 상관접속사로 둘 중 하나를 선택할 때 쓰며, 'A이거나 B' 또는 'A와 B 중 어느 하나'로

해석합니다. [neither A nor B]는 'A도 B도 아닌'이라는 뜻으로 부정의 의미를 나타냅니다. 기억할 점은 [either A or B]와 [neither A nor B] 모두 B에 동사의 수를 일치시킨다는 것입니다. 예를 들어, **Either I or** he **is** going to call you.(저나 그 사람 중 한 명이 당신에게 전화를 드릴 거예요.)를 보면 뒤에 있는 주어 he에 맞추어 be동사 is를 쓴 것을 알 수 있습니다.

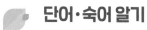

단어·숙어 알기
명언에 나온 단어와 숙어를 익혀 보세요.

plant : 동 심다, 가꾸다   명 식물

EX Someone is sitting in the shade today because someone **planted** a tree a long time ago. (Warren Buffett)
오늘날 누군가 그늘에 앉아 있을 수 있는 이유는 다른 이가 오래전에 나무를 심었기 때문이다.

명언 다시 쓰기
명언을 소리 내어 읽어 보고 단계별로 써 보세요.

말하기 전에 두 번 생각하라

왜냐하면 당신의 말과 영향력이 심을 것이니까

성공이나 실패의 씨앗을

다른 사람들의 마음속에

"말하기 전에 두 번 생각하라. 당신의 말과 영향력이 다른 사람의 마음속에 성공이나 실패의 씨앗을 심을 테니까."

If you're going through hell,
keep going.

만약 당신이 지옥 길을 걷고 있다면, 멈추지 말고 계속 가라.

- Winston Churchill -

 주어와 동사 찾기

명언을 읽고 해석해 보고, 영어 문장 속 주어와 동사를 적어 보세요.

If you're going through hell, (   )   going.

만약 당신이 지옥을 통과하고 있다면　(주어 생략) 당신은　(동사) 계속하라　가는 것을

 구문 알기

명언 속 핵심 문법을 통해 명언을 자세히 이해해 보세요.

◗ **if you're going through hell**

만약 당신이 지옥을 통과하고 있다면

→ [if + 주어 + 동사]로 이뤄진 if절은 조건을 나타내며 '만약 ~한다면'으로 해석합니다. 동사가 [be동사 현재형 + -ing] 형태인 것으로 보아 현재진행 시제임을 알 수 있습니다. 현재진행 시제는 지금 진행 중인 상황을 표현할 때 씁니다. through는 전치사로 '~을 통하다, 통과하다'는 뜻입니다. 이 문장에서는 지옥을 통과하는 상황을 나타내고 있습니다.

◗ **keep going**

계속해서 가라

→ 주어가 생략된 채 동사원형으로 시작하고 있으므로 명령문입니다. 강한 지시나 명령을 하는 문장에서는 주어를 생략합니다. if절의 주어가 you이므로, 여기서 생략된 주어 역시 you라는 것을 알 수 있습니다. keep -ing는 '계속해서 ~하다'라는 뜻으로 이때의 going은 if절에서 진행형으로 쓰인 going과 달리 동명사입니다. keep going은 '가는 것을 계속하라', 즉 '계속해서 가라'로 해석합니다.

◾ **through** : 웹 ~을 통과하여, 관통하여; ~을 겪어

  EX He drives **through** that tunnel.

  그는 저 터널을 통과해서 운전한다.

  EX My family went **through** a very hard time after our grandmother passed away.

  할머니가 돌아가신 후 우리 가족은 매우 힘든 시간을 보냈다.

◾ **hell** : 명 지옥

  EX Taking public transportation during rush hour felt like **hell**.

  러시아워에 대중교통을 이용하는 것은 지옥처럼 느껴졌다.

명언 다시 쓰기
명언을 소리 내어 읽어 보고 단계별로 써 보세요.

만약 당신이 지옥을 통과하고 있다면

✎

계속해서 가라

✎

"만약 당신이 지옥 길을 걷고 있다면, 계속해서 가라."

✎

The top experts in the world are ardent students. The day you stop learning, you're definitely not an expert.

세계 최고 전문가들은 열성적인 학생들이다. 당신이 배움을 멈추는 날, 당신은 절대 전문가가 아니다.

- Brendon Burchard -

주어와 동사 찾기
명언을 읽고 해석해 보고, 영어 문장 속 주어와 동사를 적어 보세요.

		ardent students.
(주어) 세계 최고 전문가들은	(동사) 이다	열성적인 학생들

The day you stop learning,			an expert.
당신이 배움을 멈추는 날	(주어) 당신은	(동사) 절대 아니다	전문가가

구문 알기
명언 속 핵심 문법을 통해 명언을 자세히 이해해 보세요.

🔖 the day you stop **learning**

당신이 배움을 멈추는 날

→ 동사원형에 -ing를 붙여 동명사를 만드는 것과 동사원형 앞에 to를 붙여 to부정사를 만드는 것은 동사를 명사로 바꾸는 방법입니다. 두 가지 형태 모두 '~하는 것'이라고 해석하지만, 내포하는 뜻은 다릅니다. 동명사는 '말하려는 시점보다 먼저 발생한 과거의 동작 혹은 사건'일 때 쓰고, to부정사는 '말하려는 시점보다 나중에 발생할 미래의 동작 혹은 사건'일 때 씁니다. 예를 들면, I want you **to read** a book.

(나는 네가 책 좀 읽었으면 좋겠어.)은 '앞으로 책을 읽을 것'을 권유하는 의미인 반면, I want to keep **reading**.(나는 읽던 걸 계속하고 싶어.)은 '과거에 책을 읽던' 행위를 계속하고 싶다는 의미입니다.

단어·숙어 알기
명언에 나온 단어와 숙어를 익혀 보세요.

🔖 **expert :** 몡 전문가 혱 전문가의, 숙련된

　ᴇx **Experts** often possess more data than judgment. (Colin Powell)
　　전문가들은 가끔 판단력보다 데이터를 더 많이 보유하고 있다.

🔖 **ardent :** 혱 열정적인, 열렬한

　ᴇx I am an **ardent** supporter of the animal rights movement.
　　나는 동물 권리 운동의 열렬한 지지자이다.

명언 다시 쓰기
명언을 소리 내어 읽어 보고 단계별로 써 보세요.

세계 최고의 전문가들은

열성적인 학생들이다

당신이 배움을 멈추는 날

당신은 절대 전문가가 아니다

"세계 최고 전문가들은 열성적인 학생들이다. 당신이 배움을 멈추는 날, 당신은 절대 전문가가 아니다."

Life is not a problem to be solved, but a reality to be experienced.

삶이란 해결해야 할 문제가 아니라, 경험해야 할 현실이다.

— Soren Kierkegaard —

주어와 동사 찾기

명언을 읽고 해석해 보고, 영어 문장 속 주어와 동사를 적어 보세요.

		not a problem to be solved,
(주어) 삶은	(동사) 이다	해결되어야 할 문제가 아니라

but a reality to be experienced.

경험되어야 할 현실

구문 알기

명언 속 핵심 문법을 통해 명언을 자세히 이해해 보세요.

🔖 a problem [to be solved] / a reality [to be experienced]

[해결되어야 할] 문제 / [경험되어야 할] 현실

→ to부정사가 명사를 뒤에서 수식하는 구조입니다. 이때 to부정사가 수동태, 즉 [to be + 과거분사] 형태로 쓰인 것을 알 수 있는데, 수식을 받는 명사인 a problem과 a reality가 to부정사가 나타내는 행위인 solve(해결하다)와 experience(경험하다)의 주체가 아니라, 그러한 행위를 당하는 대상이기 때문입니다.

🔖 life is not a problem to be solved, but a reality to be experienced

삶이란 해결되어야 할 문제가 아니라, 경험되어야 할 현실이다

→ [not A but B]는 'A가 아니라 B'라는 의미로 빈번히 쓰이는 표현입니다. 하나의 쌍을 이루어 접속사로 쓰인다고 해서 상관접속사라고 합니다.

단어·숙어 알기
명언에 나온 단어와 숙어를 익혀 보세요.

◈ **reality :** 몡 현실, 실제 상황

> ⓔⓧ Don't be afraid to have a **reality** check. Taking risks is OK, but you must be realistic. (Joy Mangano)
>
> 현실 확인을 두려워하지 마라. 위험을 감수하는 것은 괜찮지만, 당신은 반드시 현실적이어야 한다.

명언 다시 쓰기
명언을 소리 내어 읽어 보고 단계별로 써 보세요.

삶이란

✎

해결되어야 할 문제가 아니라

✎

경험되어야 할 현실이다

✎

"삶이란 해결해야 할 문제가 아니라, 경험해야 할 현실이다."

✎

Life is a series of waves to be embraced and overcome.

인생은 포용하고 극복해야 할 일련의 파도이다.

– Danny Meyer –

주어와 동사 찾기

명언을 읽고 해석해 보고, 영어 문장 속 주어와 동사를 적어 보세요.

 **a series of waves to be embraced and overcome.**

(주어) 인생은　(동사) 이다　　　　　　　　포용되고 극복되어야 할 일련의 파도

구문 알기

명언 속 핵심 문법을 통해 명언을 자세히 이해해 보세요.

🔹 life is **a series of** waves

인생은 일련의 파도이다

→ [a series of + 복수 명사]는 '일련의 ~'이라는 뜻으로, 중요한 것은 of 뒤에 복수 명사가 왔지만 단수로 취급한다는 점입니다. 앞에 '하나'를 나타내는 관사 a가 붙어 '한 세트'라는 단수 의미가 되기 때문입니다.

🔹 waves [to be embraced]

[포용되어야 할] 파도

→ to부정사가 앞에 나온 명사를 수식하고 있습니다. to부정사의 수식을 받는 waves가 스스로 포용하는 것이 아니라 '포용되는' 것이기 때문에, 수동태 형태로 [to be + 과거분사]인 to be embraced를 쓴 것입니다.

단어·숙어 알기
명언에 나온 단어와 숙어를 익혀 보세요.

🔳 **embrace** : 동 받아들이다, 수용하다; 포옹하다

> EX The remarkable thing is, we have a choice everyday regarding the attitude we will **embrace** for that day. (Charles R. Swindoll)
>
> 놀랄만한 일은, 우리는 그날 받아들일 태도에 관해 매일 선택권을 가진다는 점이다.

🔳 **overcome** : 동 극복하다

> EX After long practice, he **overcame** his shy personality.
>
> 오랜 연습 이후, 그는 수줍음 많은 성격을 극복했다.

명언 다시 쓰기
명언을 소리 내어 읽어 보고 단계별로 써 보세요.

인생은 일련의 파도이다

포용되고 극복되어야 할

"인생은 포용하고 극복해야 할 일련의 파도이다."

No problem can be solved from the same level of consciousness that created it.

어떤 문제도 그 문제를 만들어 낸 것과 동일한 수준의 의식으로는 해결될 수 없다.

- Albert Einstein -

주어와 동사 찾기

명언을 읽고 해석해 보고, 영어 문장 속 주어와 동사를 적어 보세요.

(주어) 어떤 문제도 ~ 않다	(동사) 해결될 수 있다

from the same level of consciousness that created it.

그것을 만들어 낸 의식과 동일한 수준으로는

구문 알기

명언 속 핵심 문법을 통해 명언을 자세히 이해해 보세요.

🔹 no problem can be solved

어떤 문제도 해결될 수 없다

→ 가능의 조동사 can과 함께 수동태가 오면 '~되는 것이 가능하다'의 의미입니다. 조동사 때문에 수동태라는 점을 잊고 능동태로 해석하는 경우가 종종 있습니다. 영작할 때도 마찬가지로 주어가 '~이 되는 것이 가능한'이라는 의미를 나타내려면 [can + be + 과거분사]로 써야 합니다.

🔹 the same level of consciousness [that created it]

[그것을 만들어 낸] 의식과 동일한 수준

→ that은 형용사절을 이끄는 관계대명사로 앞에 있는 선행사 consciousness(의식)를 수식합니다. 참고로, 선행사에 최상급, 서수, the only, the same, the very 등이 함께 올 경우 형용사절을 이끄는 관계대명사는 that을 씁니다.

 단어·숙어 알기
명언에 나온 단어와 숙어를 익혀 보세요.

🔖 **solve :** 🔵 해결하다, 문제를 풀다

ᴇx I tried my best to **solve** the problem but didn't make it.

나는 그 문제를 해결하기 위해 최선을 다했지만 성공하지 못했다.

🔖 **consciousness :** 🔵 의식, 자각, 생각

ᴇx She had a **consciousness** of being watched.

그녀는 감시당하는 것을 의식했다.

 명언 다시 쓰기
명언을 소리 내어 읽어 보고 단계별로 써 보세요.

어떤 문제도 해결될 수 없다

동일한 수준의 의식으로는

그것을 만들어 낸 (의식)

"어떤 문제도 그 문제를 만들어 낸 것과 동일한 수준의 의식으로는 해결될 수 없다."

A sure sign that things are going well is when no one can really remember whose idea was whose.

상황이 순조롭게 흘러가고 있다는 확실한 징표는 아무도 누구의 아이디어가 누구의 것이었는지 정말로 기억할 수 없을 때이다.

- Stephen Colbert -

 ## 주어와 동사 찾기
명언을 읽고 해석해 보고, 영어 문장 속 주어와 동사를 적어 보세요.

(주어) 상황이 순조롭게 흘러가고 있다는 확실한 징표는   (동사) 이다

when no one can really remember whose idea was whose.

누구의 아이디어가 누구의 것이었는지 정말로 기억할 수 없을 때

 ## 구문 알기
명언 속 핵심 문법을 통해 명언을 자세히 이해해 보세요.

🔖 a sure sign [that things are going well]

[상황이 순조롭게 흘러가고 있다는] 확실한 징표

→ 명사 a sure sign을 동격의 that절이 수식하는 구조입니다. that절의 go well은 '순조로이 진행되다'라는 의미로 여기서는 [be동사 + -ing]의 현재진행 시제로 쓰여 어떤 것들이 잘 진행되고 있는 현재의 상황을 표현합니다.

🔖 when no one can really remember [whose idea was whose]

아무도 [누구의 아이디어가 누구의 것이었는지] 정말로 기억할 수 없을 때

→ whose는 의문사 who의 소유격으로 **Whose** book is this?(이 책 누구 거야?)에서와 같은 의문문에서 '누구의'라는 의미로 쓰입니다. 또한, 단독으로 대명사가 되어 '누구의 것'이라는 뜻으로 쓰이기도 합니다. 이번 명언에는 두 가지 쓰임이 모두 포함되어 있습니다. 첫 번째 whose는 idea를 꾸며 주는 '누구의'라는 의미의 형용사로, 두 번째 whose는 '누구의 것'이라는 의미의 대명사로 쓰였습니다.

단어·숙어 알기
명언에 나온 단어와 숙어를 익혀 보세요.

🔖 **sign :** 🄝 징후, 조짐, 표지판, 신호

EX **When people don't have any curiosity about themselves, that is always a bad sign.** (Irvin D. Yalom)
사람들이 자신에 대해 호기심이 전혀 없을 때, 그것은 언제나 나쁜 징조이다.

명언 다시 쓰기
명언을 소리 내어 읽어 보고 단계별로 써 보세요.

확실한 징표는

상황이 순조롭게 흘러가고 있다는 (징표)

아무도 정말로 기억할 수 없을 때이다

누구의 아이디어가 누구의 것이었는지

"상황이 순조롭게 흘러가고 있다는 확실한 징표는 아무도 누구의 아이디어가 누구의 것이었는지 정말로 기억할 수 없을 때이다."

Behavior is the mirror in which everyone shows their image.

행동은 모든 사람이 자신의 모습을 보여 주는 거울이다.

– Johann Wolfgang von Goethe –

주어와 동사 찾기

명언을 읽고 해석해 보고, 영어 문장 속 주어와 동사를 적어 보세요.

		the mirror in which everyone shows their image.
(주어) 행동은	(동사) 이다	모든 사람이 자신의 모습을 보여 주는 거울

구문 알기

명언 속 핵심 문법을 통해 명언을 자세히 이해해 보세요.

🔖 Behavior is the mirror [in which everyone shows their image].

행동은 [모든 사람이 자신의 모습을 보여 주는] 거울이다.

→ 관계대명사 which 앞의 전치사 in은 원래 관계대명사절의 끝에 있었으나 앞으로 이동한 것입니다. 아래의 두 문장이 합쳐지는 과정을 보면 전치사 in의 역할과 위치가 쉽게 이해됩니다.

- Behavior is the mirror. + Everyone shows their image in the mirror.
- Behavior is the mirror [**which** everyone shows their image **in**].
- Behavior is the mirror [**in which** everyone shows their image].

[전치사 + 관계대명사]는 관계부사로 바꿀 수 있으므로 in which를 장소의 관계부사 where로 바꿀 수 있습니다.

- Behavior is the mirror [**where** everyone shows their image].

단어·숙어 알기

명언에 나온 단어와 숙어를 익혀 보세요.

◼ **behavior :** 명 행동

EX My roommate's rude **behavior** annoyed me.

내 룸메이트의 예의 없는 행동이 나를 짜증나게 했다.

◼ **image :** 명 이미지, 영상

EX The newly elected president is trying to improve his **image** as conservative.

새로 선출된 대통령은 보수적이라는 이미지를 개선하기 위해 노력하고 있다.

명언 다시 쓰기

명언을 소리 내어 읽어 보고 단계별로 써 보세요.

행동은 거울이다

모든 사람이 자신의 모습을 보여 주는 (거울)

"행동은 모든 사람이 자신의 모습을 보여 주는 거울이다."

You don't have to be a genius or a visionary or even a college graduate to be successful. You just need a framework and a dream.

당신은 성공하기 위해 천재나 선지자 또는 심지어 대학 졸업자가 될 필요가 없다.
당신은 단지 체계와 꿈이 필요하다.

– Michael Dell –

주어와 동사 찾기

명언을 읽고 해석해 보고, 영어 문장 속 주어와 동사를 적어 보세요.

		a genius or a visionary
(주어) 당신은	(동사) 될 필요가 없다	천재나 선지자

or even a college graduate to be successful.

또는 심지어 대학 졸업자가   성공하기 위해

	just		**a framework and a dream.**
(주어) 당신은	단지	(동사) 필요하다	체계와 꿈이

구문 알기

명언 속 핵심 문법을 통해 명언을 자세히 이해해 보세요.

🔖 you **don't have to be** [a genius or a visionary or even a college graduate]

당신은 [천재나 선지자 또는 심지어 대학 졸업자가] 될 필요가 없다

→ have to가 '~해야 한다'이기 때문에 don't have to를 '~을 하면 안 된다'는 뜻이라고 생각할 수 있지만

don't have to는 need not, 즉 '~할 필요가 없다'는 의미입니다. don't have to는 조동사이므로 반드시 뒤에 동사원형이 와야 합니다.

 to be successful

성공하기 위해

→ '목적'을 나타내는 to부정사의 부사적 용법으로 '~하기 위해서'라고 해석합니다.

단어·숙어 알기
명언에 나온 단어와 숙어를 익혀 보세요.

 visionary : 명 선지자　형 예지력 있는

EX There seems to be no true **visionary** these days.

요즘은 진정한 선지자가 없는 것 같다.

명언 다시 쓰기
명언을 소리 내어 읽어 보고 단계별로 써 보세요.

당신은 될 필요가 없다

✐

성공하기 위해 천재나 선지자 또는 심지어 대학 졸업자가

✐

당신은 단지 필요하다

✐

체계와 꿈이

✐

"당신은 성공하기 위해 천재나 선지자 또는 심지어 대학 졸업자가 될 필요가 없다. 당신은 단지 체계와 꿈이 필요하다."

✐

We are imprisoned in the realm of life, like a sailor on his tiny boat, on an infinite ocean.

우리는 마치 무한한 바다 위의 작은 배를 탄 선원처럼, 삶의 영역에 갇혀 있다.

- Anna Freud -

 주어와 동사 찾기

명언을 읽고 해석해 보고, 영어 문장 속 주어와 동사를 적어 보세요.

		in the realm of life,
(주어) 우리는	(동사) 갇혀 있다	삶의 영역에

like a sailor on his tiny boat, on an infinite ocean.

마치 작은 배를 탄 선원처럼, 무한한 바다 위에서

 구문 알기

명언 속 핵심 문법을 통해 명언을 자세히 이해해 보세요.

🔖 we **are imprisoned** in the realm of life

우리는 삶의 영역에 갇혀 있다

→ imprison은 '투옥하다, 감금하다'라는 뜻의 타동사입니다. 주어 we가 감금당하는 대상이므로 [be동사 + 과거분사]의 수동태로 쓰였으며, be imprisoned는 '수감되다'라는 뜻입니다. imprison의 어원은 prison으로 '감옥'을 의미하며, 유의어로는 jail이 있습니다.

🔖 **like** [a sailor on his tiny boat]

[마치 작은 배를 탄 선원]처럼

→ 여기서 like는 '좋아하다'를 의미하는 동사가 아니라 '~처럼, ~와 같이'로 해석되는 전치사로 쓰였습니다. 전치사 like는 명사, 대명사, 동명사의 앞에 위치합니다.

단어·숙어 알기
명언에 나온 단어와 숙어를 익혀 보세요.

🔖 **realm :** 몡 영역, 왕국

> EX In the **realm** of ideas everything depends on enthusiasm; in the real world all rests on perseverance. (Johann Wolfgang von Goethe)
> 발상의 영역에서는 모든 것이 열정에 달려 있다. 실제 세계에서는 모든 것이 인내에 달려 있다.

🔖 **infinite :** 혱 무한한, 한계가 없는

> EX There seemed to be an **infinite** number of options to choose from.
> 선택할 수 있는 옵션들이 무한히 많아 보였다.

명언 다시 쓰기
명언을 소리 내어 읽어 보고 단계별로 써 보세요.

우리는 갇혀 있다

✏️

삶의 영역에

✏️

마치 작은 배를 탄 선원처럼

✏️

무한한 바다 위에서

✏️

"우리는 마치 무한한 바다 위의 작은 배를 탄 선원처럼 삶의 영역에 갇혀 있다."

✏️

It takes 20 years to build a reputation and five minutes to ruin it. If you think about that, you'll do things differently.

명성을 쌓는 데는 20년이 걸리지만 무너지는 데는 5분이면 족하다. 그것을 생각한다면, 당신은 다르게 행동할 것이다.

- Warren Buffett -

 주어와 동사 찾기

명언을 읽고 해석해 보고, 영어 문장 속 주어와 동사를 적어 보세요.

[　　] [　　] **20 years to build a reputation and five minutes to ruin it.**

(비인칭주어)　(동사) 걸린다　　　　　　　　명성을 쌓은 데는 20년이, 그리고 그것을 무너뜨리는 데는 5분이

If you think about that, [　　] [　　] **things differently.**

만약 당신이 그것에 대해 생각한다면　(주어) 당신은　(동사) 할 것이다　　일들을 다르게

 구문 알기

명언 속 핵심 문법을 통해 명언을 자세히 이해해 보세요.

 it takes 20 years to build a reputation

명성을 쌓는 데는 20년이 걸린다

→ 동사 take가 시간의 표현과 함께 쓰일 때는 '~하는 데 얼마의 시간이 걸리다'라는 뜻으로 [it + takes + 시간 + to부정사]로 표현할 수 있습니다. 여기서 it은 의미가 없는 주어의 역할을 하므로 비인칭주어라고 합니다.

If you think about that, you'll do things differently.

그것을 생각한다면 당신은 다르게 행동할 것이다.

→ '만약 ~하면'으로 해석하는 조건의 접속사 if가 부사절을 이끄는 문장입니다. 조건의 부사절에서는 앞으로 일어날 일이라도 미래 시제 대신에 현재 시제를 씁니다. '~하면'이라는 말 자체에 미래의 의미가 내포되어 있기 때문입니다.

단어·숙어 알기
명언에 나온 단어와 숙어를 익혀 보세요.

 reputation : 몡 명성, 평판

EX Every man's **reputation** proceeds from those of his own household.
(Marcus Tullius Cicero)

모든 사람의 명성은 자기 집안의 명성에서 비롯된다.

명언 다시 쓰기
명언을 소리 내어 읽어 보고 단계별로 써 보세요.

명성을 쌓는 데는 20년이 걸린다

그리고 그것을 무너뜨리는 데는 5분이 (걸린다)

만약 당신이 그것을 생각한다면

당신은 다르게 행동할 것이다

"명성을 쌓는 데는 20년이 걸리지만 무너지는 데는 5분이면 족하다. 이것을 생각한다면 당신은 다르게 행동할 것이다."

Life is not a matter of holding good cards, but of playing a poor hand well.

인생은 좋은 카드를 쥐고 있는 것의 문제가 아니라 안 좋은 패를 잘 활용하는 것의 문제이다.

- Robert Louis Stevenson -

 주어와 동사 찾기

명언을 읽고 해석해 보고, 영어 문장 속 주어와 동사를 적어 보세요.

[ ] [ ] **not a matter of holding good cards,**

(주어) 인생은　(동사) 이다　　　좋은 카드를 쥐고 있는 것의 문제가 아니라

but of playing a poor hand well.

안 좋은 패를 잘 활용하는 것의 (문제)

 구문 알기

명언 속 핵심 문법을 통해 명언을 자세히 이해해 보세요.

 **Life is not a matter of holding good cards, but of playing a poor hand well.**

······ a matter 생략

인생은 좋은 카드를 쥐고 있는 것의 문제가 아니라 안 좋은 패를 잘 활용하는 것의 문제이다.

→ [not A but B] 구문으로 'A가 아니라 B이다'로 해석합니다. A와 B를 비교하며 B를 강조하고 싶을 때
　사용합니다. 이렇게 한 쌍의 어구가 짝을 이루어 쓰이는 접속사를 상관접속사라고 하는데, 상관접속사는
　and, or와 같은 등위접속사 중 하나로 A와 B가 동일한 형태의 병렬 구조를 이루어야 합니다. 여기서는
　반복되는 a matter를 생략하여 but 다음에 바로 of 이하가 왔습니다. 참고로, 이 문장에서 hand는 카드
　놀이에서 손에 쥐게 된 '패'를 뜻합니다.

단어·숙어 알기
명언에 나온 단어와 숙어를 익혀 보세요.

- **matter :** 몡 문제, 사안   동 중요하다, 문제 되다
  - EX Climate change is an important **matter** that we all have to deal with.
    기후 변화는 우리 모두가 다루어야 할 중요한 문제이다.

- **poor :** 혱 가난한, 불쌍한, 좋지 못한
  - EX A **poor** man with nothing in his belly needs hope, illusion, more than bread. (Georges Bernanos)
    뱃속에 아무것도 들어있지 않은 가난한 사람에게는 빵보다 희망과 환상이 더 필요하다.

명언 다시 쓰기
명언을 소리 내어 읽어 보고 단계별로 써 보세요.

인생은

좋은 카드를 쥐고 있는 것의 문제가 아니라

안 좋은 패를 잘 활용하는 것의 (문제이다)

"인생은 좋은 카드를 쥐고 있는 것의 문제가 아니라 안 좋은 패를 잘 활용하는 것의 문제이다."

It is the ability to take a joke, not make one, that proves you have a sense of humor.

당신이 유머 감각이 있다는 것을 증명하는 것은 농담을 하는 것이 아니라 받아들이는 능력이다.

- Max Eastman -

주어와 동사 찾기

명언을 읽고 해석해 보고, 영어 문장 속 주어와 동사를 적어 보세요.

It is ⬚ **,**

(강조) (주어) 농담을 하는 것이 아니라 농담을 받아들이는 능력이

that ⬚ **you have a sense of humor.**

(동사) 증명한다 당신에게 유머 감각이 있다는 것을

구문 알기

명언 속 핵심 문법을 통해 명언을 자세히 이해해 보세요.

🔖 It is the ability to take a joke, not make one, that proves you have a sense of humor.

당신이 유머 감각이 있다는 것을 증명하는 것은 농담을 하는 것이 아니라 받아들이는 능력이다.

→ [it ~ that] 강조 구문으로 it과 that 사이에 강조하고자 하는 내용을 넣어 중요한 부분을 효과적으로 강조할 수 있습니다. 여기서는 '농담을 하는 능력이 아니라, 농담을 받아들이는 능력'이라는 것을 강조합니다. 예를 들어 I saw Nancy on my way home.을 It was Nancy **that** I saw on my way home.으로 쓰면 내가 집에 오는 길에 본 사람이 Nancy라는 것을 강조하는 표현이 됩니다.

■ the ability [to take a joke, not make one]

[농담을 하는 것이 아니라 받아들이는] 능력

→ 이때의 one은 '하나'를 뜻하는 수사가 아니라 앞에 이미 언급했거나 상대방이 알고 있는 사람이나 사물을 다시 지칭할 때 반복을 피하기 위해 사용하는 대명사입니다. 여기서는 앞에 나온 a joke를 반복하지 않기 위해 one이 쓰였습니다.

단어·숙어 알기
명언에 나온 단어와 숙어를 익혀 보세요.

■ **prove :** 등 증명하다

EX He had nothing to **prove** that he was innocent.
그는 자신이 결백하다는 것을 증명할 것이 아무것도 없었다.

명언 다시 쓰기
명언을 소리 내어 읽어 보고 단계별로 써 보세요.

농담을 받아들이는 능력이다

✎

농담을 하는 것이 아니라

✎

당신이 유머 감각이 있다는 것을 증명하는 것은

✎

"당신이 유머 감각이 있다는 것을 증명하는 것은 농담을 하는 것이 아니라 받아들이는 능력이다."

✎

Every animal leaves traces of what it was; man alone leaves traces of what he created.

모든 동물은 그것이 무엇이었는지의 자취를 남긴다. 오직 인간만이 그가 창조한 것의 자취를 남긴다.

- Jacob Bronowsk -

주어와 동사 찾기

명언을 읽고 해석해 보고, 영어 문장 속 주어와 동사를 적어 보세요.

		traces of what it was;
(주어) 모든 동물은	(동사) 남긴다	그것이 무엇이었는지의 자취를

	alone		traces of what he created.
(주어) 인간만이	오직	(동사) 남긴다	그가 창조한 것의 자취를

구문 알기

명언 속 핵심 문법을 통해 명언을 자세히 이해해 보세요.

🔖 every animal leaves traces

모든 동물은 자취를 남긴다

→ every는 '모든'이라는 의미의 한정사로, 전체를 '하나'로 보기 때문에 단수 명사와 함께 씁니다. 이에 따라 동사도 단수 주어에 수를 일치시켜 leaves와 같이 단수형으로 씁니다.

🔖 what he created

그가 창조한 것

→ [what + 주어 + 동사] 형태의 명사절로 '~하는 것'이라고 해석합니다. 명사절은 명사가 가진 특성을

그대로 가지면서 주어와 동사가 있는 문장입니다. 명사가 문장에서 주어, 보어, 목적어로 사용되는 것처럼 명사절도 문장에서 주어, 보어, 목적어로 사용할 수 있습니다.

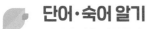 단어·숙어 알기
명언에 나온 단어와 숙어를 익혀 보세요.

- **trace :** 몡 자취, 흔적   동 추적하다, 선을 따라 그리다

  EX Did he draw this picture, or did he **trace** it?

  그가 이 그림을 그렸나요, 아니면 따라 그렸나요?

- **alone :** 혱 혼자의, 오직 ~만   뷔 혼자서, 홀로

  EX You can't change the world **alone**. You will need some help.

  (Admiral William H. McRaven)

  혼자서는 이 세상을 바꿀 수 없다. 다른 사람들의 도움이 필요할 것이다.

명언 다시 쓰기
명언을 소리 내어 읽어 보고 단계별로 써 보세요.

모든 동물은 자취를 남긴다

✐

그것이 무엇이었는지의 (자취)

✐

오직 인간만이 자취를 남긴다

✐

그가 창조한 것의 (자취)

✐

"모든 동물은 그것이 무엇이었는지의 자취를 남긴다. 오직 인간만이 그가 창조한 것의 자취를 남긴다."

✐

Neither the life of an individual nor the history of a society can be understood without understanding both.

개인의 삶도 사회의 역사도 두 가지 모두를 이해하지 않고는 이해될 수 없다.

- C. Wright Mills -

 주어와 동사 찾기
명언을 읽고 해석해 보고, 영어 문장 속 주어와 동사를 적어 보세요.

(주어) 개인의 삶도 사회의 역사도 ~ 아니다

without understanding both.

(동사) 이해될 수 있다   두 가지 모두를 이해하지 않고는

 구문 알기
명언 속 핵심 문법을 통해 명언을 자세히 이해해 보세요.

> **neither** [the life of an individual] **nor** [the history of a society] can be understood

[개인의 삶]도 [사회의 역사]도 이해될 수 없다

→ [neither A nor B]는 상관접속사로 'A도 B도 아니다'라는 의미입니다. 이때 A와 B는 병렬 구조를 이루어야 하며, 동사의 수는 B에 일치시켜야 합니다. 예를 들어, **Neither** he **nor** I have tasted it. (그도 나도 그것을 맛본 적이 없다.)과 같은 문장에서도 nor 뒤의 I에 맞춰 동사 have를 쓴 것을 알 수 있습니다.

- **can be understood** without understanding both

  두 가지 모두를 이해하지 않고는 이해될 수 없다

  → 조동사 can과 수동태가 함께 쓰인 [can + be + 과거분사] 구문입니다. 주어인 the life와 the history가 이해하는 주체가 아니라 이해되는 대상이므로 수동태가 쓰였습니다. 조동사 다음에는 항상 동사원형이 와야 하므로 조동사 can 다음에 be동사의 원형 be가 쓰였습니다.

 ## 단어·숙어 알기
명언에 나온 단어와 숙어를 익혀 보세요.

- **individual :** 명 개인 형 개인의, 각각의

  EX Each of you, as an **individual**, must pick your own goals. (Thurgood Marshall)

  여러분 각각은 개인으로서, 자신만의 목표를 택해야 합니다.

 ## 명언 다시 쓰기
명언을 소리 내어 읽어 보고 단계별로 써 보세요.

개인의 삶도

🖎

사회의 역사도

🖎

이해될 수 없다

🖎

두 가지 모두를 이해하지 않고는

🖎

"개인의 삶도 사회의 역사도 두 가지 모두를 이해하지 않고는 이해될 수 없다."

🖎

The opposite for courage is not cowardice, it is conformity. Even a dead fish can go with the flow.

용기의 반대는 비겁함이 아니라, 순응이다. 심지어 죽은 물고기도 흐름에 따라갈 수 있다.

– Jim Hightower –

주어와 동사 찾기

명언을 읽고 해석해 보고, 영어 문장 속 주어와 동사를 적어 보세요.

		cowardice,
(주어) 용기의 반대는	(동사) 아니다	비겁함이

		conformity. Even			**with the flow.**
(주어) 그것은 (동사) 이다	순응	심지어	(주어) 죽은 물고기도	(동사) 갈 수 있다	흐름에 따라

구문 알기

명언 속 핵심 문법을 통해 명언을 자세히 이해해 보세요.

🔖 The opposite for courage is not cowardice, it is conformity.

용기의 반대는 비겁함이 아니라, 순응이다.

→ opposite은 형용사로 '반대의'라는 뜻과 명사로 '반대, 반대하는 것'이라는 뜻이 있습니다. 이 구문에서는 명사로서 전치사 for와 함께 '~에 대한 반대'라는 의미로 쓰였습니다. 유사한 예로, It's the **opposite for** me.(나와는 반대야.)가 있습니다.

🔖 Even a dead fish can go with the flow.

심지어 죽은 물고기도 흐름에 따라갈 수 있다.

→ fish는 단복수 동형으로 물고기가 한 마리일 때 a fish, 두 마리일 때도 two fish이며, 여러 마리일 때도 many fish로 쓰입니다. 주로 떼를 지어 다니는 어류나 동물들은 단수형과 복수형이 동일한 경우가 많습니다. 이러한 예로 deer(사슴), sheep(양)이 있습니다. 그러나 fish는 '종류'가 다른 물고기들이 여럿일 경우에는 fishes로 씁니다. 10가지 다른 종류의 물고기를 지칭할 때는 There are 10 different **fishes.**(10가지 다른 종류의 물고기가 있다.)와 같이 표현할 수 있습니다.

단어·숙어 알기
명언에 나온 단어와 숙어를 익혀 보세요.

🔖 **cowardice :** 📖 겁, 비겁

EX We cannot blame him for his **cowardice.**

우리는 그의 비겁을 탓할 수 없다.

명언 다시 쓰기
명언을 소리 내어 읽어 보고 단계별로 써 보세요.

용기의 반대는 비겁함이 아니다

🖉

그것은 순응이다

🖉

심지어 죽은 물고기도

🖉

흐름에 따라갈 수 있다

🖉

"용기의 반대는 비겁함이 아니라 순응이다. 심지어 죽은 물고기도 흐름에 따라갈 수 있다."

🖉

They may forget what you said, but they will never forget how you made them feel.

그들은 당신이 말한 것을 잊을지도 모르지만 당신이 그들에게 느끼게 한 것을 절대 잊지 않을 것이다.

– Carl W. Buehner –

 주어와 동사 찾기
명언을 읽고 해석해 보고, 영어 문장 속 주어와 동사를 적어 보세요.

		what you said,
(주어) 그들은	(동사) 잊을지도 모른다	당신이 말한 것을

but | (주어) 그들은 | (동사) 절대 잊지 않을 것이다 | **how you made them feel.**

하지만 ... 당신이 그들에게 어떻게 느끼게 했는지

 구문 알기
명언 속 핵심 문법을 통해 명언을 자세히 이해해 보세요.

🔹 they may forget [what you said]

그들은 [당신이 말한 것을] 잊을지도 모른다

→ may는 '~일지도 모른다'는 추측의 조동사로 항상 동사원형과 함께 쓰며, 과거형은 might입니다. 또한, may는 May I help you?(도와 드릴까요?)와 같이 허가를 나타낼 때도 씁니다.

🔹 how you made them feel

당신이 그들에게 어떻게 느끼게 했는지

→ [주어 + make + 목적어(A) + 목적보어(B)] 형태의 사역동사 구문으로, 'A가 B하도록 하다[시키다]'

라는 의미입니다. 이때 목적보어로는 반드시 동사원형이 와야 합니다. 이렇게 동사원형이 인칭이나 시제, 수 등의 영향을 받지 않고 사용될 때 이를 원형부정사라고 합니다. 사역동사에는 make 외에도 let, have 등이 있습니다.

단어·숙어 알기
명언에 나온 단어와 숙어를 익혀 보세요.

🍃 **forget :** 동 잊어버리다

EX Tell me and I **forget**. Teach me and I remember. Involve me and I learn.
(Benjamin Franklin)

말해 주는 것은 곧 잊게 된다. 가르쳐 주는 것은 기억하게 된다. 참여하게 해 준다면 진정으로 배우게 된다.

명언 다시 쓰기
명언을 소리 내어 읽어 보고 단계별로 써 보세요.

그들은 잊을지도 모른다

✏️

당신이 말한 것을

✏️

하지만 그들은 절대 잊지 않을 것이다

✏️

당신이 그들에게 어떻게 느끼게 했는지를

✏️

"그들은 당신이 말한 것을 잊을지도 모르지만 당신이 그들에게 느끼게 한 것을 절대 잊지 않을 것이다."

✏️

I think self-discipline is something, it's like a muscle. The more you exercise it, the stronger it gets.

나는 자기 수양이 근육과 같은 것이라고 생각한다. 연습하면 할수록 그것은 더 강해진다.

- Daniel Goldstein -

주어와 동사 찾기

명언을 읽고 해석해 보고, 영어 문장 속 주어와 동사를 적어 보세요.

		self-discipline is something, it's like a muscle.
(주어) 나는	(동사) 생각한다	자기 수양이 근육과 같은 어떤 것이라고

The more [   ] [   ] **it, the stronger** [   ] [   ].

더 많이 　　(주어) 당신이 　　(동사) 연습한다 　　그것을 　　더 강한 　　(주어) 그것은 　　(동사) 된다

구문 알기

명언 속 핵심 문법을 통해 명언을 자세히 이해해 보세요.

◈ it's like a muscle

그것은 근육과 같다

→ 우리말과 달리 영어는 다양한 전치사가 빈번하게 사용됩니다. 전치사는 앞(前)에 위치한다(置)는 의미로, 주로 명사 앞에 옵니다. 여기서 like는 명사 a muscle(근육) 앞에 온 것으로 보아 동사가 아닌 전치사로 쓰인 것을 알 수 있으며, '~처럼, ~와 같이'로 해석합니다.

◈ The more [you exercise it], the stronger [it gets].

[당신이 그것을 연습하면] 할수록 [그것은] 더 강해진다.

→ [the 비교급 + A, the 비교급 + B] 구문으로 'A할수록 더 B하다'로 해석합니다. 위 문장에서는 the 다음에 각각 비교급 more와 stronger가 들어가 '더 많이 연습할수록, 더 강해진다'는 의미가 되었습니다. 이 구문은 일상 회화의 구어체에서도 많이 쓰입니다.

단어·숙어 알기
명언에 나온 단어와 숙어를 익혀 보세요.

🔖 **self-discipline :** 몡 자기 훈련, 수양

> EX It takes a lot of **self-discipline** and physical training to succeed as an athlete.
>
> 운동선수로 성공하려면 많은 자기 훈련과 체력 단련이 필요하다.

명언 다시 쓰기
명언을 소리 내어 읽어 보고 단계별로 써 보세요.

나는 자기 수양이 어떤 것이라고 생각한다

✎

그것은 근육과 같다

✎

연습하면 할수록

✎

그것은 더 강해진다

✎

"나는 자기 수양이 근육과 같은 것이라고 생각한다. 연습하면 할수록 그것은 더 강해진다."

✎

Gold medals are made out of sweat, blood and tears and effort in the gym every day.

금메달은 땀, 피와 눈물 그리고 매일 체육관에서의 노력으로 만들어진다.

- Gabby Douglas -

주어와 동사 찾기

명언을 읽고 해석해 보고, 영어 문장 속 주어와 동사를 적어 보세요.

		out of sweat, blood and tears
(주어) 금메달은	(동사) 만들어진다	땀, 피와 눈물로

and effort in the gym every day.

그리고 매일 체육관에서의 노력으로

구문 알기

명언 속 핵심 문법을 통해 명언을 자세히 이해해 보세요.

🔖 gold medals **are made out of** [sweat, blood and tears]

금메달은 [땀과 피와 눈물로] 만들어진다

→ be made는 make(만들다) 동사의 수동형으로 주어가 만들어지는 '대상'임을 나타냅니다. 여기서는 무언가를 만드는 재료를 나타내는 전치사로 out of를 사용했지만, 전치사 of나 from을 써서 '~으로 만들어지다'라는 의미를 나타내기도 합니다. be made of는 주로 재료의 성질이 변하지 않을 때 쓰는 반면, be made from은 재료의 성질이 변해 다른 성질의 물건이 만들어질 때 씁니다. 예를 들어, This ring **was made of** gold.(이 반지는 금으로 만들어졌다.)와 같은 문장에서는 금의 성질이 변하지 않으므로 of를 썼지만, Paper **is made from** wood.(종이는 나무로 만들어진다.)에서는 나무의 성질이 변해 종이가 되므로 from을 썼습니다.

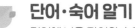

단어·숙어 알기
명언에 나온 단어와 숙어를 익혀 보세요.

🔖 **sweat : ⑲ 땀**

> EX No one has ever drowned in **sweat**. (Lou Holtz)
>
> 땀에 빠져 죽은 사람은 아무도 없었다.

🔖 **effort : ⑲ 노력**

> EX If you don't make the **effort** with people, you can't make any good friends.
>
> 만약 당신이 사람들과 함께 노력하지 않는다면, 당신은 어떤 좋은 친구도 사귈 수 없다.

명언 다시 쓰기
명언을 소리 내어 읽어 보고 단계별로 써 보세요.

금메달은 만들어진다

땀, 피와 눈물로

그리고 매일 체육관에서의 노력으로

"금메달은 땀, 피와 눈물 그리고 매일 체육관에서의 노력으로 만들어진다."

The world is quite eager to give you a set of criteria if you let it.

당신이 내버려 두면, 이 세상은 당신에게 일련의 기준을 들이대고 싶어 할 것이다.

- J. K. Rowling -

주어와 동사 찾기

명언을 읽고 해석해 보고, 영어 문장 속 주어와 동사를 적어 보세요.

		you a set of criteria
(주어) 세상은	(동사) 열렬히 주고 싶어 한다	당신에게 일련의 기준을

if you let it.

만약 당신이 그것을 내버려 두면

구문 알기

명언 속 핵심 문법을 통해 명언을 자세히 이해해 보세요.

◖ the world **is** quite **eager to give**

이 세상은 열렬히 주고 싶어 한다

→ [be eager to + 동사원형]은 '~을 하고 싶어 하다, 열렬히 ~을 하다'라는 뜻으로 쓰입니다. 이 문장에서는 부사 quite를 추가하여 의미를 더 강조하고 있습니다.

◖ if you **let** it

당신이 그것을 내버려 두면

→ let은 '~하게 놔두다'라는 의미입니다. 여기서 it은 앞에 온 the world 즉, 일련의 잣대를 들이대는 '세상' 을 가리킵니다.

🔖 **quite : 🕮 꽤, 상당히**

EX Things are not **quite** so simple always as black and white. (Doris Lessing)

모든 것이 항상 흑과 백처럼 그렇게 간단하지는 않다.

🔖 **criteria : 🕮 기준 (criterion의 복수형)**

EX Are you informed of the newly added **criteria**?

새로 추가된 기준에 대해 알고 계십니까?

명언 다시 쓰기
명언을 소리 내어 읽어 보고 단계별로 써 보세요.

이 세상은 당신에게 열렬히 주고 싶어 한다

일련의 기준을

당신이 그것을 내버려 두면

"당신이 내버려 두면, 이 세상은 당신에게 일련의 기준을 들이대고 싶어할 것이다."

The talent for being happy is appreciating and liking what you have, instead of what you don't have.

행복해지는 재주는 당신이 갖지 않은 것 대신 당신이 가진 것을 감사하고 좋아하는 것이다.

– Woody Allen –

주어와 동사 찾기
명언을 읽고 해석해 보고, 영어 문장 속 주어와 동사를 적어 보세요.

(주어) 행복해지는 재주는	(동사) 이다

appreciating and liking what you have, instead of what you don't have.

당신이 가진 것을 감사하는 것과 좋아하는 것, 당신이 갖지 않은 것 대신

구문 알기
명언 속 핵심 문법을 통해 명언을 자세히 이해해 보세요.

🔖 the talent **for being happy**

행복해지는 재주

→ 전치사는 항상 명사 앞에 옵니다. 동명사 역시 명사의 역할을 하므로 전치사 뒤에 올 수 있는데, 위에 제시된 어구가 바로 이 경우입니다. 여기서는 전치사 for 다음에 동명사 구문인 being happy (행복해지는 것)가 왔습니다. 이때 for는 '~를 위한, ~에, ~에 대해'를 의미합니다.

🔖 **instead of** [what you don't have]

[당신이 갖지 않은 것] 대신

→ instead of 또한 전치사로 '~ 대신에'라는 의미입니다. 참고로 Use this **instead**.(대신 이거 써.)와 같은 문장을 보면 알 수 있듯이 instead 자체는 부사이기 때문에 뒤에 명사가 올 수 없습니다.

단어·숙어 알기
명언에 나온 단어와 숙어를 익혀 보세요.

- **talent :** 명 재능, 재능 있는 사람
    - EX Singing is her special **talent**.
      노래는 그녀가 가진 특별한 재능이다.

- **appreciate :** 동 진가를 알아보다, 인정하다, 감사하다
    - EX We don't **appreciate** what we have until it's gone.
      우리는 우리가 가진 것이 없어질 때까지 그것에 대해 감사하지 않는다.

명언 다시 쓰기
명언을 소리 내어 읽어 보고 단계별로 써 보세요.

행복해지는 재주는

✎

감사하고 좋아하는 것이다

✎

당신이 가진 것을

✎

당신이 갖지 않은 것 대신에

✎

"행복해지는 재주는 당신이 갖지 않은 것 대신 당신이 가진 것을 감사하고 좋아하는 것이다."

✎

Hope is being able to see that there is light despite all of the darkness.

희망은 모든 어둠에도 불구하고 빛이 있다는 것을 볼 수 있는 것이다.

- Desmond Tutu -

주어와 동사 찾기

명언을 읽고 해석해 보고, 영어 문장 속 주어와 동사를 적어 보세요.

		being able to see that there is light
(주어) 희망은	(동사) 이다	빛이 있다는 것을 볼 수 있는 것

despite all of the darkness.

모든 어둠에도 불구하고

구문 알기

명언 속 핵심 문법을 통해 명언을 자세히 이해해 보세요.

◗ hope is being able to see

희망은 볼 수 있는 것이다

→ [be able to + 동사원형]은 '~할 수 있다'는 가능의 의미로, 이때 be동사는 문장의 주어와 시제에 따라 am, is, are, was, were 등의 형태로 쓸 수 있습니다. 이 문장에서는 동사 is의 뒤, 즉 주어 hope의 보어 자리에 왔으므로 '볼 수 있는 것'이라는 뜻의 동명사가 와서 being able to see가 되었습니다.

◗ despite all of the darkness

모든 어둠에도 불구하고

→ despite는 '~에도 불구하고'라는 뜻의 전치사이므로 뒤에 명사가 옵니다. 비슷한 뜻의 전치사로는 in spite of가 있습니다.

단어·숙어 알기

명언에 나온 단어와 숙어를 익혀 보세요.

hope : 명 희망 동 희망하다

> EX **Hope** never abandons you, you abandon it. (George Weinberg)
>
> 희망은 결코 당신을 버리지 않는다. 당신이 희망을 버릴 뿐.

> EX I **hope** that we can forgive each other and still can be friends.
>
> 나는 우리가 서로를 용서하고 계속 친구로 남기를 희망한다.

despite : 전 ~에도 불구하고

> EX **Despite** the heavy traffic, I wasn't late.
>
> 심한 교통 체증에도 불구하고, 나는 늦지 않았다.

명언 다시 쓰기

명언을 소리 내어 읽어 보고 단계별로 써 보세요.

희망은 볼 수 있는 것이다

빛이 있다는 것을

모든 어둠에도 불구하고

"희망은 모든 어둠에도 불구하고 빛이 있다는 것을 볼 수 있는 것이다."

The purpose of learning is growth, and our minds, unlike our bodies, can continue growing as we continue to live.

학습의 목적은 성장이며, 우리의 정신은 신체와 달리 살아가면서 계속 성장할 수 있다.

– Mortimer Adler –

주어와 동사 찾기

명언을 읽고 해석해 보고, 영어 문장 속 주어와 동사를 적어 보세요.

		growth,
(주어) 학습의 목적은	(동사) 이다	성장

and _____ **, unlike our bodies,** _____ **growing**

그리고　　(주어) 우리의 정신은　　　우리의 신체와 달리　　　　　(동사) 계속할 수 있다　　　성장을

as we continue to live.

우리가 계속 살아가면서

구문 알기

명언 속 핵심 문법을 통해 명언을 자세히 이해해 보세요.

🔖 **unlike** our bodies

우리의 신체와 달리

→ unlike는 like의 반의어로 '~과 달리'라고 해석합니다. 전치사는 명사, 대명사, 동명사의 앞에 위치합니다.

- our minds can continue growing / we continue to live

우리의 정신은 계속 성장할 수 있다 / 우리는 계속 살아간다

→ continue는 동명사와 to부정사를 모두 목적어로 취할 수 있는 동사입니다. 하지만 뒤에 동명사를 쓰느냐, to부정사를 쓰느냐에 따라 의미가 조금 달라집니다. 어떤 시점을 기준으로 하여 과거부터 해왔던 일이 현재와 미래에도 계속되는 상황일 때는 동명사를 쓰고, 기준 시점보다 상대적으로 미래에 일어날 일이 계속되는 상황이라면 to부정사를 씁니다.

단어·숙어 알기
명언에 나온 단어와 숙어를 익혀 보세요.

- **purpose** : 명 목적

  EX The **purpose** of a vacation is to have the time to rest. (Thich Nhat Hanh)

  휴가의 목적은 휴식을 취할 시간을 가지는 것이다.

명언 다시 쓰기
명언을 소리 내어 읽어 보고 단계별로 써 보세요.

학습의 목적은 성장이며

✎

우리의 정신은 신체와 달리

✎

계속 성장할 수 있다

✎

우리가 계속 살아가면서

✎

"학습의 목적은 성장이며, 우리의 정신은 신체와 달리 살아가면서 계속 성장할 수 있다."

✎

Failure will never overtake me if my determination to succeed is strong enough.

성공하겠다는 의지가 충분히 강하면 실패는 결코 나를 엄습하지 않을 것이다.

– Og Mandino –

주어와 동사 찾기

명언을 읽고 해석해 보고, 영어 문장 속 주어와 동사를 적어 보세요.

		me
(주어) 실패는	(동사) 결코 엄습하지 않을 것이다	나를

if my determination to succeed is strong enough.

만약 성공하겠다는 나의 의지가 충분히 강하면

구문 알기

명언 속 핵심 문법을 통해 명언을 자세히 이해해 보세요.

🍃 failure **will never overtake** me

실패는 결코 나를 엄습하지 않을 것이다

→ overtake는 '~을 추월하다, 능가하다, 엄습하다'라는 의미의 타동사입니다. 여기서는 목적어 me가 와서 '나를 엄습하다, 나에게 닥치다'의 의미로 쓰였습니다. never는 어떤 일이 얼마나 자주 일어나는지를 나타내는 빈도부사로 be동사와 조동사의 뒤, 일반동사의 앞에 위치합니다. 따라서 will never overtake 의 어순으로 쓰였습니다.

📎 my determination [to succeed]

[성공하겠다는] 나의 의지

→ [to + 동사원형]으로 이뤄진 to부정사는 문장에서 명사, 형용사, 부사로 쓰여 다양한 의미를 전달합니다. 여기서는 to succeed가 앞에 있는 명사 my determination을 수식하면서 to부정사가 형용사의 역할을 하고 있으며, '성공하겠다는 나의 의지'라고 해석합니다.

 단어·숙어 알기
명언에 나온 단어와 숙어를 익혀 보세요.

📎 **overtake :** ⑤ 추월하다, 능가하다, 엄습하다

EX The car **overtook** my car and ran away.

그 차는 내 차를 추월했고 도망쳤다.

 명언 다시 쓰기
명언을 소리 내어 읽어 보고 단계별로 써 보세요.

실패는 결코 나를 엄습하지 않을 것이다

✐

만약 성공하겠다는 내 의지가

✐

충분히 강하다면

✐

"성공하겠다는 의지가 충분히 강하면 실패는 결코 나를 엄습하지 않을 것이다."

✐

No one can make you feel inferior without your consent.

당신의 동의 없이 아무도 당신이 열등하게 느끼도록 만들 수는 없다.

- Eleanor Roosevelt -

주어와 동사 찾기

명언을 읽고 해석해 보고, 영어 문장 속 주어와 동사를 적어 보세요.

		you feel inferior
(주어) 아무도 ~ 않다	(동사) 만들 수 있다	당신이 열등하게 느끼도록

without your consent.

당신의 동의 없이

구문 알기

명언 속 핵심 문법을 통해 명언을 자세히 이해해 보세요.

🔖 no one can **make you feel inferior**

아무도 당신이 열등하게 느끼도록 만들 수는 없다

→ 이 문장에서 make는 '~가 …하게 만들다'라는 의미의 사역동사입니다. 사역동사에는 make 이외에도 have, let 등이 있으며, [사역동사 + 목적어 + 목적보어] 형태의 5형식 구문으로 씁니다. 이때 목적보어 자리에는 동사원형이 옵니다. 예를 들어, Mom **made** me **clean** my room.(엄마는 내가 내 방을 청소하도록 시키셨다.)과 같은 문장에서도 made가 사역동사로 쓰였으므로 목적보어로 동사원형인 clean이 온 것입니다.

🔖 **without** your consent

당신의 동의 없이

→ without은 '~ 없이'라는 뜻의 전치사입니다. 전치사는 명사, 대명사 또는 동명사 앞에 옵니다.

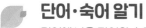

단어·숙어 알기

명언에 나온 단어와 숙어를 익혀 보세요.

- **inferior :** 웹 ~보다 못한, 하위의

  EX I think this project is **inferior** to what we made last time.

    나는 이 프로젝트가 우리가 지난번에 만든 것보다 못하다고 생각한다.

- **consent :** 웹 동의, 허락   등 동의하다

  EX Bill was chosen as leader by common **consent**.

    Bill이 만장일치로 대표에 선출되었다.

  EX I could not **consent** to the proposal.

    나는 그 제안에 동의할 수 없었다.

명언 다시 쓰기

명언을 소리 내어 읽어 보고 단계별로 써 보세요.

아무도 만들 수는 없다

✐

당신이 열등하게 느끼도록

✐

당신의 동의 없이

✐

"당신의 동의 없이 아무도 당신을 열등하게 느끼도록 만들 수는 없다."

✐

I would rather be a superb meteor, every atom of me in magnificent glow, than a sleepy and permanent planet.

나른하고 영원한 행성이 되느니, 차라리 내 안의 모든 원자가 화려하게 빛나는 최고의 운석이 되겠다.

- Jack London -

주어와 동사 찾기

명언을 읽고 해석해 보고, 영어 문장 속 주어와 동사를 적어 보세요.

		a superb meteor,
(주어) 나는	(동사) 차라리 되겠다	최고의 운석이

every atom of me in magnificent glow,

내 안의 모든 원자가 화려하게 빛나는

than a sleepy and permanent planet.

나른하고 영원한 행성이 되느니

구문 알기

명언 속 핵심 문법을 통해 명언을 자세히 이해해 보세요.

🔊 I would rather be a superb meteor than a sleepy and permanent planet.

나른하고 영원한 행성이 되느니 차라리 최고의 운석이 되겠다.

→ [would rather A than B] 구문은 'B하기보다는 (차라리) A하겠다'는 의미로 than 이하는 종종 생략
하기도 합니다. 예를 들어 I **would rather** stay at home.(난 집에 있는 게 낫겠어.)처럼 than 이하를
생략하고 말해도 의미가 충분히 전달되는 것이지요.

- a superb meteor**,** every atom of me in magnificent glow**,**

내 안의 모든 원자가 화려하게 빛나는, 최고의 운석

→ 부연 설명을 위해 콤마와 콤마 사이에 넣은 문구를 삽입구라고 합니다. 여기서는 a superb meteor (최고의 운석)를 부연 설명하는 내용이 콤마 사이에 왔습니다.

단어·숙어 알기
명언에 나온 단어와 숙어를 익혀 보세요.

- **meteor :** 몡 유성, 별똥별

  EX I saw a **meteor** fall for the first time in my life.

  나는 난생처음 유성이 떨어지는 것을 보았다.

명언 다시 쓰기
명언을 소리 내어 읽어 보고 단계별로 써 보세요.

난 차라리 최고의 운석이 되겠다

✎

내 안의 모든 원자가 화려하게 빛나는

✎

나른하고 영원한 행성이 되느니

✎

"나른하고 영원한 행성이 되느니, 차라리 내 안의 모든 원자가 화려하게 빛나는 최고의 운석이

되겠다."

✎

There is nothing noble in being superior to your fellow men. True nobility lies in being superior to your former self.

당신의 동료들보다 우월한 것은 고귀한 것이 아니다. 진정한 고귀함은 이전의 자신보다 우월한 데 있다.

– Ernest Hemingway –

주어와 동사 찾기

명언을 읽고 해석해 보고, 영어 문장 속 주어와 동사를 적어 보세요.

There [　] [　　　] **in being superior to your fellow men.**

(유도부사) (동사) 있다　(주어) 고귀한 것이 전혀 없는 것　　　　당신의 동료들보다 우월함에

[　　　　　] [　　] **in being superior to your former self.**

(주어) 진정한 고귀함은　　(동사) 있다　　　이전의 자신보다 우월한 데

구문 알기

명언 속 핵심 문법을 통해 명언을 자세히 이해해 보세요.

🔹 There is nothing noble [in being superior to your fellow men].

[당신의 동료들보다 우월한 것은] 고귀한 것이 아니다.

→ there가 유도부사로 쓰인 문장입니다. 유도부사 there는 [There + 동사 + 주어] 형태로 쓰이며, 특별한 의미는 없고 단지 뒤에 오는 주어와 동사를 도치시킵니다. 즉, 문장의 앞에서 진짜 동사와 주어를 따라오게 하는 역할을 한다고 해서 '유도부사'라는 이름이 붙은 것입니다. 참고로 이 문장의 nothing과 같이 -thing으로 끝나는 대명사는 꾸며 주는 형용사가 뒤에 옵니다.

134

EX She needs **something different.** 그녀는 무언가 새로운 것을 필요로 한다.

EX Did you buy **anything new**? 너 뭐 새로운 거 샀어?

단어·숙어 알기
명언에 나온 단어와 숙어를 익혀 보세요.

▣ **superior to :** ~보다 뛰어난, 우월한

EX Many studies have highlighted that breastfeeding is **superior to** bottle-feeding.

많은 연구들이 모유 수유가 젖병 수유보다 더 낫다고 강조해 왔다.

▣ **nobility :** 명 고귀함, 귀족

EX He had the **nobility** of a prestigious family.

그는 명문가다운 고귀함을 가졌다.

명언 다시 쓰기
명언을 소리 내어 읽어 보고 단계별로 써 보세요.

고귀한 것이 없다

✎

당신의 동료들보다 우월한 데는

✎

진정한 고귀함은 (~에) 있다

✎

이전의 자신보다 우월한 데

✎

"당신의 동료들보다 우월한 것은 고귀한 것이 아니다. 진정한 고귀함은 이전의 자신보다

우월한 데 있다."

✎

You might not be able to control your circumstances, but you can control your response to your circumstances.

당신은 상황을 통제할 수는 없을지 모르지만, 상황에 대한 당신의 반응을 제어할 수 있다.

- Foster Friess -

 주어와 동사 찾기
명언을 읽고 해석해 보고, 영어 문장 속 주어와 동사를 적어 보세요.

		your circumstances,
(주어) 당신은	(동사) 통제할 수 없을지 모른다	당신의 상황을

but [ ] [ ] **your response to your circumstances.**
하지만 (주어) 당신은 (동사) 통제할 수 있다 당신의 상황에 대한 당신의 반응을

 구문 알기
명언 속 핵심 문법을 통해 명언을 자세히 이해해 보세요.

🍃 you **might not be able to control** your circumstances

당신은 당신의 상황을 통제할 수는 없을지 모른다

→ might는 추측의 조동사로 '~일지 모른다'로 해석합니다. 이 문장은 추측과 불가능, 즉 might와 cannot 의 의미를 모두 전달하고 있습니다. 하지만 조동사 might 뒤에 또 다른 조동사 cannot을 연이어 사용 할 수 없으므로 cannot을 쓰지 않고 [not be able to + 동사원형] 형태로 바꿔서 연결했습니다. might not be able to는 '~할 수 없을지 모른다'로 해석합니다.

단어·숙어 알기
명언에 나온 단어와 숙어를 익혀 보세요.

circumstance : 명 환경, 상황, 형편

EX Let's review the whole **circumstance** around us.

우리 주변의 전반적인 상황을 검토해 봅시다.

response : 명 응답, 대답, 반응

EX Publishers like a good buzz, and negative **responses** sell books just as well as positive ones. (Richard Dawkins)

출판업자들은 좋은 소문을 좋아하는데, 부정적인 반응도 긍정적인 반응과 똑같이 책이 잘 팔리게 한다.

명언 다시 쓰기
명언을 소리 내어 읽어 보고 단계별로 써 보세요.

당신은 통제할 수 없을지 모른다

✎

당신의 상황을

✎

하지만 당신은 제어할 수 있다

✎

당신의 상황에 대한 당신의 반응을

✎

"당신은 상황을 통제할 수는 없을지 모르지만, 상황에 대한 당신의 반응은 제어할 수 있다."

✎

Effort only fully releases its reward after a person refuses to quit.

노력은 사람이 그만두기를 거부한 후에야 보상을 전부 내놓는다.

– Napoleon Hill –

주어와 동사 찾기

명언을 읽고 해석해 보고, 영어 문장 속 주어와 동사를 적어 보세요.

	only fully		its reward
(주어) 노력은	오로지 전부	(동사) 내놓는다	그 보상을

after a person refuses to quit.

사람이 그만두기를 거부한 후에

구문 알기

명언 속 핵심 문법을 통해 명언을 자세히 이해해 보세요.

● effort only fully releases its reward after ~

노력은 ~한 후에야 보상을 전부 내놓는다

→ 부사 only는 '단지, 오직, 다만'이라는 의미로 after와 함께 쓰여 '~한 후에야 비로소 …하다'라는 의미를 전달합니다.

● a person refuses [to quit]

사람이 [그만두는 것을] 거부하다

→ 미래, 희망, 기대, 의도 등을 나타내는 동사 다음에는 to부정사가 옵니다. want, wish, hope, plan, expect 등은 미래의 희망이나 기대를 나타내며, agree, refuse 등은 앞으로 일어날 일에 동의하거나 거절하는 것을 의미하므로 이러한 동사들 다음에는 반드시 to부정사가 와야 합니다.

- **release :** 동 놓아 주다, 풀어 주다

  EX Whenever a thing is done for the first time, it **releases** a little demon.

  (Emily Dickinson)

  어떤 일이 처음 행해질 때마다, 그것은 작은 악마를 풀어 놓는다.

- **reward :** 명 보상, 사례

  EX There are children who do not study hard if there is no **reward** for studying.

  공부에 대한 보상이 없으면 열심히 공부하지 않는 아이들이 있다.

명언 다시 쓰기

명언을 소리 내어 읽어 보고 단계별로 써 보세요.

노력은 오로지 전부 내놓는다

✎

그것의 보상을

✎

사람이 그만두기를 거부한 후에야

✎

"노력은 사람이 그만두기를 거부한 후에야 보상을 전부 내놓는다."

✎

Knowing your own darkness is the best method for dealing with the darknesses of other people.

자신의 어둠을 아는 것이 다른 사람들의 어둠을 다루기 위한 가장 좋은 방법이다.

– Carl Jung –

주어와 동사 찾기
명언을 읽고 해석해 보고, 영어 문장 속 주어와 동사를 적어 보세요.

		the best method
(주어) 자신의 어둠을 아는 것이	(동사) 이다	가장 좋은 방법

for dealing with the darknesses of other people.
다른 사람들의 어둠을 다루기 위한

구문 알기
명언 속 핵심 문법을 통해 명언을 자세히 이해해 보세요.

🔖 [Knowing your own darkness] is the best method [for dealing with the darknesses of other people].

[자신의 어둠을 아는 것]이 [다른 사람들의 어둠을 다루기 위한] 가장 좋은 방법이다.

→ [동사원형 + -ing] 형태의 동명사와 [to + 동사원형] 형태의 to부정사는 동사가 명사의 기능을 하게 하는 두 가지 방법입니다. 여기서는 knowing(아는 것)과 dealing(다루는 것) 두 개의 동명사가 쓰였습니다. 동명사는 명사의 기능을 하므로 문장에서 주어, 보어, 목적어 역할을 합니다. 첫 번째 동명사 knowing 은 문장의 주어로 쓰였으며, 동명사 주어는 단수 취급 하므로 동사로 is가 왔습니다. 두 번째 동명사 dealing은 전치사 for의 목적어로 쓰였습니다.

단어·숙어 알기

명언에 나온 단어와 숙어를 익혀 보세요.

method : 명 방법

EX We need to develop a new teaching **method**.

우리는 새로운 교수법을 개발해야 한다.

deal with : ~을 다루다, 처리하다

EX She is an expert in **dealing with** demanding customers.

그녀는 까다로운 고객을 다루는 데 전문가이다.

EX The book **deals with** the subject of life, love and death.

그 책은 삶과 사랑 그리고 죽음이라는 주제를 다루고 있습니다.

명언 다시 쓰기

명언을 소리 내어 읽어 보고 단계별로 써 보세요.

자신의 어둠을 아는 것이

가장 좋은 방법이다

다른 사람들의 어둠을 다루기 위한

"자신의 어둠을 아는 것이 다른 사람들의 어둠을 다루기 위한 가장 좋은 방법이다."

A gentleman would be ashamed should his deeds not match his words.

신사는 자신의 행동이 말과 일치하지 않으면 수치스러울 것이다.

- Confucius -

주어와 동사 찾기

명언을 읽고 해석해 보고, 영어 문장 속 주어와 동사를 적어 보세요.

		ashamed
(주어) 신사는	(동사) ~일 것이다	수치스러운

should his deeds not match his words.

자신의 행동이 말과 일치하지 않으면

구문 알기

명언 속 핵심 문법을 통해 명언을 자세히 이해해 보세요.

 a gentleman would be ashamed

신사는 수치스러울 것이다

→ would는 조동사 will의 과거형이지만 그 자체로도 다양한 의미가 있습니다. 이 문장에서는 '~일 것이다' 라는 의미로 상상하는 일의 결과에 대해 나타내고 있으며, will보다 확신의 정도가 약합니다. would 는 조동사이므로 뒤에 be동사의 원형과 함께 형용사 ashamed(창피한, 부끄러운)가 왔습니다. be ashamed에서 ashamed는 수동태 구문의 일부가 아닌 happy나 sad와 같은 형용사라는 점을 유의해야 합니다.

should his deeds not match his words

자신의 행동이 말과 일치하지 않으면

→ if절 안에 were, should, had가 있으면 if를 생략하고 주어와 동사를 도치시킬 수 있습니다. 이 문장은 원래 if his deeds should not match his words로, 조건의 접속사 if를 생략하고 조동사 should와 주어 his deeds를 도치시켰습니다. 이러한 도치는 구어체보다는 문어체, 격식을 차려야 하는 상황, 업무상 이메일 등에 주로 사용됩니다.

단어·숙어 알기

명언에 나온 단어와 숙어를 익혀 보세요.

 deed : 명 (보통 아주 좋거나 아주 나쁜) 행위, 행동

EX His kind **deed** restored my hope in humanity.

그의 친절한 행동은 인류에 대한 나의 희망을 회복시켰다.

명언 다시 쓰기

명언을 소리 내어 읽어 보고 단계별로 써 보세요.

신사는 수치스러울 것이다

자신의 행동이 말과 일치하지 않으면

"신사는 자신의 행동이 말과 일치하지 않으면 수치스러울 것이다."

The world is full of suffering but it is also full of people overcoming it.

세상은 고통으로 가득하지만, 그것을 극복하는 사람들로도 가득하다.

– Helen Keller –

 주어와 동사 찾기

명언을 읽고 해석해 보고, 영어 문장 속 주어와 동사를 적어 보세요.

		full of suffering
(주어) 세상은	(동사) 이다	고통으로 가득한

but ⬚ ⬚ **also full of people overcoming it.**

하지만 (주어) 그것은 (동사) 이다   또한 그것을 극복하는 사람들로 가득한

 구문 알기

명언 속 핵심 문법을 통해 명언을 자세히 이해해 보세요.

🔖 the world **is full of** suffering

세상은 고통으로 가득하다

→ [be full of]는 '~으로 가득 차 있다'라는 의미로 자주 쓰이는 숙어입니다. 비슷한 표현으로 [be filled with]가 있습니다. full은 containing a lot, 즉 '많이 담고 있다'는 의미이고 fill은 make or become full, 즉 '가득 채워지도록 만들다'는 의미로, [be full of]가 단순히 가득 찬 상태 자체를 말하는 반면, [be filled with]는 외부 요인에 의해 가득 채워진 것을 나타낸다는 점에서 차이가 있습니다.

🔖 people [overcoming it]

[그것을 극복하는] 사람들

→ [주격 관계대명사 + be동사 + -ing(현재분사)] 구문에서는 주격 관계대명사와 be동사를 함께 생략할 수 있습니다. 여기서도 주격 관계대명사 who와 be동사 are가 생략되고 남은 현재분사 overcoming 이하가 선행사 people을 뒤에서 꾸며 주고 있습니다.

단어·숙어 알기
명언에 나온 단어와 숙어를 익혀 보세요.

▶ **suffering :** 몡 고통, 괴로움

EX Fur is not luxury: it is an industry of death and **suffering**. (Brigitte Bardot)
모피는 사치가 아니다. 그것은 죽음과 고통의 산업이다.

▶ **overcome :** 통 극복하다

EX I tried to **overcome** all obstacles in my path and finally I made it.
나는 나의 길에 놓인 모든 장애물을 극복하려고 노력했고 마침내 해냈다.

명언 다시 쓰기
명언을 소리 내어 읽어 보고 단계별로 써 보세요.

세상은 고통으로 가득하다

하지만 그것은 또한 사람들로도 가득하다

그것(고통)을 극복하는 (사람들)

"세상은 고통으로 가득하지만, 그것을 극복하는 사람들로도 가득하다."

Perfection is achieved, not when there is nothing more to add, but when there is nothing left to take away.

완벽함은 더 이상 더할 것이 없을 때가 아닌, 뺄 것이 남아있지 않을 때 달성된다.

– Antoine de Saint-Exupéry –

주어와 동사 찾기

명언을 읽고 해석해 보고, 영어 문장 속 주어와 동사를 적어 보세요.

, not when there is nothing more to add,

(주어) 완벽함은   (동사) 달성된다   더 이상 더할 것이 없을 때가 아닌

but when there is nothing left to take away.

뺄 것이 남아있지 않을 때

구문 알기

명언 속 핵심 문법을 통해 명언을 자세히 이해해 보세요.

🔖 perfection is achieved

완벽함은 달성된다

→ [be동사 + 과거분사] 형태의 수동태 구문입니다. 수동태는 주어가 행위의 주체가 아니라 행위를 당하는 대상일 때 씁니다. 따라서 여기서도 perfection이 achieve라는 행위의 대상임을 나타내므로 '완벽함 이 달성된다'라고 수동의 의미로 해석합니다.

- **not** when there is nothing more to add, **but** when there is nothing left to take away

더 이상 더할 것이 없을 때가 아닌, 뺄 것이 남아있지 않을 때

→ [not A but B] 구문으로 A와 B를 비교하며 B를 더 강조하고 싶을 때 씁니다. 이때, A와 B는 병렬 구조를 이루어야 합니다. 이 문장에서는 when there is nothing이 반복되었는데, 뒤에 나온 when there is 는 생략할 수 있습니다.

단어·숙어 알기
명언에 나온 단어와 숙어를 익혀 보세요.

- **achieve** : 통 달성하다, 성취하다, ~을 해내다

  EX They were able to **achieve** an important triumph against their chief rival.

  그들은 그들의 주요 경쟁자를 상대로 중요한 승리를 달성할 수 있었다.

명언 다시 쓰기
명언을 소리 내어 읽어 보고 단계별로 써 보세요.

완벽함은 달성된다

✎

더 이상 더할 것이 없을 때가 아닌

✎

뺄 것이 남아있지 않을 때

✎

"완벽함은 더 이상 더할 것이 없을 때가 아닌, 뺄 것이 남아있지 않을 때 달성된다."

✎

The weeds keep multiplying in our garden, which is our mind ruled by fear. Rip them out and call them by name.

두려움이 지배하는 우리 마음의 정원에는 잡초가 계속 자라고 있다. 그것들을 뜯어내고 이름을 불러라.

- Sylvia Browne -

주어와 동사 찾기

명언을 읽고 해석해 보고, 영어 문장 속 주어와 동사를 적어 보세요.

		multiplying in our garden,	
(주어) 잡초가	(동사) 계속한다	자라는 것을	우리의 정원에

which is our mind ruled by fear.

두려움에 의해 지배받는 마음인

( ) **them out and** **them by name.**

(주어 생략) 당신은　(동사) 뜯어내라　그것들을　그리고　(동사) 불러라　그것들을 이름으로

구문 알기

명언 속 핵심 문법을 통해 명언을 자세히 이해해 보세요.

🔖 our garden, which is our mind ruled by fear

두려움에 의해 지배받는 우리 마음인 정원

→ 영어에서는 보통 중요한 것을 먼저 언급하고 뒤에 부연 설명을 덧붙입니다. 이때 여기서처럼 관계대명사가 쓰이기도 하는데, [,(콤마) + which] 이하가 선행사 our garden에 대해 추가적으로 설명해 주고

있습니다. 이렇게 계속해서 설명을 이어간다고 해서 관계대명사의 계속적 용법이라고 합니다.

🔖 **Rip them out and call them by name.**

그것들을 뜯어내고 이름을 불러라.

→ 주어 you가 생략되고 동사원형으로 시작하는 두 개의 명령문이 등위접속사 and로 이어져 있습니다. 즉, [A and B]의 형태이므로 A와 B는 병렬 구조를 이루어야 합니다.

단어·숙어 알기
명언에 나온 단어와 숙어를 익혀 보세요.

🔖 **multiply :** 통 증가시키다, 곱하다, 증식하다

EX The rats were **multiplying** in thousands, and we moved out.

쥐가 수천 마리로 불어나 우리는 그곳에서 이사 갔다.

명언 다시 쓰기
명언을 소리 내어 읽어 보고 단계별로 써 보세요.

우리의 정원에 잡초가 계속 자라고 있다

✎

(그 정원은) 두려움에 지배받는 우리 마음이다

✎

그것들을 뜯어내라

✎

그리고 그것들을 이름으로 불러라

✎

"두려움이 지배하는 우리 마음의 정원에는 잡초가 계속 자라고 있다. 그것들을 뜯어내고 이름을 불러라."

✎

All truths are easy to understand once they are discovered; the point is to discover them.

모든 진리는 일단 발견되면 이해하기 쉽다. 요점은 그것을 발견하는 것이다.

– Galileo Galilei –

 ## 주어와 동사 찾기

명언을 읽고 해석해 보고, 영어 문장 속 주어와 동사를 적어 보세요.

(주어) 모든 진리는	(동사) 이다	**easy to understand once they are discovered;**
		일단 그것들이 발견되면 이해하기 쉬운

(주어) 요점은	(동사) 이다	**to discover them.**
		그것들을 발견하는 것

 ## 구문 알기

명언 속 핵심 문법을 통해 명언을 자세히 이해해 보세요.

◎ all truths are easy [to understand]

모든 진리는 [이해하기] 쉽다

→ to understand가 형용사 easy를 수식하여 '이해하기 쉬운'이라는 의미로 쓰였으므로 to부정사가 형용사를 수식하는 부사적 용법으로 쓰인 구문입니다. 이때는 to부정사를 '~하기에'로 해석합니다. 이 외에 목적, 감정의 원인, 판단의 근거, 결과 등을 나타낼 때도 to부정사가 부사적 용법으로 쓰입니다. 또한 to부정사는 주어, 보어, 목적어 역할을 하는 명사적 용법(~하는 것)과 명사를 뒤에서 꾸며 주는 형용사적 용법(~하는)으로도 쓰입니다.

once they are discovered

일단 그것들이 발견되면

→ once가 '일단 ~하면'이라는 의미의 접속사로 쓰였습니다. 이처럼 접속사 다음에는 주어와 동사를 갖춘 완전한 문장이 와야 합니다.

단어·숙어 알기
명언에 나온 단어와 숙어를 익혀 보세요.

 truth : 명 진실

EX The **truth** is, no one of us can be free until everybody is free.

(Maya Angelou)

진실은 모든 사람이 자유로워질 때까지 우리 중 누구도 자유로울 수 없다는 것이다.

명언 다시 쓰기
명언을 소리 내어 읽어 보고 단계별로 써 보세요.

모든 진리는

이해하기 쉽다

일단 그것들이 발견되면

요점은 그것들을 발견하는 것이다

"모든 진리는 일단 발견되면 이해하기 쉽다. 요점은 그것을 발견하는 것이다."

Refuse to be average. Let your heart soar as high as it will.

보통이 되는 것을 거부하라. 당신의 마음이 날아오를 수 있는 만큼 높이 날아오르게 하라.

– Aiden Wilson Tozer –

주어와 동사 찾기

명언을 읽고 해석해 보고, 영어 문장 속 주어와 동사를 적어 보세요.

(   )   **to be average.**

(주어 생략) 당신은   (동사) 거부하라   보통이 되는 것을

(   )   **your heart soar as high as it will.**

(주어 생략) 당신은   (동사) 하라   당신의 마음이 날아오를 수 있는 만큼 높이 날아오르게

구문 알기

명언 속 핵심 문법을 통해 명언을 자세히 이해해 보세요.

🔖 Refuse to be average.

보통이 되는 것을 거부하라.

→ '거부하다, 거절하다'라는 의미의 동사 refuse는 앞으로 '~하는 것을 거절하다'의 뜻을 내포하고 있으므로 항상 to부정사와 함께 옵니다. to부정사는 미래의 의미를 담고 있어 이렇게 미래 지향적인 동사들과 함께 오는 경향이 있습니다.

🔖 Let your heart soar as high as it will.

당신의 마음이 날아오를 수 있는 만큼 높이 날아오르게 하라.

→ 반드시 형용사나 부사를 비교급이나 최상급 형태로 만들어야만 비교 표현을 할 수 있는 것은 아닙니다. 이번 명언의 [as + 형용사/부사 + as]는 '~만큼 …한/하게'로 해석하며, 다음과 같이 원급 형태의 형용사나 부사를 이용하여 대상을 비교합니다.

EX She is **as pretty as** a movie star. 그녀는 영화배우만큼 예쁘다.

EX He ran **as quickly as** he could. 그는 그가 할 수 있는 한 빨리 달렸다.

여기서는 as high as it will 다음에 앞에 나온 동사 soar(날아오르다)가 생략되어 있으며, 직역하면 '당신의 마음이 날아오를 수 있는 만큼 높이 날아오르게 하라'로 해석할 수 있습니다. 즉, '최대한 높이 날아오르게 하라'는 말입니다.

단어·숙어 알기
명언에 나온 단어와 숙어를 익혀 보세요.

📖 **average :** 형 평균의, 보통의   명 평균

EX The **average** adult laughs 15 times a day; the average child, more than 400 times. (Martha Beck)

평균적인 성인은 하루에 15번 웃고, 평균적인 아이는 400번 이상 웃는다.

명언 다시 쓰기
명언을 소리 내어 읽어 보고 단계별로 써 보세요.

거부하라

✏️

보통이 되는 것을

✏️

당신의 마음이 날아오르게 하라

✏️

그것이 날아오를 수 있는 만큼 높이

✏️

"보통이 되는 것을 거부하라. 당신의 마음이 날아오를 수 있는 만큼 높이 날아오르게 하라."

✏️

It's better to hang out with people better than you. Pick out associates whose behavior is better than yours and you'll drift in that direction.

당신보다 나은 사람들과 어울리는 것이 더 좋다. 그들의 행동이 당신보다 더 훌륭한 동료들을 선택하라. 그러면 그 방향으로 움직여질 것이다.

- Warren Buffett -

주어와 동사 찾기

명언을 읽고 해석해 보고, 영어 문장 속 주어와 동사를 적어 보세요.

		better	

(가주어)　(동사) 이다　더 좋은　　　　　　　(진주어) 당신보다 나은 사람들과 어울리는 것이

(   ) **associates whose behavior is better than yours**

(주어 생략) 당신은　　(동사) 선택하라　　　　그들의 행동이 당신보다 더 훌륭한 동료들을

and **in that direction.**

그러면　(주어) 당신은　(동사) 움직여질 것이다　그 방향으로

구문 알기

명언 속 핵심 문법을 통해 명언을 자세히 이해해 보세요.

▶ It's better to hang out with people better than you.

당신보다 나은 사람들과 어울리는 것이 더 좋다.

→ 영어는 주어가 지나치게 길어지는 것을 선호하지 않는 경향이 있습니다. 그래서 주어가 긴 경우에는 뒤로 보내고 그 자리에 it을 대신 둡니다. 이때의 it을 '가짜 주어'라는 뜻의 가주어라고 합니다. 여기서 진짜 주어인 진주어는 to부정사 구문인 to hang out 이하입니다.

🔖 pick out associates [whose behavior is better than yours]

[그들의 행동이 당신보다 더 훌륭한] 동료들을 선택하라

→ associates가 whose 이하의 관계대명사절의 수식을 받는 구조입니다. 이때 선행사 associates (동료들)와 관계대명사절 내의 behavior(행동)가 의미상 소유 관계(동료들의 행동)를 이루므로 소유격 관계대명사 whose가 온 것입니다. 즉, 이 문장은 Pick out associates.와 Their behavior is better than yours.가 결합된 것으로 볼 수 있습니다. 선행사가 사물일 경우에는 whose 대신 of which를 쓸 수 있다는 것도 알아 두시기 바랍니다.

명언 다시 쓰기
명언을 소리 내어 읽어 보고 단계별로 써 보세요.

당신보다 나은 사람들과 어울리는 것이 더 좋다

✎

동료들을 선택하라

✎

그들의 행동이 당신보다 더 훌륭한 (동료들)

✎

그러면 그 방향으로 움직여질 것이다

✎

"당신보다 나은 사람들과 어울리는 것이 더 좋다. 그들의 행동이 당신보다 더 훌륭한 동료들을 선택하라. 그러면 그 방향으로 움직여질 것이다."

✎

Choosing to be positive and having a grateful attitude is going to determine how you're going to live your life.

긍정적인 쪽을 택하고 감사하는 태도를 갖는 것이 당신이 삶을 어떻게 살지를 결정할 것이다.

- Joel Osteen -

주어와 동사 찾기

명언을 읽고 해석해 보고, 영어 문장 속 주어와 동사를 적어 보세요.

> (주어) 긍정적인 쪽을 택하고 감사하는 태도를 갖는 것이

> how you're going to live your life.

(동사) 결정할 것이다   어떻게 당신이 당신의 삶을 살지를

구문 알기

명언 속 핵심 문법을 통해 명언을 자세히 이해해 보세요.

🍃 **choosing to be positive**

긍정적인 쪽을 선택하는 것

→ '~하다'로 해석하는 동사를 '~하는 것, ~하기'로 해석하는 명사로 만들 수 있는 방법은 두 가지입니다. [동사원형 + -ing] 형태의 동명사로 만들거나 [to + 동사원형] 형태의 to부정사로 만드는 것입니다. choosing to be positive에는 이 두 가지가 모두 포함되어 있는데, 동명사 choosing(선택하는 것)

의 목적어로 to부정사 to be positive(긍정적으로 되는 것)가 와서 '긍정적인 쪽을 선택하는 것'이라는 의미가 되었습니다. 이때 to be positive는 to부정사의 명사적 용법으로 쓰였습니다.

◗ how you're going to live your life

어떻게 당신이 당신의 삶을 살아갈 것인지

→ 미래 시제를 나타내는 조동사에는 will과 be going to가 있습니다. 둘 다 우리말 해석은 '~할 것이다' 이지만 미묘한 의미 차이가 있습니다. will은 막연하지만 화자의 의지가 담긴 미래를 나타낼 때 씁니다. We **will** get married next year.라고 하면 구체적인 결혼 계획은 아직 세우지 않았지만, 결혼하겠다는 의지가 담겨 있습니다. 반면, be going to는 즉흥적으로 하는 말이 아니라, 이미 하고자 결정한 계획을 말할 때 씁니다. We **are going to** get married next year.라고 하면 어느 정도 결혼 계획을 세운 상태라는 의미가 됩니다.

명언 다시 쓰기
명언을 소리 내어 읽어 보고 단계별로 써 보세요.

긍정적인 쪽을 택하고

그리고 감사하는 태도를 갖는 것이

결정할 것이다

당신이 삶을 어떻게 살지를

"긍정적인 쪽을 택하고 감사하는 태도를 갖는 것이 당신이 삶을 어떻게 살지를 결정할 것이다."

Vision is the art of seeing what is invisible to others.

비전은 다른 사람에게 보이지 않는 것을 보는 기술이다.

- Jonathan Swift -

주어와 동사 찾기

명언을 읽고 해석해 보고, 영어 문장 속 주어와 동사를 적어 보세요.

		the art of seeing what is invisible to others.
(주어) 비전은	(동사) 이다	다른 사람에게 보이지 않는 것을 보는 기술

구문 알기

명언 속 핵심 문법을 통해 명언을 자세히 이해해 보세요.

vision is the art of seeing

비전은 보는 기술이다

→ 우리가 보통 '예술'이라고 알고 있는 art는 '기술'이라는 의미로도 많이 쓰이며 여기에서도 '보는 기술'이라는 의미로 사용되었습니다. 주로 [the art of something]의 패턴으로 쓰며, '건축 기술'은 the art of building, '치료 기술'은 the art of healing이라고 표현합니다.

what is invisible to others

다른 사람에게 보이지 않는 것

→ 선행사가 필요 없는 관계대명사 what은 '~하는 것'으로 해석하며 이때 what이 이끄는 절은 문장에서 명사절로 쓰입니다. 명사절은 주어와 동사를 갖춘 문장의 형태라는 것만 다를 뿐, 명사와 마찬가지로 문장 내에서 주어, 보어, 목적어 역할을 합니다. 여기서는 what 이하의 명사절이 seeing의 목적어로 쓰였습니다.

단어·숙어 알기

명언에 나온 단어와 숙어를 익혀 보세요.

- **vision** : 몡 비전, 예지력; 시력, 시야

  EX A city is not gauged by its length and width, but by the broadness of its **vision** and the height of its dreams. (Herb Caen)

  도시는 길이와 너비로 평가되는 것이 아니라 비전의 폭과 꿈의 높이로 평가된다.

- **invisible** : 혱 보이지 않는, 무형의

  EX The **invisible** cloak in *Harry Potter* turned out to be actually possible.

  《해리 포터》에 나온 보이지 않는 망토가 실제로 가능한 것으로 밝혀졌다.

명언 다시 쓰기

명언을 소리 내어 읽어 보고 단계별로 써 보세요.

비전은

보는 기술이다

다른 사람에게 보이지 않는 것을

"비전은 다른 사람에게 보이지 않는 것을 보는 기술이다."

Your assumptions are your windows on the world. Scrub them off every once in a while, or the light won't come in.

당신의 가설은 세상을 향한 당신의 창이다. 틈틈이 문질러 닦아라, 그렇지 않으면 빛은 들어오지 않을 것이다.

- Alan Alda -

주어와 동사 찾기

명언을 읽고 해석해 보고, 영어 문장 속 주어와 동사를 적어 보세요.

		your windows on the world.
(주어) 당신의 가설은	(동사) 이다	세상을 향한 당신의 창

( )		**them off every once in a while,**
(주어 생략) 당신은	(동사) 문질러 닦아라	그것들을 틈틈이

or | | **in.**

그렇지 않으면　(주어) 빛은　　　　(동사) 들어오지 않을 것이다　안으로

구문 알기

명언 속 핵심 문법을 통해 명언을 자세히 이해해 보세요.

🍃 scrub them off **every once in a while**

틈틈이 문질러 닦아라

→ '가끔, 때때로'라는 의미로 쓰이는 표현에는 여러 가지가 있습니다. 이번 명언에 나온 every once in a while은 every 없이 once in a while로도 쓸 수 있습니다. from time to time, every now and then, sometimes도 빈도를 나타내는 유용한 표현들입니다.

 the light won't come in

빛은 들어오지 않을 것이다

→ 조동사는 뒤에 not을 써서 부정형을 만듭니다. 미래 시제 조동사 will의 부정형은 will not이며, 줄여서
won't로 씁니다.

단어·숙어 알기
명언에 나온 단어와 숙어를 익혀 보세요.

 assumption : 몡 추정, 가정

EX Her judgment was based on false **assumptions**.

그녀의 판단은 잘못된 가정에 바탕을 두었다.

명언 다시 쓰기
명언을 소리 내어 읽어 보고 단계별로 써 보세요.

당신의 가설은

세상을 향한 당신의 창이다

그것들을 틈틈이 문질러 닦아라

그렇지 않으면 빛은 들어오지 않을 것이다

**"당신의 가설은 세상을 향한 당신의 창이다. 틈틈이 문질러 닦아라, 그렇지 않으면 빛은 들어오지
않을 것이다."**

If you have nothing to hide, there is no reason not to be transparent.

당신이 숨길 게 없으면, 투명하지 않을 이유가 없다.

– Mohamed ElBaradei –

주어와 동사 찾기

명언을 읽고 해석해 보고, 영어 문장 속 주어와 동사를 적어 보세요.

If you have nothing to hide,

만약 당신이 숨길 게 없으면

there [   ] [   ] **not to be transparent.**

(유도 부사) (동사) 있다　　(주어) 어떤 이유도 ~ 않다　　　　투명하지 않을

구문 알기

명언 속 핵심 문법을 통해 명언을 자세히 이해해 보세요.

🔖 if you have nothing [to hide]

당신이 [숨길] 게 없으면

→ nothing, everything, something, anything과 같은 단어들은 꾸며 주는 말이 항상 뒤에 옵니다. 형용사의 수식을 받을 때도 마찬가지입니다. 예를 들어 '읽을 재미있는 어떤 것'이라고 한다면 something interesting to read로 씁니다.

🔖 there is no reason [not to be transparent]

[투명하지 않을] 이유가 없다

→ to부정사의 부정형은 [not + to부정사]입니다. transparent는 '투명한'이라는 형용사로, to부정사로 만들기 위해서는 be동사의 도움을 받아야 하기 때문에 to be transparent로 쓴 것입니다. to부정사

가 앞에 나온 명사 reason을 꾸며 주고 있으므로 to부정사의 형용사적 용법입니다. 또한, [there + be동사 + 주어]는 '~이 있다'라는 의미의 유도부사 구문으로, be동사 뒤에 온 명사 reason이 주어이므로 여기에 동사의 수를 일치시켜 is를 썼습니다.

단어·숙어 알기
명언에 나온 단어와 숙어를 익혀 보세요.

- **hide :** 동 숨다, 숨기다
    - EX I used to **hide** my diary under my pillow when I was little.
        나는 어렸을 때 일기장을 베개 밑에 숨겨두곤 했었다.

- **transparent :** 형 투명한, 속이 보이는
    - EX She has **transparent** skin.
        그녀는 투명한 피부를 가지고 있다.

명언 다시 쓰기
명언을 소리 내어 읽어 보고 단계별로 써 보세요.

당신이 숨길 게 없으면

✎

이유가 없다

✎

투명하지 않을

✎

"당신이 숨길 게 없으면, 투명하지 않을 이유가 없다."

✎

A hero is an ordinary individual who finds the strength to persevere and endure in spite of overwhelming obstacles.

영웅은 엄청난 장애에도 불구하고 인내하고 견뎌 낼 힘을 찾는 평범한 사람이다.

- Christopher Reeves -

주어와 동사 찾기

명언을 읽고 해석해 보고, 영어 문장 속 주어와 동사를 적어 보세요.

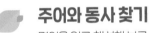 **an ordinary individual who finds the strength**

(주어) 영웅은   (동사) 이다   힘을 찾는 평범한 사람

to persevere and endure in spite of overwhelming obstacles.

엄청난 장애에도 불구하고 인내하고 견뎌 낼

구문 알기

명언 속 핵심 문법을 통해 명언을 자세히 이해해 보세요.

◥ a hero is an ordinary individual [who finds the strength]

영웅은 [힘을 찾는] 평범한 사람이다

→ 선행사 an ordinary indivdual을 who 이하의 관계대명사절이 수식하는 구조입니다. 선행사가 사람이고 관계대명사절에서 주어 역할을 하므로 주격 관계대명사인 who가 왔습니다. 이때, who 대신 that을 쓸 수도 있습니다.

🔹 **in spite of** overwhelming obstacles.

엄청난 장애에도 불구하고

> → in spite of는 전치사로 '~임에도 불구하고'라는 의미입니다. 전치사이므로 뒤에 명사가 오는데, 여기에는 대명사, 동명사, 명사구, 명사절이 포함됩니다. 같은 의미의 전치사로 despite가 있습니다. 참고로 despite of는 틀린 표현입니다.

단어·숙어 알기
명언에 나온 단어와 숙어를 익혀 보세요.

🔹 **persevere :** 통 인내하며 계속하다, 인내심을 갖고 하다

> EX **Persevere**. There's no easy route. (Lonnie Johnson)
>
> 인내하라. 쉬운 길은 없다.

명언 다시 쓰기
명언을 소리 내어 읽어 보고 단계별로 써 보세요.

영웅은 평범한 사람이다

✎

힘을 찾는 (사람)

✎

인내하고 견뎌 낼 (힘)

✎

엄청난 장애에도 불구하고

✎

"영웅은 엄청난 장애에도 불구하고 인내하고 견뎌 낼 힘을 찾는 평범한 사람이다."

✎

Knowledge has to be improved, challenged, and increased constantly, or it vanishes.

지식은 끊임없이 개선되고, 도전받고, 증가되어야 하며, 그렇지 않으면 사라진다.

- Peter Drucker -

주어와 동사 찾기

명언을 읽고 해석해 보고, 영어 문장 속 주어와 동사를 적어 보세요.

		,		,
(주어) 지식은	(동사) 개선되어야 한다		(동사) 도전받아야 (한다)	

and [   ] **constantly, or** [   ] [   ] .

그리고　　(동사) 증가되어야 (한다)　　끊임없이　그렇지 않으면 (주어) 그것은　　(동사) 사라진다

구문 알기

명언 속 핵심 문법을 통해 명언을 자세히 이해해 보세요.

🔖 knowledge **has to be improved, challenged, and increased** constantly

지식은 끊임없이 개선되고, 도전받고, 증가되어야 한다

→ have/has to는 '~해야 한다'는 의미로 뒤에 동사원형이 오는데, 주어가 knowledge로 단수 명사이 므로 has to가 왔습니다. 주어 knowledge가 '개선되고, 도전받고, 증가되어야 한다'는 의미이므로 has to 뒤에 수동태 [be동사 + 과거분사]가 왔으며, challenged와 increased 앞에는 각각 has to be가 생략되었습니다. 셋 이상을 나열할 때는 [A, B, C, ... and Z] 식으로 마지막에 오는 것 앞에 and 를 씁니다.

■ **or it vanishes**

아니면 그것은 사라진다

→ '또는'이라는 의미로 쓰이는 or는 명령문이나 의무를 부여하는 문장 다음에 올 경우 '그렇지 않으면, 아니면'으로 해석합니다. 여기서 it은 앞에 나온 knowledge를 가리킵니다.

단어·숙어 알기
명언에 나온 단어와 숙어를 익혀 보세요.

■ **constantly :** 🔊 끊임없이

EX Two dangers **constantly** threaten the world: order and disorder.

(Paul Valery)

두 개의 위험이 세상을 끊임없이 위협하고 있다. 바로 질서와 무질서이다.

명언 다시 쓰기
명언을 소리 내어 읽어 보고 단계별로 써 보세요.

지식은

✎

개선되고, 도전받고, 증가되어야 한다

✎

끊임없이

✎

그렇지 않으면 그것은 사라진다

✎

"지식은 끊임없이 개선되고, 도전받고, 증가되어야 하며, 그렇지 않으면 사라진다."

✎

I firmly believe that unless one has tasted the bitter pill of failure, one cannot aspire enough for success.

나는 실패의 쓴 약을 맛보지 않는 한, 성공에 대해 충분히 갈망할 수 없다고 굳게 믿는다.

– A. P. J. Abdul Kalam –

주어와 동사 찾기

명언을 읽고 해석해 보고, 영어 문장 속 주어와 동사를 적어 보세요.

	firmly		that unless one has tasted
(주어) 나는	굳게	(동사) 믿는다	맛보지 않는 한

the bitter pill of failure, one cannot aspire enough for success.

실패의 쓴 약을 　　　　　　사람은 성공에 대해 충분히 갈망할 수 없다고

구문 알기

명언 속 핵심 문법을 통해 명언을 자세히 이해해 보세요.

🔖 **unless** one has tasted the bitter pill of failure

실패의 쓴 약을 맛보지 않는 한

→ '만약 ~한다면'이라고 할 때는 접속사 if를 사용합니다. 이와 반대로 '만약 ~하지 않는다면'이라고 할 때는 if ~ not 또는 여기서처럼 접속사 unless를 사용합니다. unless는 '~하지 않는 한, ~이 아닌 한'이라는 의미로, 이미 부정의 의미를 포함하고 있기 때문에 not이나 never와 함께 쓰면 오히려 긍정의 의미가 된다는 점에 주의해야 합니다.

🔖 one cannot aspire enough for success

사람은 성공에 대해 충분히 갈망할 수 없다

→ [enough for + 명사]는 '~에 대해 충분히'라는 의미로, 여기서는 for 뒤에 success가 와서 '성공에 대해 충분히'라는 뜻으로 쓰였습니다. 아래 예문과 같이, enough가 명사와 함께 올 때는 명사 앞에, 형용사와 함께 올 때는 형용사 뒤에 옵니다.

> EX There are **enough apples**. 충분한 사과들이 있다.
> EX It's **good enough**. 그건 충분히 좋아.

단어·숙어 알기
명언에 나온 단어와 숙어를 익혀 보세요.

🖛 **firmly :** 🔵 단호히, 확고히

> EX My argument was **firmly** rejected by my boss.
> 나의 주장은 내 상사에 의해 단호히 거절당했다.

명언 다시 쓰기
명언을 소리 내어 읽어 보고 단계별로 써 보세요.

나는 굳게 믿는다

실패의 쓴 약을 맛보지 않는 한

사람은 갈망할 수 없다고

성공에 대해 충분히

"나는 실패의 쓴 약을 맛보지 않는 한, 성공에 대해 충분히 갈망할 수 없다고 굳게 믿는다."

If you enjoy the fragrance of a rose, you must accept the thorns which it bears.

장미의 향기를 즐긴다면, 그것이 품고 있는 가시들을 받아들여야 한다.

– Isaac Hayes –

주어와 동사 찾기

명언을 읽고 해석해 보고, 영어 문장 속 주어와 동사를 적어 보세요.

If you enjoy the fragrance of a rose,

만약 당신이 장미의 향기를 즐긴다면

		the thorns which it bears.
(주어) 당신은	(동사) 받아들여야 한다	그것이 품고 있는 가시들을

구문 알기

명언 속 핵심 문법을 통해 명언을 자세히 이해해 보세요.

◟ **if** you enjoy the fragrance of a rose

만약 당신이 장미의 향기를 즐긴다면

→ 조건을 나타내는 접속사 if는 '만약 ~하면'이라는 의미입니다. 이렇게 if가 조건의 접속사로 쓰일 경우에는 if절이 미래의 일을 나타내더라도 미래 시제를 쓰지 않고 현재 시제를 씁니다. 다시 말해, 조건을 나타내는 if절에서는 현재 시제가 미래를 대신합니다.

◈ **you must accept the thorns [which it bears]**

당신은 [그것이 품고 있는] 가시들을 받아들여야 한다

→ 조동사 must는 '~해야 한다'는 의미로 강한 의무를 나타냅니다. 이와 반대로 '~하면 안 된다'고 할 때는 must not을 씁니다. 명사 thorns는 thorn(가시)의 복수형으로 which가 이끄는 관계대명사절의 수식을 받아서, '그것이 품고 있는 가시들'이라는 의미가 되었습니다.

단어·숙어 알기
명언에 나온 단어와 숙어를 익혀 보세요.

◈ **fragrance : 명 향기**

EX He gave me a flower with a lovely **fragrance**.

그는 나에게 사랑스러운 향기가 나는 꽃을 주었다.

명언 다시 쓰기
명언을 소리 내어 읽어 보고 단계별로 써 보세요.

만약 당신이 즐긴다면

✐

장미의 향기를

✐

당신은 가시들을 받아들여야 한다

✐

그것이 품고 있는 (가시들)

✐

"장미의 향기를 즐긴다면, 그것이 품고 있는 가시들을 받아들여야 한다."

✐

One of the most beautiful qualities of true friendship is to understand and to be understood.

진정한 우정의 가장 아름다운 특성 중 하나는 이해하고 이해를 받는 것이다.

- Lucius Annaeus Seneca -

 주어와 동사 찾기

명언을 읽고 해석해 보고, 영어 문장 속 주어와 동사를 적어 보세요.

(주어) 진정한 우정의 가장 아름다운 특성 중 하나는

 to understand and to be understood.

(동사) 이다   이해하고 이해를 받는 것

 구문 알기

명언 속 핵심 문법을 통해 명언을 자세히 이해해 보세요.

🔖 **one of the most beautiful qualities** of true friendship **is**

진정한 우정의 가장 아름다운 특성 중 하나는 ~이다

→ [one of the 최상급 + 복수 명사]는 '가장 ~한 것 중 하나'라는 의미입니다. [one of the 최상급 + 복수 명사]가 주어로 쓰일 때 one이 단수이기 때문에 동사는 반드시 단수 동사를 써야 합니다. 그래서 이 문장에서도 동사 is가 왔습니다.

🔖 **to understand and to be understood**

이해하고 이해를 받는 것

→ 등위접속사 and를 중심으로 양쪽에 to부정사가 온 구조입니다. 여기서 to부정사는 문장에서 보어 역할

을 하고 있습니다. 앞에 나온 to understand는 '이해하다'라는 의미이고, 뒤에 나온 to be understood 는 '이해를 받다'라는 의미로 [to be + 과거분사]의 수동태가 된 것입니다.

단어·숙어 알기
명언에 나온 단어와 숙어를 익혀 보세요.

▣ **quality :** 몡 품질, 특성, 소질

   EX **Quality** is never an accident. It is always the result of intelligent effort.

     (Jons Ruskin)

     품질은 절대 우연이 아니다. 그것은 항상 지적인 노력의 결과이다.

▣ **friendship :** 몡 우정

   EX I value our **friendship** that has lasted over the years.

     나는 수년 동안 이어진 우리의 우정을 소중하게 생각한다.

명언 다시 쓰기
명언을 소리 내어 읽어 보고 단계별로 써 보세요.

진정한 우정의 가장 아름다운 특성 중 하나는

이해하고 이해를 받는 것이다

"진정한 우정의 가장 아름다운 특성 중 하나는 이해하고 이해를 받는 것이다."

If I only had an hour to chop down a tree, I would spend the first 45 minutes sharpening my axe.

나무를 베는 데 딱 한 시간이 있다면, 나는 도끼를 가는 데 처음 45분을 쓸 것이다.

- Abraham Lincoln -

주어와 동사 찾기

명언을 읽고 해석해 보고, 영어 문장 속 주어와 동사를 적어 보세요.

If I only had an hour to chop down a tree,

만약 나에게 나무를 베는 데 딱 한 시간이 있다면

the first 45 minutes sharpening my axe.

(주어) 나는   (동사) 쓸 것이다   내 도끼를 날카롭게 가는 데 처음 45분을

구문 알기

명언 속 핵심 문법을 통해 명언을 자세히 이해해 보세요.

▧ if I only **had** an hour to chop down a tree, I **would spend**

만약 나에게 나무를 베는 데 딱 한 시간이 있다면, 나는 쓸 것이다

→ 현재 사실의 반대를 가정할 때 쓰는 가정법 과거 구문으로, [if + 주어 + 과거 동사, 주어 + 조동사 과거 + 동사원형] 형태로 쓰였습니다. 이처럼 가정법에서는 '거의 일어나기 불가능한 상황'과 '일어날 가능성이 높은 단순한 사실'을 분리하기 위해 의도적으로 시제를 왜곡합니다. 참고로, 과거 사실의 반대를 가정하는 가정법 과거완료 구문의 형태는 [if + 주어 + had + 과거분사, 주어 + 조동사 과거 + have + 과거분사]입니다.

🔸 I would **spend the first 45 minutes sharpening** my axe.

나는 도끼를 가는 데 처음 45분을 쓸 것이다.

→ [spend + 시간 + -ing]는 '~하는 데 (시간을) 쓰다'라는 의미입니다. 이때, 시간 대신에 '돈'이나 '노력'을 가리키는 말이 오기도 합니다. 또한, He **spends** every Sunday **in playing** soccer.(그는 매주 일요일을 축구를 하며 보낸다.)처럼 -ing 앞에 전치사 in을 쓰기도 합니다.

단어·숙어 알기
명언에 나온 단어와 숙어를 익혀 보세요.

🔸 **chop** : 통 (음식 재료를 토막으로) 썰다, 다지다, (장작 같은 것을) 패다

　ᴇх Can you **chop** the carrot and potato into small pieces?

　　당근과 감자를 잘게 썰어 줄래요?

명언 다시 쓰기
명언을 소리 내어 읽어 보고 단계별로 써 보세요.

만약 나에게 딱 한 시간이 있다면

✎

나무를 베는 데

✎

나는 처음 45분을 쓸 것이다

✎

내 도끼를 가는 데

✎

"나무를 베는 데 딱 한 시간이 있다면, 나는 도끼를 가는 데 처음 45분을 쓸 것이다."

✎

Pursue some path, however narrow and crooked, in which you can walk with love and reverence.

아무리 좁고 굽은 길이라도, 사랑과 경외심으로 걸을 수 있는 길을 추구하라.

- Henry David Thoreau -

 주어와 동사 찾기

명언을 읽고 해석해 보고, 영어 문장 속 주어와 동사를 적어 보세요.

(   )   **some path, however narrow and crooked,**

(주어 생략) 당신은   (동사) 추구하라   어떤 길을   아무리 좁고 굽었더라도

in which you can walk with love and reverence.

사랑과 경외심으로 걸을 수 있는 (길을)

 구문 알기

명언 속 핵심 문법을 통해 명언을 자세히 이해해 보세요.

🍃 pursue some path, however narrow and crooked, in which you can walk

어떤 길을 추구하라, 아무리 좁고 굽었더라도, 당신이 걸을 수 있는

→ however narrow and crooked는 삽입구입니다. 영어에서는 이렇게 강조하거나 추가하고 싶은 내용을 문장 중간에 끼워 넣고 양쪽에 콤마를 찍습니다. [however + 형용사/부사]는 '아무리 ~하더라도'라는 의미로 [no matter how + 형용사/부사]와 같은 의미입니다.

🍃 pursue some path [in which you can walk with love and reverence]

[사랑과 경외심으로 걸을 수 있는] 어떤 길을 추구하라

→ 서로 다른 두 문장 Pursue the path.와 You can walk with love and reverence in the path.가 관계대명사 which로 연결되었습니다. 뒤 문장의 in the path에서 앞 문장과 중복되는 the path가 생략되고 전치사 in만 남아 which 앞으로 이동한 것입니다. [전치사 + 관계대명사]는 관계부사로 바꿔 쓸 수 있으므로, 여기서도 in which 대신 장소를 나타내는 관계부사 where를 쓸 수 있습니다.

단어·숙어 알기
명언에 나온 단어와 숙어를 익혀 보세요.

crooked : 형 비뚤어진, 구부러진

EX Your front teeth look a bit **crooked**.

앞니가 좀 삐뚤어져 보여요.

명언 다시 쓰기
명언을 소리 내어 읽어 보고 단계별로 써 보세요.

어떤 길을 추구하라

아무리 좁고 굽었더라도

당신이 걸을 수 있는 (길)

사랑과 경외심으로

"아무리 좁고 굽은 길이라도, 사랑과 경외심으로 걸을 수 있는 길을 추구하라."

The path from dreams to success does exist. May you have the vision to find it, the courage to get on to it, and the perseverance to follow it.

꿈에서 성공으로 가는 길은 분명 존재한다. 그것을 찾을 수 있는 비전, 그것에 도달할 용기,
그리고 그것을 따를 인내심을 갖기를 바란다.

– Kalpana Chawla –

주어와 동사 찾기
명언을 읽고 해석해 보고, 영어 문장 속 주어와 동사를 적어 보세요.

(주어) 꿈에서 성공으로 가는 길은	(동사) 분명 존재한다

			the vision to find it, the courage to get on to it,
(조동사) 바란다	(주어) 당신이	(동사) 가지다	그것을 찾을 수 있는 비전, 그것에 도달할 용기,

and the perseverance to follow it.

그리고 그것을 따를 인내심을

구문 알기
명언 속 핵심 문법을 통해 명언을 자세히 이해해 보세요.

🔖 The path from dreams to success does exist.

꿈에서 성공으로 가는 길은 분명 존재한다.

→ 동사 do는 다른 일반동사의 앞에 와서 그 의미를 강조하는 역할을 하기도 합니다. 예를 들어, I love you.를 I **do** love you.라고 하면 사랑하는 감정을 더 강조할 수 있습니다. 여기서는 주어가 the path로 3인칭 단수이므로 do 대신 does가 와서 동사 exist(존재하다)를 강조하고 있습니다.

🗨 **may you have** the vision to find it

그것을 찾을 수 있는 비전을 갖기를 바란다

→ 조동사 may는 '추측'과 '가능'의 의미뿐 아니라 바라거나 소망하는 것을 말할 때도 쓸 수 있습니다. 이때는 may가 문장의 앞에 오며 문장 맨 마지막에 느낌표를 넣기도 합니다. 다음 예문을 참고하세요.

EX **May** god bless you! 신이 당신을 축복하기를!

EX **May** all your wishes come true! 당신의 소망들이 이뤄지기를!

 ## 명언 다시 쓰기
명언을 소리 내어 읽어 보고 단계별로 써 보세요.

꿈에서 성공으로 가는 길은 분명 존재한다

당신이 그것을 찾을 수 있는 비전을 갖기를 바란다

그것에 도달할 용기를 (갖기를 바란다)

그리고 그것을 따를 인내심을 (갖기를 바란다)

"꿈에서 성공으로 가는 길은 분명 존재한다. 그것을 찾을 수 있는 비전, 그것에 도달할 용기, 그리고 그것을 따를 인내심을 갖기를 바란다."

Knowledge is that possession that no misfortune can destroy, no authority can revoke, and no enemy can control.

지식은 어떤 불행도 파괴할 수 없고, 어떤 권위도 철폐할 수 없으며, 어떤 적도 통제할 수 없는 소유물이다.

- Bryant H. McGill -

주어와 동사 찾기
명언을 읽고 해석해 보고, 영어 문장 속 주어와 동사를 적어 보세요.

		that possession that no misfortune can destroy,
(주어) 지식은	(동사) 이다	그런 소유물 어떤 불행도 파괴할 수 없고,

no authority can revoke, and no enemy can control.

어떤 권위도 철폐할 수 없으며, 어떤 적도 통제할 수 없는

구문 알기
명언 속 핵심 문법을 통해 명언을 자세히 이해해 보세요.

🔖 knowledge is that possession [that no misfortune can destroy]

지식은 [어떤 불행도 파괴할 수 없는] 그런 소유물이다

→ that은 형용사, 대명사, 접속사 등으로 다양하게 쓰입니다. 이 문장에는 that이 두 번 등장하는데, 첫 번째 that은 지시형용사로서 '그, 저'의 의미로 명사 possession을 앞에서 수식하는 역할을 하고, 두 번째 that은 관계대명사로서 선행사 possession을 뒤에서 수식하면서 추가적인 정보를 전달하는 역할을 합니다. 여기서처럼 관계대명사절의 수식을 받는 명사(선행사) 앞에 '그'의 의미로 that을 쓰기도 합니다.

no misfortune can destroy, no authority can revoke, **and** no enemy can control

어떤 불행도 파괴할 수 없고, 어떤 권위도 철폐할 수 없으며, 어떤 적도 통제할 수 없다

→ 등위접속사 and를 이용해 다수의 대상을 나열할 때는 [A, B, C, ... and Z] 식으로 마지막에 언급되는 것 앞에만 and를 써 줍니다. 등위접속사는 '명사와 명사', '형용사와 형용사', 혹은 '문장과 문장' 등 서로 대등한 문장 성분을 연결합니다.

단어·숙어 알기
명언에 나온 단어와 숙어를 익혀 보세요.

possession : 똉 소유, 소유물

ᴇx Complete **possession** is proved only by giving. All you are unable to give possesses you. (Andre Gide)

완전한 소유는 오직 주는 것만으로 증명된다. 당신이 줄 수 없는 모든 것이 당신을 소유한다.

명언 다시 쓰기
명언을 소리 내어 읽어 보고 단계별로 써 보세요.

지식은 그런 소유물이다

어떤 불행도 파괴할 수 없고

어떤 권위도 철폐할 수 없으며

어떤 적도 통제할 수 없는

"지식은 어떤 불행도 파괴할 수 없고, 어떤 권위도 철폐할 수 없으며, 어떤 적도 통제할 수 없는 소유물이다."

Millions saw the apple fall, but Newton was the one who asked why.

수백만 명이 사과가 떨어지는 것을 보았지만, 그 이유를 물어본 사람은 Newton이었다.

– Bernard Baruch –

 주어와 동사 찾기

명언을 읽고 해석해 보고, 영어 문장 속 주어와 동사를 적어 보세요.

		the apple fall,
(주어) 수백만 명이	(동사) 보았다	사과가 떨어지는 것을

but | | **the one who asked why.**

그러나 (주어) Newton이 (동사) 이었다 이유를 물어본 사람

 구문 알기

명언 속 핵심 문법을 통해 명언을 자세히 이해해 보세요.

🔖 millions saw the apple fall

수백만 명이 사과가 떨어지는 것을 보았다

→ see는 대표적인 지각동사입니다. 그 밖에 watch, hear, listen to, feel 등의 지각동사가 있습니다. 지각동사는 [주어 + 동사 + 목적어 + 목적보어] 어순의 5형식으로 쓰이는데, 이때 목적보어 자리에 동사원형이 오며, '~가 …하는 것을 보다/듣다/느끼다'라는 의미가 됩니다. 목적어가 하는 행위가 진행 중인 것을 강조하고 싶을 때는 동사원형 대신에 -ing형을 쓸 수 있습니다.

🔖 Newton was the one [who asked why]

[그 이유를 물어본] 사람은 Newton이었다

→ the one이 선행사, who 이하가 관계대명사절인 구문입니다. the one이 사람(Newton)을 가리키고
관계대명사절에서 주어 역할을 하므로 선행사가 사람일 때 쓰는 주격 관계대명사인 who가 왔습니다.

단어·숙어 알기
명언에 나온 단어와 숙어를 익혀 보세요.

- **million :** 명 100만

  EX It will be difficult enough to avoid disaster in the next hundred years, let
  alone the next thousand or **million.** (Stephen Hawking)
  앞으로 천 년이나 백만 년은 고사하고, 다음 백 년 안에 재난을 피하는 것은 매우 어려울 것이다.

명언 다시 쓰기
명언을 소리 내어 읽어 보고 단계별로 써 보세요.

수백만 명이 보았다

사과가 떨어지는 것을

그러나 Newton이 그 사람이었다

그 이유를 물어본 (사람)

"수백만 명이 사과가 떨어지는 것을 보았지만, 그 이유를 물어본 사람은 Newton이었다."

I have learned to seek my happiness by limiting my desires, rather than in attempting to satisfy them.

나는 내 욕망을 충족시키려 시도하기보다는 욕망을 제한함으로써 행복을 추구하는 법을 배웠다.

- John Stuart Mill -

주어와 동사 찾기
명언을 읽고 해석해 보고, 영어 문장 속 주어와 동사를 적어 보세요.

| | | to seek my happiness by limiting my desires, |

(주어) 나는   (동사) 배웠다   내 욕망을 제한함으로써 행복을 추구하는 법을

rather than in attempting to satisfy them.

그것들을 충족시키려 시도하기보다는

구문 알기
명언 속 핵심 문법을 통해 명언을 자세히 이해해 보세요.

🔖 **I have learned** to seek my happiness by limiting my desires

나는 내 욕망을 제한함으로써 행복을 추구하는 법을 배웠다

→ [have + 과거분사] 형태인 현재완료 시제는 과거에 일어난 일이 현재까지 영향을 미치거나 현재에 와서 완료되었을 때 사용합니다. 다시 말해 과거 시제는 단순히 과거의 한때에 대한 것이라면, 현재완료 시제는 과거의 사건이 현재와 연결되어 있는 상태라고 볼 수 있습니다.

🔖 **by limiting** my desires, **rather than** in attempting to satisfy them

그것들을 충족시키려 시도하기보다는 내 욕망을 제한함으로써

→ rather than은 [A rather than B]의 형태로 쓰며 'B라기보다는 A'라는 의미로 양쪽을 비교할 때 사용합니다. 이 경우 rather than이 등위접속사 역할을 하므로 A와 B는 병렬 구조를 이룹니다. 여기서도 rather than 앞뒤에 모두 [전치사 + 동명사] 형태인 by limiting과 in attempting이 왔습니다.

단어·숙어 알기
명언에 나온 단어와 숙어를 익혀 보세요.

attempt : 동 시도하다, 애써 해보다   명 시도

EX What would life be if we had no courage to **attempt** anything?
(Vincent Van Gogh)
어떤 것도 시도할 용기가 없다면 삶은 어떻게 될 것인가?

명언 다시 쓰기
명언을 소리 내어 읽어 보고 단계별로 써 보세요.

나는 행복을 추구하는 법을 배웠다

욕망을 제한함으로써

시도하기보다는

그것을 충족시키려

"나는 내 욕망을 충족시키려 시도하기보다는 욕망을 제한함으로써 행복을 추구하는 법을 배웠다."

The only proper way to eliminate bad habits is to replace them with good ones.

나쁜 습관을 없애는 유일하고 적절한 방법은 그것들을 좋은 습관으로 대체하는 것이다.

– Jerome Hines –

주어와 동사 찾기

명언을 읽고 해석해 보고, 영어 문장 속 주어와 동사를 적어 보세요.

(주어) 나쁜 습관을 없애는 유일하고 적절한 방법은	(동사) 이다

to replace them with good ones.

그것들을 좋은 습관으로 대체하는 것

구문 알기

명언 속 핵심 문법을 통해 명언을 자세히 이해해 보세요.

🔖 the only proper way [to eliminate bad habits]

[나쁜 습관을 없애는] 유일하고 적절한 방법

→ to eliminate 이하가 앞에 오는 명사 way를 꾸며 주고 있으므로 to부정사의 형용사적 용법입니다.
이때는 to부정사를 '~하는, ~하기에'로 해석할 수 있습니다.

🔖 to replace them with good ones

그것들을 좋은 습관으로 대체하는 것

→ [replace A with B]는 'A를 B로 대체하다'라는 뜻의 숙어 표현입니다. 또한, ones는 one의 복수형으로 앞서 나온 복수 명사 habits를 반복하지 않기 위해서 쓴 부정대명사입니다.

단어·숙어 알기
명언에 나온 단어와 숙어를 익혀 보세요.

- **proper :** 형 적절한, 올바른

  EX It's not **proper** for the government to intrude too thoroughly into the domain of the family. (Jordan Peterson)

  정부가 가족의 영역에 너무 속속들이 개입하는 것은 적절치 않다.

- **eliminate :** 통 제거하다, 없애다

  EX We need to **eliminate** the danger on our children's way to school.

  우리는 아이들이 등교할 때 위험을 제거할 필요가 있다.

명언 다시 쓰기
명언을 소리 내어 읽어 보고 단계별로 써 보세요.

유일하고 적절한 방법은

✎

나쁜 습관을 없애는 (방법)

✎

그것들을 대체하는 것이다

✎

좋은 습관으로

✎

"나쁜 습관을 없애는 유일하고 적절한 방법은 그것들을 좋은 습관으로 대체하는 것이다."

✎

The creative process is not controlled by a switch you can simply turn on or off; it's with you all the time.

창의적 과정은 단순히 켜고 끌 수 있는 스위치에 의해 제어되는 것이 아니다.
그것은 항상 당신과 함께한다.

- Alvin Ailey -

 주어와 동사 찾기

명언을 읽고 해석해 보고, 영어 문장 속 주어와 동사를 적어 보세요.

(주어) 창의적 과정은	(동사) 제어되지 않는다

by a switch you can simply turn on or off; [ ] [ ] **with you all the time.**

단순히 켜고 끌 수 있는 스위치에 의해 　　　　(주어) 그것은 (동사) 이다 　　　　항상 당신과 함께

 구문 알기

명언 속 핵심 문법을 통해 명언을 자세히 이해해 보세요.

🔖 the creative process **is not controlled by** a switch

창의적 과정은 스위치에 의해 제어되지 않는다

→ 영어에서는 주어가 행위의 주체가 아니라 행위의 대상이 되어 그 동작을 받을 때 수동태로 표현합니다.
수동태는 [동작을 받는 주어 + be동사 + 과거분사 + by + 행위의 주체(목적격)] 순으로 씁니다. 이때
be동사 뒤에 not을 쓰면 수동태의 부정문이 됩니다. 다음은 위의 문장이 능동태에서 수동태로 변환되는
과정이 한눈에 이해되도록 정리한 것입니다.

EX A switch doesn't control the creative process.

스위치는　　제어하지 않는다　　창의적 과정을

`행위의 주체`　`동작`　`행위를 당하는 대상`

⇒ The creative process is not controlled by a switch.

창의적 과정은　　제어되지 않는다　스위치에 의해

단어·숙어 알기

명언에 나온 단어와 숙어를 익혀 보세요.

process : 명 과정, 절차

EX Life is a learning **process** and you have to try to learn what's best for you.

(John McEnroe)

인생은 배우는 과정이고 여러분은 자신에게 가장 좋은 것이 무엇인지 배우려고 노력해야 한다.

명언 다시 쓰기

명언을 소리 내어 읽어 보고 단계별로 써 보세요.

창의적 과정은 제어되는 것이 아니다

스위치에 의해

단순히 켜고 끌 수 있는 (스위치)

그것은 항상 당신과 함께한다

"창의적 과정은 단순히 켜고 끌 수 있는 스위치에 의해 제어되는 것이 아니다. 그것은 항상 당신과 함께한다."

The person who can bring the spirit of laughter into a room is indeed blessed.

방 안으로 웃음의 기운을 가져올 수 있는 사람은 정말 축복받은 사람이다.

- Bennett Cerf -

주어와 동사 찾기
명언을 읽고 해석해 보고, 영어 문장 속 주어와 동사를 적어 보세요.

(주어) 방 안으로 웃음의 기운을 가져올 수 있는 사람은

| | **indeed blessed.**
| --- |

(동사) 이다 　　　 정말 축복받은

구문 알기
명언 속 핵심 문법을 통해 명언을 자세히 이해해 보세요.

🖋 the person [who can bring the spirit of laughter into a room]

[방 안으로 웃음의 기운을 가져올 수 있는] 사람

→ 선행사 the person이 who 이하의 관계대명사절의 수식을 받는 구조입니다. 선행사가 사람이고 관계대명사절 내에서 주어 역할을 하므로 주격 관계대명사 who가 쓰였습니다. 주격 관계대명사 who는 생략할 수 없지만, 주격 관계대명사 뒤에 be동사가 올 때는 주격 관계대명사와 be동사를 함께 생략할 수 있습니다. 이때, who 대신 관계대명사 that을 쓸 수도 있습니다.

단어·숙어 알기

명언에 나온 단어와 숙어를 익혀 보세요.

spirit : 圆 정신, 영혼

EX The idea flow from the human **spirit** is absolutely unlimited. (Jack Welch)

인간의 정신으로부터 흘러나오는 아이디어는 완전히 무제한이다.

EX Although he is dead, his **spirit** lives on.

비록 그는 죽었지만, 그의 영혼은 살아 있다.

indeed : 圄 정말, 확실히

EX I believe she was **indeed** an excellent singer.

나는 그녀가 진정 뛰어난 가수였다고 믿는다.

명언 다시 쓰기

명언을 소리 내어 읽어 보고 단계별로 써 보세요.

그 사람은

방 안으로 웃음의 기운을 가져올 수 있는 (사람)

정말 축복받았다

"방 안으로 웃음의 기운을 가져올 수 있는 사람은 정말 축복받은 사람이다."

We must free ourselves of the hope that the sea will ever rest. We must learn to sail in high winds.

우리는 바다가 영원히 평온할 것이라는 희망에서 벗어나야 한다. 우리는 질풍 속에서 항해하는 법을 배워야 한다.

- Aristotle Onassis -

주어와 동사 찾기
명언을 읽고 해석해 보고, 영어 문장 속 주어와 동사를 적어 보세요.

		ourselves
(주어) 우리는	(동사) 벗어나게 해야 한다	우리 자신을

of the hope that the sea will ever rest.
바다가 영원히 평온할 것이라는 희망에서

		to sail in high winds.
(주어) 우리는	(동사) 배워야 한다	질풍 속에서 항해하는 법을

구문 알기
명언 속 핵심 문법을 통해 명언을 자세히 이해해 보세요.

◈ we **must free** ourselves of the hope

우리는 우리 자신을 희망에서 벗어나게 해야 한다

→ '~해야 한다'는 강한 의무를 나타내는 조동사 must가 쓰였습니다. 조동사 다음에는 반드시 동사원형이 와야 하므로 여기서 free가 동사로 쓰였음을 알 수 있습니다. free는 우리가 잘 아는 '자유로운'이라는 뜻의 형용사 외에 '석방하다, 풀어주다, 벗어나게 하다'라는 뜻의 동사로도 쓰입니다.

- the hope [that the sea will ever rest]

[바다가 영원히 평온할 것이라는] 희망

→ 여기서 that은 명사절을 이끄는 동격 접속사로, that 이하가 앞에 나온 명사 the hope를 구체적으로 설명해 주고 있습니다. 관계대명사 that으로 착각하기 쉽지만 관계대명사 뒤에는 불완전한 문장이 온다는 것을 기억하세요.

단어·숙어 알기
명언에 나온 단어와 숙어를 익혀 보세요.

- **rest :** 뜻 쉬다, 그대로 있다   명 휴식, 나머지

    EX The doctor told me that I need to **rest** for a few days.
    의사는 나에게 며칠 동안 쉬어야 한다고 말했다.

명언 다시 쓰기
명언을 소리 내어 읽어 보고 단계별로 써 보세요.

우리는 우리 자신을 희망에서 벗어나게 해야 한다

바다가 영원히 평온할 것이라는 (희망)

우리는 배워야 한다

질풍 속에서 항해하는 법을

"우리는 바다가 영원히 평온할 것이라는 희망에서 벗어나야 한다. 우리는 질풍 속에서 항해하는 법을 배워야 한다."

No matter what happens in life, be good to people. Being good to people is a wonderful legacy to leave behind.

인생에서 무슨 일이 일어나더라도 사람들에게 잘 대하라. 사람들에게 잘 대하는 것은 남겨두기에 훌륭한 유산이다.

- Taylor Swift -

주어와 동사 찾기
명언을 읽고 해석해 보고, 영어 문장 속 주어와 동사를 적어 보세요.

No matter what happens in life, (　　　　) 　　 good to people.

인생에서 무슨 일이 일어나더라도　　　　(주어 생략) 당신은　(동사) 대하라　　　사람들에게 잘

**　　　　　　　　　　　　　　　　　　　　a wonderful legacy to leave behind.**

(주어) 사람들에게 잘 대하는 것은　　　(동사) 이다　　　　　남겨두기에 훌륭한 유산

구문 알기
명언 속 핵심 문법을 통해 명언을 자세히 이해해 보세요.

📎 **no matter what** happens in life

인생에서 무슨 일이 일어나더라도

→ [no matter what]은 '무슨 일이 ~하더라도'라는 뜻으로 no matter 자체가 '문제가 되지 않는다, 중요하지 않다'는 의미입니다.

- a wonderful legacy [to leave behind]

[남겨두기에] 훌륭한 유산

→ [to + 동사원형]으로 이뤄진 to부정사는 문장에서 명사, 형용사, 부사 역할을 합니다. 여기서는 앞에 나온 명사 legacy를 뒤에서 꾸며 주는 형용사 역할을 하는 to부정사의 형용사적 용법으로 쓰였습니다. 이때는 to부정사를 '~하는, ~하기에'로 해석합니다.

단어·숙어 알기

명언에 나온 단어와 숙어를 익혀 보세요.

- **legacy :** 명 유산

EX **Legacy** is not what I did for myself. It's what I'm doing for the next generation. (Vitor Belfort)

유산은 나 자신을 위해서 했던 것이 아니다. 이것은 다음 세대를 위해 하는 일이다.

명언 다시 쓰기

명언을 소리 내어 읽어 보고 단계별로 써 보세요.

인생에서 무슨 일이 일어나더라도

사람들에게 잘 대하라

사람들에게 잘 대하는 것은

남겨두기에 훌륭한 유산이다

"인생에서 무슨 일이 일어나더라도 사람들에게 잘 대하라. 사람들에게 잘 대하는 것은 남겨두기에 훌륭한 유산이다."

True wealth is not of the pocket, but of the heart and of the mind.

진정한 부는 주머니가 아니라 마음과 정신에 있다.

- Kevin Gates -

 주어와 동사 찾기
명언을 읽고 해석해 보고, 영어 문장 속 주어와 동사를 적어 보세요.

		not of the pocket,
(주어) 진정한 부는	(동사) 있다	주머니가 아니라

but of the heart and of the mind.

마음과 정신에

 구문 알아보기
명언 속 핵심 문법을 통해 명언을 자세히 이해해 보세요.

1 not [of the pocket], but [of the heart] and [of the mind]

[주머니]가 아니라 [마음]과 [정신]에

→ [not A but B]는 'A가 아니라 B'라는 의미로 쓰는 상관접속사입니다. 둘 이상의 단어가 짝을 이루어 함께 쓰이는 접속사를 상관접속사라고 합니다. 등위접속사처럼 상관접속사도 A와 B가 병렬 관계를 이루어야 합니다. 이 문장에서도 of the pocket과 of the heart, of the mind가 모두 [of + 명사] 형태로 대등하게 연결되어 있습니다.

2 of the pocket / of the heart / of the mind

주머니에 / 마음에 / 정신에

→ 전치사 of는 어떤 사람이나 사물이 무엇에 속해 있거나 그와 관련되어 있는 것을 표현할 때 사용하며 '~의' 또는 '~에'로 해석합니다.

단어·숙어 알기
명언에 나온 단어와 숙어를 익혀 보세요.

true : 형 사실인, 진짜의, 진정한

> EX The principle of **true** art is not to portray, but to evoke. (Jerzy Kosinski)
> 진정한 예술의 원리는 묘사하는 것이 아닌, 일깨우는 것이다.

wealth : 명 부, 부유함

> EX He does not possess **wealth**; it possesses him. (Benjamin Franklin)
> 그가 부를 소유한 것이 아니다. 부가 그를 소유한다.

명언 다시 쓰기
명언을 소리 내어 읽어 보고 단계별로 써 보세요.

진정한 부는 (~에) 있다

주머니가 아니라

마음과 정신에

"진정한 부는 주머니가 아니라 마음과 정신에 있다."

The harder I train every day on the track and in the gym, the more trust I gain in myself.

매일 트랙과 체육관에서 내가 더 열심히 훈련할수록, 나는 나 자신에 대해 더 많은 신뢰를 얻는다.

- Miguel Cotto -

주어와 동사 찾기

명언을 읽고 해석해 보고, 영어 문장 속 주어와 동사를 적어 보세요.

The harder ☐ ☐ **every day on the track and in the gym,**

더 열심히　(주어) 내가　(동사) 훈련한다　　　　　　　　매일 트랙과 체육관에서

the more trust ☐ ☐ **in myself.**

더 많은 신뢰를　(주어) 나는　(동사) 얻는다　나 자신에 대해

구문 알기

명언 속 핵심 문법을 통해 명언을 자세히 이해해 보세요.

🔖 **the harder** I train, **the more trust** I gain

내가 더 열심히 훈련할수록, 나는 더 많은 신뢰를 얻는다

→ [the 비교급 + A, the 비교급 + B]는 'A할수록 더 B하다'는 표현입니다. 예를 들어 **The more** you get, **the more** you want.(당신은 더 가질수록, 더 갖고 싶어진다.) 혹은 **The older** people get, **the more** they understand.(사람들은 나이가 들수록, 더 많이 이해한다.)처럼 사용할 수 있습니다.

🔖 **on the track and in the gym**

트랙과 체육관에서

→ and를 사이에 두고 전치사구가 대등하게 연결된 구조입니다. track 앞의 on과 gym 앞의 in 모두 장소 전치사이지만, on은 표면에 접촉하고 있는 느낌인 반면, in은 어떤 범위, 공간 혹은 장소 안에 있을 때 씁니다. track 위에 서 있는 나와, 체육관이라는 공간 안에 있는 나를 상상해 보세요.

단어·숙어 알기
명언에 나온 단어와 숙어를 익혀 보세요.

◼ **trust** : 몡 신뢰　 통 신뢰하다

ᴇx You may be deceived if you **trust** too much, but you will live in torment if you don't **trust** enough. (Frank Crane)
너무 많이 믿으면 속을지 모르지만, 충분히 믿지 않으면 고통 속에서 살게 된다.

명언 다시 쓰기
명언을 소리 내어 읽어 보고 단계별로 써 보세요.

내가 더 열심히 훈련할수록

✎

매일 트랙과 체육관에서

✎

나는 더 많은 신뢰를 얻는다

✎

나 자신에 대해

✎

"매일 트랙과 체육관에서 내가 더 열심히 훈련할수록, 나는 나 자신에 대해 더 많은 신뢰를 얻는다."

✎

In order for the light to shine so brightly, the darkness must be present.

빛이 아주 밝은 빛을 내려면, 어둠이 존재해야 한다.

- Francis Bacon -

주어와 동사 찾기

명언을 읽고 해석해 보고, 영어 문장 속 주어와 동사를 적어 보세요.

In order for the light to shine so brightly, [ ] [ ]

빛이 아주 밝은 빛을 내려면　　　　　　(주어) 어둠이　　(동사) 있어야 한다

present.

존재하는

구문 알기

명언 속 핵심 문법을 통해 명언을 자세히 이해해 보세요.

🔖 **in order** for the light **to shine** so brightly

빛이 아주 밝은 빛을 내려면

→ [in order to + 동사원형]은 '~하기 위해서'로 해석하는 to부정사의 부사적 용법 중 목적을 나타내는 대표적인 표현입니다. 이 문장에서는 in order와 to shine 사이에 [for + 목적격]의 형태로 for the light를 삽입하여 shine(빛을 내다)의 주체를 나타내고 있습니다. 이렇게 to부정사 앞에 [for + 목적격]을 넣어 to부정사의 의미상 주어를 나타낼 수 있습니다.

🔖 **the darkness must be present**

어둠이 존재해야 한다

→ must는 ' ~해야 한다'는 강한 명령이나 의무를 나타낼 때 쓰는 조동사입니다. 조동사 다음에는 반드시 동사의 원형이 와야 하기 때문에 be동사의 원형인 be와 함께 형용사 present가 왔습니다. 이때 present는 형용사로 '~에 존재하는, 참석한'이라는 의미입니다. 동사로 쓰면 '~을 주다, 제출하다'의 의미가 되므로 그 쓰임이 다름에 유의해야 합니다.

단어·숙어 알기
명언에 나온 단어와 숙어를 익혀 보세요.

🔖 **darkness** : 몡 어둠

ᴇx Give light, and the **darkness** will disappear of itself. (Desiderius Erasmus)

빛을 주어라. 그러면 어둠은 저절로 사라질 것이다.

명언 다시 쓰기
명언을 소리 내어 읽어 보고 단계별로 써 보세요.

빛이 아주 밝은 빛을 내려면

✎

어둠이 존재해야 한다

✎

"빛이 아주 밝은 빛을 내려면, 어둠이 존재해야 한다."

✎

It's not possible to experience constant euphoria, but if you're grateful, you can find happiness in everything.

지속적인 행복감을 경험하는 것은 가능하지 않지만, 당신이 감사하는 마음을 가진다면
모든 것에서 행복을 찾을 수 있다.

- Pharrell Williams -

주어와 동사 찾기
명언을 읽고 해석해 보고, 영어 문장 속 주어와 동사를 적어 보세요.

☐ ☐ **possible** ☐,

(가주어)　(동사) 않다　가능한　(진주어) 지속적인 행복감을 경험하는 것은

but if you're grateful, ☐ ☐ **happiness in everything.**

하지만 당신이 감사하는 마음을 가진다면,　(주어) 당신은　(동사) 찾을 수 있다　모든 것에서 행복을

구문 알기
명언 속 핵심 문법을 통해 명언을 자세히 이해해 보세요.

◉ it's not possible to experience constant euphoria

지속적인 행복감을 경험하는 것은 가능하지 않다

→ 여기에서 it은 '그것'이라는 의미의 지시대명사가 아니라 to부정사 to experience 이하를 대신한 가주
어입니다. 원래 문장은 To experience constant euphoria is not possible.이지만 주어가 장황
한 것을 선호하지 않는 영어의 특성상 간결한 가주어 it을 앞에 두고 진짜 주어를 뒤로 보냈습니다.

- **if you're grateful, you can find happiness in everything**

  당신이 감사하는 마음을 가진다면 모든 것에서 행복을 찾을 수 있다

  → 일어날 가능성이 있는 일에 대한 단순한 조건을 나타내는 if절에서는 현재 일어나지 않은 일을 가정하더라도 현재 시제를 씁니다. 불가능한 현재 상황을 가정하는 if절에서 과거 시제를 쓰는 것과 같은 시제 비틀기가 일어나지 않는 것입니다.

단어·숙어 알기
명언에 나온 단어와 숙어를 익혀 보세요.

- **euphoria** : 명 행복감, 희열

  EX I was in a state of **euphoria** for a few days after I got married.

  나는 결혼 후 며칠 동안 행복감에 젖어 있었다.

명언 다시 쓰기
명언을 소리 내어 읽어 보고 단계별로 써 보세요.

가능하지 않다

지속적인 행복감을 경험하는 것은

하지만 당신이 감사하는 마음을 가진다면

모든 것에서 행복을 찾을 수 있다

"지속적인 행복감을 경험하는 것은 가능하지 않지만, 당신이 감사하는 마음을 가진다면 모든 것에서 행복을 찾을 수 있다."

Keep your face always toward the sunshine, and shadows will fall behind you.

얼굴을 항상 햇빛을 향하도록 하라. 그러면 그림자는 당신 뒤에 떨어질 것이다.

- Walt Whitman -

주어와 동사 찾기
명언을 읽고 해석해 보고, 영어 문장 속 주어와 동사를 적어 보세요.

(   ) [   ] **your face always toward the sunshine,**

(주어 생략) 당신은   (동사) 유지하라   당신의 얼굴을 항상 햇빛을 향하도록

and [   ] [   ] **behind you.**

그러면   (주어) 그림자들은   (동사) 떨어질 것이다   당신 뒤에

구문 알기
명언 속 핵심 문법을 통해 명언을 자세히 이해해 보세요.

▧ **keep** your face always toward the sunshine

얼굴을 항상 햇빛을 향하도록 하라

→ 동사 keep은 다양한 의미로 쓰이는데, 여기서는 '~을 유지하다, ~하게 두다'의 의미로 [keep + 목적어 + 목적보어]의 형태로 쓰였습니다. **Keep** the door open.(문을 열어 두세요.)과 **Keep** the dog in the house.(개를 집 안에 두렴.)와 같은 문장들이 이와 같은 의미와 형태로 쓰인 예입니다. 참고로 알아두면 좋은 keep을 이용한 표현은 아래와 같습니다.

- keep in shape : 몸매를 유지하다
- keep ~ in mind : ~을 명심하다
- keep a diary : 일기를 쓰다
- keep + 사람 + in custody : ~를 구금하다

단어·숙어 알기
명언에 나온 단어와 숙어를 익혀 보세요.

◾ **toward :** 전 ~ 쪽으로

EX We must walk consciously only part way **toward** our goal, and then leap in the dark to our success. (Henry David Thoreau)

우리는 우리의 목표를 향한 길의 일부분만 의식적으로 걷고, 그런 다음 어둠 속에서 우리의 성공을 향해 도약해야 한다.

명언 다시 쓰기
명언을 소리 내어 읽어 보고 단계별로 써 보세요.

당신의 얼굴을 유지하라

✎

항상 햇빛을 향하도록

✎

그러면 그림자들은 떨어질 것이다

✎

당신 뒤에

✎

"얼굴을 항상 햇빛을 향하도록 하라. 그러면 그림자는 당신 뒤에 떨어질 것이다."

✎

Intellectual growth should commence at birth and cease only at death.

지적 성장은 태어날 때부터 시작되어야 하고 죽을 때만 중단되어야 한다.

- Albert Einstein -

주어와 동사 찾기
명언을 읽고 해석해 보고, 영어 문장 속 주어와 동사를 적어 보세요.

		at birth
(주어) 지적 성장은	(동사) 시작되어야 한다	태어날 때부터

and [　　　　] **only at death.**
그리고　(동사) 중단되어야 한다　죽을 때만

구문 알기
명언 속 핵심 문법을 통해 명언을 자세히 이해해 보세요.

🍃 intellectual growth should commence at birth

지적 성장은 태어날 때부터 시작되어야 한다

→ 조동사 should는 must나 have to보다는 약한 충고나 의무를 나타냅니다. 그래서 명령이나 의무보다는 충고나 추천에 더 가깝습니다. 부정형은 should not으로 '~해서는 안 된다'로 해석되지만 강한 금지라기보다는 바람직하지 않다는 정도의 의미로 볼 수 있습니다. 줄여서 shouldn't로 씁니다.

🍃 Intellectual growth should commence at birth and cease only at death.

지적 성장은 태어날 때부터 시작되어야 하고 죽을 때만 중단되어야 한다.

→ 시간의 전치사 at은 특정 시점을 나타내는 경향이 있습니다. 그래서 특정 시각을 나타낼 때도 [at +

시각]으로 씁니다. 예를 들어 7시라는 시각을 특정하고 싶다면, I get up **at** 7 a.m.(나는 아침 7시에 일어난다.)처럼 표현할 수 있습니다. 그 외에도 '정오에'는 **at** noon으로, '자정에'는 **at** midnight으로 씁니다.

단어·숙어 알기
명언에 나온 단어와 숙어를 익혀 보세요.

- **intellectual** : 형 지능의, 지적인

  EX In the old days, it was taboo for women to be **intellectual**.

  옛날에는 여성들이 지적인 것을 금기시하였다.

- **commence** : 동 시작되다, 개시하다

  EX The interview is scheduled to **commence** this afternoon.

  인터뷰는 오늘 오후에 시작될 예정이다.

명언 다시 쓰기
명언을 소리 내어 읽어 보고 단계별로 써 보세요.

지적 성장은

✎

태어날 때부터 시작되어야 하고

✎

죽을 때만 중단되어야 한다

✎

"지적 성장은 태어날 때부터 시작되어야 하고 죽을 때만 중단되어야 한다."

✎

For all sad words of tongue and pen, the saddest are these, "It might have been."

모든 슬픈 말과 글 중에 가장 슬픈 것은 '했을 수도 있었을 텐데'이다.

- John Greenleaf Whittier -

 주어와 동사 찾기

명언을 읽고 해석해 보고, 영어 문장 속 주어와 동사를 적어 보세요.

For all sad words of tongue and pen, the saddest [   ] [   ],

모든 슬픈 말과 글 중에   가장 슬픈   (동사) 이다   (주어) 이것들이

"It might have been."

'했을 수도 있었을 텐데'

 구문 알기

명언 속 핵심 문법을 통해 명언을 자세히 이해해 보세요.

🔖 **the saddest are these**

가장 슬픈 것은 이것들이다

→ 영어에서는 강조하고 싶은 내용을 문장의 맨 앞에 쓰는 경향이 있는데, 특히 부정어, 부사구, 보어를 문두에 써서 강조할 때는 주어와 동사의 어순이 바뀌게 됩니다. 이 문장 역시 원래는 these are the saddest였으나 보어인 the saddest가 문두로 이동하면서 주어와 동사가 도치되어 the saddest are these가 된 것입니다. 참고로 단자음과 단모음으로 이루어진 1음절 단어들은 마지막 자음을 한 번 더 써서 saddest, hottest, biggest, thinnest 등의 형태로 최상급을 만들며, 최상급은 항상 정관사 the와 함께 쓴다는 것도 알아 두세요.

it might have been

했을 수도 있었을 텐데

→ 조동사 might는 may와 함께 추측이나 가능성을 나타냅니다. [might have + 과거분사]는 '~했을지도 모른다, ~했을 수도 있었을 텐데'의 의미로, 과거 사실에 대한 막연한 추측이나 과거에 가능성은 있었으나 실제로 일어나지 않은 일을 나타낼 때 씁니다.

단어·숙어 알기
명언에 나온 단어와 숙어를 익혀 보세요.

 tongue : 몡 혀; 언어

EX We have two ears and one **tongue** so that we would listen more and talk less. (Diogenes)

우리는 더 많이 듣고 덜 말하기 위해 두 개의 귀와 한 개의 혀를 가지고 있다.

명언 다시 쓰기
명언을 소리 내어 읽어 보고 단계별로 써 보세요.

모든 슬픈 말과 글 중에

가장 슬픈 것은 이것들이다

'했을 수도 있었을 텐데'

"모든 슬픈 말과 글 중에 가장 슬픈 것은 '했을 수도 있었을 텐데'이다."

Man never made any material as resilient as the human spirit.

인류는 인간의 정신만큼 회복력이 뛰어난 물질을 결코 만들어 내지 못했다.

– Bernard Williams –

주어와 동사 찾기

명언을 읽고 해석해 보고, 영어 문장 속 주어와 동사를 적어 보세요.

		any material
(주어) 인류는	(동사) 결코 만들어 내지 못했다	어떤 물질도

as resilient as the human spirit.

인간의 정신만큼 회복력이 뛰어난

구문 알기

명언 속 핵심 문법을 통해 명언을 자세히 이해해 보세요.

🔖 man **never** made

인류는 결코 만들어 내지 못했다

→ never는 빈도부사의 하나로 빈도부사는 어떤 일이 얼마나 자주 일어나는지를 나타냅니다. 이와 같은 빈도부사에는 always, usually, often, sometimes 등이 있습니다. 빈도부사는 be동사와 조동사의 뒤, 일반동사의 앞에 위치합니다.

🔖 any material **as resilient as** the human spirit

인간의 정신만큼 회복력이 뛰어난 어떤 물질

→ [as + 형용사/부사 + as + 비교 대상]은 '~만큼 …한/하게'의 의미로 동등비교에 사용되는 구문입니다. as와 as 사이에는 비교 상황이나 상태를 설명하는 형용사나 부사의 원급이 옵니다.

단어·숙어 알기

명언에 나온 단어와 숙어를 익혀 보세요.

🔖 **material :** 몡 물질, 재료

> ㎽ We're now able to 3D print in 200 different **materials**.
>
> 우리는 지금 200종의 다른 재료로 3D 인쇄를 할 수 있다.

🔖 **resilient :** 혱 회복력 있는, 탄력 있는

> ㎽ Jason is a **resilient** person. I believe he'll get over it soon.
>
> Jason은 회복력 있는 사람이다. 나는 그가 곧 극복할 것이라 믿는다.

> ㎽ The rubber ball is elastic in nature which makes it **resilient**.
>
> 고무공은 성질상 탄성이 있어 탄력성이 있다.

명언 다시 쓰기

명언을 소리 내어 읽어 보고 단계별로 써 보세요.

인류는 결코 만들어 내지 못했다

어떤 물질도

𝒜

인간의 정신만큼 회복력이 뛰어난

𝒜

"인류는 인간의 정신만큼 회복력이 뛰어난 물질을 결코 만들어 내지 못했다."

𝒜

However impenetrable it seems, if you don't try it, then you can never do it.

아무리 뚫고 들어갈 수 없는 것처럼 보이더라도, 시도하지 않으면 절대 할 수 없다.

- Andrew Wiles -

주어와 동사 찾기
명언을 읽고 해석해 보고, 영어 문장 속 주어와 동사를 적어 보세요.

However impenetrable it seems, if you don't try it,

아무리 뚫고 들어갈 수 없는 것처럼 보이더라도, 만약 당신이 그것을 시도하지 않으면

then [　　　] [　　　　　　　　　　] **it.**

그러면　(주어) 당신은　　(동사) 절대 할 수 없다　그것을

구문 알기
명언 속 핵심 문법을 통해 명언을 자세히 이해해 보세요.

🔸 **however impenetrable** it seems

아무리 뚫고 들어갈 수 없는 것처럼 보이더라도

→ [however + 형용사/부사 + 주어 + 동사] 구문으로, 이때 however는 복합관계부사로 '아무리 ~하더라도'라고 해석하며 no matter how로 바꿔 쓸 수 있습니다. 앞 문장과 상반되는 내용이 이어질 때 쓰는 접속부사 however(그러나)와 혼동하지 않도록 주의해야 합니다.

🔸 **if** you don't try it, then you can never do it

시도하지 않으면, 절대 그것을 할 수 없다

→ 조건의 접속사 if는 '만약 ~하면'의 뜻으로 조건의 부사절을 이끄는 역할을 합니다. 조건의 부사절에

서는 미래의 일을 나타낼 때에도 현재 시제를 사용합니다. '만약 ~하면'에 미래의 의미가 포함되어 있다고 보기 때문에 조건절에는 미래 시제를 나타내는 조동사 will을 쓰지 않습니다.

단어·숙어 알기
명언에 나온 단어와 숙어를 익혀 보세요.

- **impenetrable :** 형 꿰뚫을 수 없는, 뚫고 들어갈 수 없는

  EX The fog was so thick that it seemed **impenetrable**.

  안개가 너무 짙어서 뚫을 수 없을 것 같았다.

- **seem :** 동 보이다, ~인 것 같다

  EX That may not **seem** fair, but life has never been completely fair.

  (Barack Obama)

  그건 공평해 보이지 않을 수 있지만, 인생은 완전히 공평했던 적이 단 한 번도 없다.

명언 다시 쓰기
명언을 소리 내어 읽어 보고 단계별로 써 보세요.

아무리 뚫고 들어갈 수 없는 것처럼 보이더라도

만약 당신이 그것을 시도하지 않으면

그러면 당신은 그것을 절대 할 수 없다

"아무리 뚫고 들어갈 수 없는 것처럼 보이더라도, 시도하지 않으면 절대 할 수 없다."

The secret of genius is to carry the spirit of the child into old age, which means never losing your enthusiasm.

천재의 비결은 아이의 정신을 노년까지 지니는 것인데, 이는 열정을 잃지 않는 것을 의미한다.

– Aldous Huxley –

주어와 동사 찾기
명언을 읽고 해석해 보고, 영어 문장 속 주어와 동사를 적어 보세요.

		to carry the spirit of the child
(주어) 천재의 비결은	(동사) 이다	아이의 정신을 지니는 것

into old age, which means never losing your enthusiasm.

노년까지,　　　　　　　　　　이는 당신의 열정을 잃지 않는 것을 의미한다

구문 알기
명언 속 핵심 문법을 통해 명언을 자세히 이해해 보세요.

🔖 the secret of genius is to carry the spirit

천재의 비결은 정신을 지니는 것이다

→ '지니다, 가지고 다니다'라는 동사 carry를 [to + 동사원형]의 형태로 바꾼 to부정사의 명사적 용법입니다. 여기서 to carry는 '지니는 것'이라는 뜻으로 주격 보어 역할을 합니다. 명사적 용법의 to부정사는 문장에서 주어, 목적어, 보어의 역할을 하며, '~하기, ~하는 것'으로 해석합니다. to부정사는 문장에 따라 형용사(~하는, ~하기에)나 부사(~하기 위해)로도 사용됩니다.

- **, which** means never losing your enthusiasm

이는 당신의 잃지 않는 것을 의미한다

→ [,(콤마) + which]는 관계대명사의 계속적 용법으로 단어, 구, 문장 전체를 선행사로 취하며, 콤마 앞의 내용을 부연 설명합니다. 앞 문장에 이어지는 [접속사 + 대명사]처럼 이해하면 되고, '그런데 그것은' 정도로 해석합니다.

단어·숙어 알기
명언에 나온 단어와 숙어를 익혀 보세요.

- **genius :** 명 천재, 천재성

  EX No one in my family has some share of my mother's **genius**.

  우리 가족 중에 어머니의 천재성을 어느 정도 나눠 받은 사람은 아무도 없다.

명언 다시 쓰기
명언을 소리 내어 읽어 보고 단계별로 써 보세요.

천재의 비결은 지니는 것이다

아이의 정신을 노년까지

이는 의미한다

당신의 열정을 잃지 않는 것을

"천재의 비결은 아이의 정신을 노년까지 지니는 것인데, 이는 열정을 잃지 않는 것을 의미한다."

No matter how you feel, get up, dress up, show up, and never give up.

당신의 기분이 어떻든, 일어나서, 옷을 입고, 모습을 드러내라. 그리고 절대 포기하지 말아라.

– Regina Brett –

주어와 동사 찾기

명언을 읽고 해석해 보고, 영어 문장 속 주어와 동사를 적어 보세요.

No matter how you feel, (   )   ,   ,

당신의 기분이 어떻든   (주어 생략) 당신은   (동사) 일어나서   (동사) 옷을 입고

**   , and never   .**

(동사) 모습을 드러내라   그리고 절대 말아라   (동사) 포기하지

구문 알기

명언 속 핵심 문법을 통해 명언을 자세히 이해해 보세요.

▧ **no matter how** you feel

당신의 기분이 어떻든

→ [no matter how + (형용사/부사) + 주어 + 동사] 구문으로 '아무리 ~할지라도'라는 의미입니다. 여기서처럼 형용사나 부사 없이 [주어 + 동사]를 바로 써서 no matter how you feel(당신의 기분이 어떻든)로 표현하거나, [형용사/부사 + 주어 + 동사]를 써서 no matter how hard you feel(당신이 얼마나 힘들게 느끼든)처럼 표현할 수 있습니다.

🍃 **get up, dress up, show up, and never give up**

일어나서, 옷을 입고, 모습을 드러내라. 그리고 절대 포기하지 말아라

→ [A, B, C, ... and Z] 형태로 대등한 문장 성분이 일관되게 나열되었고, 마지막 구절(단어 혹은 문장) 앞에 등위접속사 and가 있으므로 병렬 구조임을 알 수 있습니다. 여러 항목이 나열될 때는 마지막에 쓰인 접속사를 찾으면 문장 구조가 쉽게 이해됩니다.

 ## 단어·숙어 알기
명언에 나온 단어와 숙어를 익혀 보세요.

🍃 **give up : 포기하다**

EX Years may wrinkle the skin, but to **give up** enthusiasm wrinkles the soul.
(Samuel Ullman)

세월은 피부를 주름지게 할 수도 있지만, 열정을 포기하는 것은 영혼을 주름지게 한다.

명언 다시 쓰기
명언을 소리 내어 읽어 보고 단계별로 써 보세요.

당신의 기분이 어떻든

일어나서, 옷을 입고, 모습을 드러내라

그리고 절대 포기하지 말아라

"당신의 기분이 어떻든, 일어나서, 옷을 입고, 모습을 드러내라. 그리고 절대 포기하지 말아라."

I can accept failure. Everyone fails at something. But I can't accept not trying.

나는 실패를 받아들일 수 있다. 누구나 무언가에 실패하기 마련이다. 하지만 나는 노력하지 않는 것을 받아들일 수 없다.

- Michael Jordan -

주어와 동사 찾기

명언을 읽고 해석해 보고, 영어 문장 속 주어와 동사를 적어 보세요.

		failure.			at something.
(주어) 나는	(동사) 받아들일 수 있다	실패를	(주어) 누구나	(동사) 실패한다	무언가에

But [ ] [   ] **not trying.**

하지만 (주어) 나는   (동사) 받아들일 수 없다   노력하지 않는 것을

구문 알기

명언 속 핵심 문법을 통해 명언을 자세히 이해해 보세요.

🔖 Everyone fails at something.

누구나 무언가에 실패한다.

→ everyone은 '모든 사람'이라는 뜻이지만, 각각의 사람 모두를 가리키기 때문에 단수로 취급합니다. 그래서 단수 동사 fails가 쓰였습니다.

🔖 But I can't accept not trying.

하지만 나는 노력하지 않는 것을 받아들일 수 없다.

→ trying은 동사 try(노력하다, 시도하다, 애쓰다)의 동명사로, 부정형은 not trying입니다. 이렇게 동명사

앞에 not을 쓰면 동명사의 부정형이 됩니다. 참고로 to부정사의 부정형은 [not + to + 동사원형]으로 씁니다.

단어·숙어 알기
명언에 나온 단어와 숙어를 익혀 보세요.

- **accept :** ⑧ 받아들이다, 인정하다

  EX We must let go of the life we have planned, so as to **accept** the one that is waiting for us. (Joseph Campbell)

  우리가 계획한 삶을 버려야 우리를 기다리는 삶을 받아들일 수 있다.

- **failure :** ⑨ 실패, 실패자

  EX His recent movie was a complete **failure**.

  그의 최근 영화는 정말 실패작이었다.

명언 다시 쓰기
명언을 소리 내어 읽어 보고 단계별로 써 보세요.

나는 실패를 받아들일 수 있다

누구나 무언가에 실패한다

하지만 나는 노력하지 않는 것을 받아들일 수 없다

"나는 실패를 받아들일 수 있다. 누구나 무언가에 실패하기 마련이다. 하지만 나는 노력하지 않는 것을 받아들일 수 없다."

It is time for parents to teach young people early on that in diversity there is beauty and there is strength.

부모들이 다양성 속에 아름다움이 있고 강함이 존재한다는 점에 대해서 자녀들에게 일찍부터 가르칠 때이다.

– Maya Angelou –

 주어와 동사 찾기
명언을 읽고 해석해 보고, 영어 문장 속 주어와 동사를 적어 보세요.

 time for parents to teach young people early

(비인칭주어) (동사) 이다   부모들이 자녀들에게 일찍부터 가르칠 때

on that in diversity there is beauty and there is strength.

다양성 속에 아름다움이 있고 강함이 존재한다는 점에 대해서

 구문 알기
명언 속 핵심 문법을 통해 명언을 자세히 이해해 보세요.

🔖 it is time **for parents to teach** young people

부모들이 자녀들에게 가르칠 때이다

→ to부정사 앞에 [for + 목적격]을 써서 to부정사가 나타내는 행위의 주체를 밝혀 줄 수 있습니다. 여기서는 to teach 앞에 for parents가 왔으므로 가르치는(teach) 행위의 주체는 바로 부모들(parents)입니다.

in diversity there is beauty and there is strength

다양성 속에 아름다움이 있고 강함이 존재한다

→ 영어는 문장 앞에 강조하고자 하는 내용을 두는 경향이 있습니다. 원래 문장 There is beauty and there is strength in diversity.에서 in diversity(다양성 속에)를 강조하기 위해 앞으로 옮겼습니다.

 ## 단어·숙어 알기
명언에 나온 단어와 숙어를 익혀 보세요.

 diversity : 몡 다양성

[EX] He taught me the **diversity** of other cultures.

그는 나에게 다른 문화의 다양성을 가르쳐 주었다.

 ## 명언 다시 쓰기
명언을 소리 내어 읽어 보고 단계별로 써 보세요.

부모들이 가르칠 때이다

자녀들에게 일찍부터 ~에 대해서

다양성 속에

아름다움이 있고 강함이 존재한다

"부모들이 다양성 속에 아름다움이 있고 강함이 존재한다는 점에 대해서 자녀들에게 일찍부터 가르칠 때이다."

Truth will rise above falsehood as oil above water.

진실은 물 위에 떠 있는 기름처럼 거짓 위에 떠오를 것이다.

- Miguel de Cervantes -

주어와 동사 찾기

명언을 읽고 해석해 보고, 영어 문장 속 주어와 동사를 적어 보세요.

		above falsehood as oil above water.
(주어) 진실은	(동사) 떠오를 것이다	물 위에 떠 있는 기름처럼 거짓 위에

구문 알기

명언 속 핵심 문법을 통해 명언을 자세히 이해해 보세요.

🍃 **truth will rise above falsehood**

진실은 거짓 위에 떠오를 것이다

→ rise는 '오르다, 올라가다'라는 뜻의 자동사입니다. 자동사는 바로 뒤에 목적어가 올 수 없으므로 목적어를 취하려면 [자동사 + 전치사 + 목적어] 형태로 써야 합니다. 따라서 rise 뒤에 전치사 above와 목적어 falsehood(거짓)가 왔습니다. 반대로 타동사는 목적어가 꼭 필요한 동사인데, 많은 동사들이 자동사와 타동사로 모두 쓰이기도 합니다. 예를 들어 run이 자동사일 때는 '달리다'의 의미로 I ran. 처럼 목적어 없이 쓰이며, 타동사일 때는 I ran a business.(나는 사업체를 운영했다.)처럼 '운영하다'라는 의미로 목적어 a business를 취합니다. rise는 자동사로만 쓰이며 타동사 raise(들어 올리다)와 혼동하지 않도록 해야 합니다.

🍃 **as oil above water**

물 위에 떠 있는 기름처럼

222

→ 여기서 as는 전치사로, 명사 앞에서 '~처럼, ~로서' 등의 의미로 쓰입니다. as는 접속사로도 쓰이는데 '~할 때, ~ 때문에, ~함에 따라' 등 다양한 뜻이 있습니다.

 단어·숙어 알기
명언에 나온 단어와 숙어를 익혀 보세요.

 truth : 몡 진실, 사실

EX **Truth** is ever to be found in simplicity, and not in the multiplicity and confusion of things. (Isaac Newton)

진리는 사물의 복잡함과 혼란 속이 아니라 단순함 속에서 찾을 수 있다.

 falsehood : 몡 거짓, 거짓말

EX Any form of **falsehood** is unacceptable.

어떠한 형태의 거짓도 용납될 수 없다.

명언 다시 쓰기
명언을 소리 내어 읽어 보고 단계별로 써 보세요.

진실은 떠오를 것이다

거짓 위에

물 위에 떠 있는 기름처럼

"진실은 물 위에 떠 있는 기름처럼 거짓 위에 떠오를 것이다."

Only if you have been in the deepest valley, can you ever know how magnificent it is to be on the highest mountain.

당신이 가장 깊은 계곡에 가 봤어야만, 가장 높은 산에 있는 것이 얼마나 웅장한지 알 수 있다.

- Richard M. Nixon -

주어와 동사 찾기

명언을 읽고 해석해 보고, 영어 문장 속 주어와 동사를 적어 보세요.

Only if you have been in the deepest valley,

당신이 가장 깊은 계곡에 가 봤어야만

☐ ☐ **ever** ☐ **how magnificent it is**

(조동사) 할 수 있다 (주어) 당신은 한 번이라도 (동사) 안다   얼마나 웅장한지

to be on the highest mountain.

가장 높은 산에 있는 것이

구문 알기

명언 속 핵심 문법을 통해 명언을 자세히 이해해 보세요.

➥ only if you **have been** in the deepest valley

당신이 가장 깊은 계곡에 가 봤어야만

→ 현재완료 시제는 [have + 과거분사] 형태로 과거에 일어난 일이 현재까지 영향을 미치거나 현재 시점에 완료되었을 때 사용합니다. 여기서는 과거부터 현재까지 '경험'한 것을 표현하기 위해 현재완료 시제를 썼으며, '~해 본 적이 있다'로 해석합니다.

🔖 only if you have been in the deepest valley, can you ever know ~

당신이 가장 깊은 계곡에 가 봤어야만, ~을 알 수 있다

→ 강조하고 싶은 내용이 있을 때는 문장의 맨 앞으로 보내고, 주어와 동사의 어순을 바꾸는데 이를 '도치'
라고 합니다. 강조 부사 only가 부사구 또는 부사절과 함께 문장 앞으로 이동할 때도 주절의 주어와
동사의 어순이 바뀝니다. 그래서 여기서도 원래의 어순인 you can ever know ~에서 주어 you와
조동사 can의 순서가 도치되어 can you ever know ~가 되었습니다.

단어·숙어 알기
명언에 나온 단어와 숙어를 익혀 보세요.

🔖 **magnificent** : 형 장대한, 훌륭한, 위대한

EX Computers are **magnificent** tools for the realization of our dreams.

컴퓨터는 우리의 꿈을 실현하기 위한 훌륭한 도구이다.

명언 다시 쓰기
명언을 소리 내어 읽어 보고 단계별로 써 보세요.

당신이 가 봤어야만

✐

가장 깊은 계곡에

✐

얼마나 웅장한지 알 수 있다

✐

가장 높은 산에 있는 것이

✐

"당신이 가장 깊은 계곡에 가 봤어야만, 가장 높은 산에 있는 것이 얼마나 웅장한지 알 수 있다."

✐

Humor does not rescue us from unhappiness, but enables us to move back from it a little.

유머는 우리를 불행에서 구해 주지 못하지만, 우리를 불행에서 조금은 벗어날 수 있게 해 준다.

- Mason Cooley -

 주어와 동사 찾기

명언을 읽고 해석해 보고, 영어 문장 속 주어와 동사를 적어 보세요.

		us from unhappiness,
(주어) 유머는	(동사) 구해 주지 못한다	우리를 불행에서

but   **us to move back from it a little.**

하지만   (동사) 할 수 있게 한다   우리가 그것에서 조금은 벗어나도록

 구문 알기

명언 속 핵심 문법을 통해 명언을 자세히 이해해 보세요.

🔖 humor does not ~rescue~ us ~from~ unhappiness

유머는 우리를 불행에서 구해 주지 못한다

→ [rescue A from B]는 'A를 B로부터 구해 주다'의 의미입니다. from은 [from A to B](A에서 B까지), [stop A from B](A가 B하는 것을 막다, 못하게 하다)와 같은 형식으로 자주 사용됩니다.

🔖 ~enables~ us ~to move~ back from it a little

우리를 그것에서 조금은 벗어날 수 있게 해 준다

→ [enable + A + to부정사]는 'A가 ~을 할 수 있게 하다'로 해석합니다. 여기서 동사 enable은 '~하게 하다'를 의미하는 접두어 en-과 가능성을 나타내는 접미어 -able이 합쳐진 것으로 '가능하게 하다,

할 수 있게 하다'를 의미합니다. 접두어 en-은 주로 명사나 형용사 앞에 붙어 동사로 확장시키는데, enjoy(즐기다), enrich(부유하게 하다), encourage(격려하다) 등이 비슷한 예입니다.

단어·숙어 알기
명언에 나온 단어와 숙어를 익혀 보세요.

rescue : 동 구조하다

EX No one can **rescue** you from the problems you have created.

아무도 당신이 만든 문제에서 당신을 구할 수 없다.

unhappiness : 명 불행

EX The search for happiness is one of the chief sources of **unhappiness**.

(Eric Hoffer)

행복을 찾는 것은 불행의 주요 원인 중 하나이다.

명언 다시 쓰기
명언을 소리 내어 읽어 보고 단계별로 써 보세요.

유머는 우리를 구해 주지 못한다

✎

불행에서

✎

하지만 우리가 할 수 있게 해 준다

✎

그것에서 조금은 벗어나도록

✎

"유머는 우리를 불행에서 구해 주지 못하지만, 우리를 불행에서 조금은 벗어날 수 있게 해 준다."

✎

You can discover what your enemy fears most by observing the means he uses to frighten you.

당신은 당신의 적이 당신을 겁주기 위해 사용하는 수단을 관찰함으로써 그가 가장 두려워하는 것을 발견할 수 있다.

– Eric Hoffer –

 ### 주어와 동사 찾기

명언을 읽고 해석해 보고, 영어 문장 속 주어와 동사를 적어 보세요.

		what your enemy fears most
(주어) 당신은	(동사) 발견할 수 있다	당신의 적이 가장 두려워하는 것을

by observing the means he uses to frighten you.

그가 당신을 겁주기 위해 사용하는 수단을 관찰함으로써

 ### 구문 알기

명언 속 핵심 문법을 통해 명언을 자세히 이해해 보세요.

◾ **by observing** the means

수단을 관찰함으로써

→ [by + 명사/동명사]는 방법이나 수단을 나타낼 때 쓰는 표현으로 '~으로, ~로써, ~함으로써'라고 해석합니다.

◾ the means [he uses to frighten you]

[그가 당신을 겁주기 위해 사용하는] 수단을

→ 여기서 means는 명사로 '수단, 방법, 방도'를 의미하며 이런 의미로 사용할 때는 항상 복수형으로

씁니다. he 이하의 문장은 목적격 관계대명사절로 선행사 means(수단)를 수식하고 있습니다. 목적격 관계대명사절에서는 관계대명사를 생략할 수 있으므로 that 또는 which가 생략된 것으로 볼 수 있습니다.

단어·숙어 알기
명언에 나온 단어와 숙어를 익혀 보세요.

🔖 **enemy :** 몡 적, 장애물

　EX Love is the only force capable of transforming an **enemy** into a friend.

　(Martin Luther King Jr.)

　사랑은 적을 친구로 바꿔 놓을 수 있는 유일한 힘이다.

🔖 **frighten :** 통 겁먹게 만들다

　EX He sneaked in order to **frighten** me.

　그는 나를 겁주기 위해 몰래 숨어들었다.

명언 다시 쓰기
명언을 소리 내어 읽어 보고 단계별로 써 보세요.

당신은 발견할 수 있다

당신의 적이 가장 두려워하는 것을

수단을 관찰함으로써

그가 당신을 겁주기 위해 사용하는 (수단)

"당신은 당신의 적이 당신을 겁주기 위해 사용하는 수단을 관찰함으로써 그가 가장 두려워하는 것을 발견할 수 있다."

Don't let nobody tell you that you can't do it. Love what you do until you don't love it anymore. Nothing's impossible.

아무도 당신이 할 수 없다고 말하지 못하게 하라. 더 이상 사랑하지 않을 때까지 당신이 하는 일을 사랑하라. 불가능한 것은 없다.

– Fetty Wap –

주어와 동사 찾기

명언을 읽고 해석해 보고, 영어 문장 속 주어와 동사를 적어 보세요.

(   )   **nobody tell you that you can't do it.**

(주어 생략) 당신은   (동사) 못하게 하라   아무도 당신에게 할 수 없다고 말하지

(   )   **what you do until you don't love it anymore.**

(주어 생략) 당신은   (동사) 사랑하라   당신이 하는 일을 더 이상 사랑하지 않을 때까지

                impossible.

(주어) 아무것도 ~ 않다   (동사) 이다   불가능한

구문 알기

명언 속 핵심 문법을 통해 명언을 자세히 이해해 보세요.

🔊 don't **let** nobody **tell** you

아무도 말하지 못하게 하라

→ let은 make와 같은 사역동사로 '~하게 놔두다, 허락하다'의 의미입니다. [사역동사 + 목적어 + 동사원형] 형태로 쓰이므로 목적어 nobody 다음에 목적보어로 동사원형인 tell이 왔습니다. 참고로,

여기서처럼 종종 이중 부정을 통해 부정의 의미를 강조하기도 하지만, 문법적으로는 nobody 대신 anybody를 써서 don't let anybody tell you로 표현하는 것이 더 자연스럽습니다.

◗ **until you don't love it anymore**

더 이상 사랑하지 않을 때까지

→ until은 시간의 부사절을 이끄는 접속사로 '~까지'를 뜻합니다. 시간의 부사절에서는 미래의 일도 현재 시제로 쓰는데, 이는 주절의 내용만 보아도 미래에 일어날 일임을 유추할 수 있기 때문입니다.

단어·숙어 알기
명언에 나온 단어와 숙어를 익혀 보세요.

◗ **impossible :** ⑱ 불가능한

EX It always seems **impossible** until it's done. (Nelson Mandela)

완성되기 전에는 항상 불가능해 보인다.

명언 다시 쓰기
명언을 소리 내어 읽어 보고 단계별로 써 보세요.

아무도 당신에게 할 수 없다고 말하지 못하게 하라

✎

당신이 하는 일을 사랑하라

✎

더 이상 사랑하지 않을 때까지

✎

불가능한 것은 없다

✎

"아무도 당신이 할 수 없다고 말하지 못하게 하라. 더 이상 사랑하지 않을 때까지 당신이 하는 일을 사랑하라. 불가능한 것은 없다."

A ship in port is safe, but that's not what ships are built for.

항구에 있는 배는 안전하지만 그것은 배들이 만들어진 목적이 아니다.

– Grace Hopper –

주어와 동사 찾기
명언을 읽고 해석해 보고, 영어 문장 속 주어와 동사를 적어 보세요.

		safe,
(주어) 항구에 있는 배는	(동사) 이다	안전한

but [   ] [   ] **what ships are built for.**

하지만   (주어) 그것은   (동사) 아니다   배들이 만들어진 목적이

구문 알기
명언 속 핵심 문법을 통해 명언을 자세히 이해해 보세요.

🍃 **that's not [what ships are built for]**

그것은 [배들이 만들어진 목적이] 아니다

→ [that's not what + 주어 + 동사] 구문은 구어체에서 흔히 쓰이는 표현입니다. '그건 ~한 것이 아니다' 의 의미로 앞서 언급된 내용에 동의하지 않을 때 사용합니다. 예를 들면, **That's not what** I meant. (내가 의미한 건 그게 아니야.)로 표현할 수 있습니다.

🍃 **what ships are built for**

배들이 무엇을 위해 만들어졌는지, 배들이 만들어진 목적

→ 배들이 스스로 생겨난 것이 아니라 누군가에 의해 만들어진 것이므로 [be동사 + 과거분사]의 형태인

수동태로 쓰였습니다. built 뒤의 for는 목적을 나타냅니다. 참고로 일상 회화에서 What for?는 "뭐 하러?", "왜?"와 같은 의미로 사용됩니다.

단어·숙어 알기
명언에 나온 단어와 숙어를 익혀 보세요.

🔖 **port :** 📙 항구 (시설)

EX Ships load and unload cargo at the **port**.

배들은 항구에서 화물을 싣고 내린다.

🔖 **safe :** 📗 안전한 📙 금고

EX The palace is not **safe** when the cottage is not happy. (Benjamin Disraeli)

작은 시골집이 행복하지 않으면 궁전은 안전하지 않다.

명언 다시 쓰기
명언을 소리 내어 읽어 보고 단계별로 써 보세요.

항구에 있는 배는 안전하다

✏️

하지만 그것은 아니다

✏️

배들이 만들어진 목적이

✏️

"항구에 있는 배는 안전하지만 그것은 배들이 만들어진 목적이 아니다."

✏️

It is literally true that you can succeed best and quickest by helping others to succeed.

다른 사람들이 성공하도록 도와줌으로써 당신이 가장 잘 그리고 가장 빨리 성공할 수 있다는 것은 정말로 사실이다.

- Napoleon Hill -

주어와 동사 찾기

명언을 읽고 해석해 보고, 영어 문장 속 주어와 동사를 적어 보세요.

		literally true
(가주어)	(동사) 이다	정말로 사실인

(진주어) 다른 사람이 성공하도록 도와줌으로써 당신이 가장 잘 그리고 가장 빨리 성공할 수 있다는 것은

구문 알기

명언 속 핵심 문법을 통해 명언을 자세히 이해해 보세요.

🍃 it is literally true [that you can succeed best and quickest by helping ~]

[당신이 ~를 도움으로써 가장 잘 그리고 가장 빨리 성공할 수 있다는 것은] 정말로 사실이다

→ [it ~ that 가주어-진주어] 구문으로 가주어 it은 해석하지 않습니다. 주어가 너무 길 때, 의사소통의 혼선을 피하기 위해 가주어 it을 주어처럼 사용하고 진주어를 to부정사나 that절의 형태로 뒤로 보냅니다. 이때의 that은 명사절 접속사로 완전한 문장을 이끕니다. 이 문장의 진주어는 that부터 문장 맨 끝까지입니다.

by helping others to succeed

다른 사람이 성공하도록 도와줌으로써

→ 동사 help는 [help + 목적어 + 목적보어] 형태로 쓰여서 '~가 …하는 것을 도와주다'를 의미합니다.
이때 목적보어 자리에는 to부정사(to succeed)와 동사원형(succeed)이 모두 올 수 있습니다.

단어·숙어 알기
명언에 나온 단어와 숙어를 익혀 보세요.

 literally : 閏 말 그대로, 정말로

EX It is **literally** the foundation of the space.

말 그대로 그것은 그 공간의 기초이다.

명언 다시 쓰기
명언을 소리 내어 읽어 보고 단계별로 써 보세요.

정말로 사실이다

당신이 성공할 수 있다는 것은

가장 잘 그리고 가장 빨리

다른 사람들이 성공하도록 도와줌으로써

"다른 사람들이 성공하도록 도와줌으로써 당신이 가장 잘 그리고 가장 빨리 성공할 수 있다는 것은

정말로 사실이다."

My mission in life is not merely to survive, but to thrive; and to do so with some passion, some compassion, some humor, and some style.

내 삶의 사명은 단순히 생존하는 것이 아니라 성장하는 것이다.
약간의 열정, 약간의 연민, 약간의 유머, 약간의 품위를 가지고 성장하는 것이다.

- Maya Angelou -

주어와 동사 찾기

명언을 읽고 해석해 보고, 영어 문장 속 주어와 동사를 적어 보세요.

		not merely to survive, but to thrive;
(주어) 내 삶의 사명은	(동사) 이다	단순히 생존하는 것이 아니라 성장하는 것

and to do so with some passion, some compassion, some humor,

그리고 그렇게 하는 것이다   약간의 열정, 약간의 연민, 약간의 유머를 가지고

and some style.

그리고 약간의 품위를 (가지고)

구문 알기

명언 속 핵심 문법을 통해 명언을 자세히 이해해 보세요.

🔖 my mission in life is not merely to survive, but to thrive

내 삶의 사명은 단순히 생존하는 것이 아니라 성장하는 것이다

→ 'A가 아니라 B이다'라는 뜻의 상관접속사 [not A but B]에 부사 merely(단지, 그저)가 쓰여 [not merely A but B] 구문이 되었으며, '단지 A가 아니라 B'라는 뜻입니다. 이때 A와 B는 병렬 구조를 이루어야 하므로 동일한 to부정사 형태가 왔습니다.

🔖 **to do so with some passion, some compassion, some humor, and some style**

약간의 열정, 약간의 연민, 약간의 유머, 약간의 품위를 가지고 그렇게 하는 것

→ '~을 하다'라는 뜻의 일반동사 do는 다른 동사를 대신하는 대동사 역할을 하기도 합니다. 대동사 do는 앞에 언급된 동사나 동사구의 반복을 피하기 위해 사용하며, 목적어로 so를 취한 [do so]의 형태로 자주 등장합니다. 여기서 do는 앞에 나온 thrive를 대신하고 있습니다.

📑 단어·숙어 알기
명언에 나온 단어와 숙어를 익혀 보세요.

🔖 **compassion : 몡 연민, 동정심**

ㅌ **The dew of compassion is a tear.** (Lord Byron)

연민의 이슬은 눈물이다.

📑 명언 다시 쓰기
명언을 소리 내어 읽어 보고 단계별로 써 보세요.

내 삶의 사명은

단순히 생존하는 것이 아니라 성장하는 것이다

그리고 그렇게 하는 것이다

약간의 열정, 약간의 연민, 약간의 유머, 그리고 약간의 품위를 가지고

"내 삶의 사명은 단순히 생존하는 것이 아니라 성장하는 것이다. 약간의 열정, 약간의 연민, 약간의 유머, 약간의 품위를 가지고 성장하는 것이다."

The only thing worse than being blind is having sight but no vision.

눈이 먼 것보다 더 나쁜 단 하나는 시력은 있으나 비전이 없는 것이다.

– Helen Keller –

 ## 주어와 동사 찾기
명언을 읽고 해석해 보고, 영어 문장 속 주어와 동사를 적어 보세요.

(주어) 눈이 먼 것보다 더 나쁜 단 하나는	(동사) 이다

having sight but no vision.
시력은 있으나 비전이 없는 것

 ## 구문 알기
명언 속 핵심 문법을 통해 명언을 자세히 이해해 보세요.

◾ the only thing worse than being blind

눈이 먼 것보다 더 나쁜 단 하나

→ [형용사/부사 비교급 + than] 구문은 '~보다 …한'의 뜻으로 대표적인 비교 표현입니다. 여기서 worse 는 bad의 비교급으로 '더 나쁜'이라는 의미입니다. 비교 대상 앞에 오는 than은 접속사나 전치사로 쓰이는데, 이 문장에서는 뒤에 명사 형태인 동명사구(being blind)가 왔으므로 전치사로 쓰였음을 알 수 있습니다.

◾ having sight but no vision

시력은 있으나 비전이 없는 것

→ but은 등위접속사로 동명사 having의 목적어인 명사 sight와 no vision을 연결해 주고 있습니다.

'하지만'의 의미로 상반되는 내용을 이어주는데, 이때 but 앞뒤의 내용은 병렬 구조를 이루어야 합니다. 예를 들어, 명사와 명사, 구와 구, 절과 절 같은 동일한 구성 요소들은 연결합니다.

단어·숙어 알기
명언에 나온 단어와 숙어를 익혀 보세요.

🔖 **blind :** 형 눈이 먼 동 눈이 멀게 하다

EX I have been **blind** since I was born.

나는 태어날 때부터 눈이 보이지 않았다.

🔖 **sight :** 명 시력

EX Of all the senses, **sight** must be the most delightful. (Helen Keller)

모든 감각 가운데서 시각이 가장 즐거운 감각일 것이다.

명언 다시 쓰기
명언을 소리 내어 읽어 보고 단계별로 써 보세요.

더 나쁜 단 하나는

✏️

눈이 먼 것보다

✏️

시력이 있는 것이다

✏️

하지만 비전은 없는 것

✏️

"눈이 먼 것보다 더 나쁜 단 하나는 시력은 있으나 비전이 없는 것이다."

✏️

I prefer to be a good human being rather than a good character on screen.

나는 화면 위의 좋은 인물보다는 좋은 인간이 되는 것을 더 선호한다.

– Sudeep –

 주어와 동사 찾기

명언을 읽고 해석해 보고, 영어 문장 속 주어와 동사를 적어 보세요.

		to be a good human being

(주어) 나는　(동사) 더 선호한다　　　　　좋은 인간이 되는 것을

rather than a good character on screen.

화면 위의 좋은 인물보다는

 구문 알기

명언 속 핵심 문법을 통해 명언을 자세히 이해해 보세요.

▧ I prefer [to be a good human being]

나는 [좋은 인간이 되는 것을] 더 선호한다

→ prefer는 '선호'를 나타내는 동사로, like가 단순히 '좋아하다'라는 의미인 반면, prefer는 '~을 더 좋아하다, 차라리 ~을 취하다'로 비교의 의미를 내포합니다. prefer, like와 같이 감정을 표현하는 상태 동사는 진행형으로 쓰지 않습니다.

▧ rather than a good character on screen

화면 위의 좋은 인물보다는

→ rather than은 '~보다는 오히려'라는 의미로 앞에 온 prefer와 함께 [prefer A rather than B]의 형태로 쓰이며, 'B보다 A를 선호하다'라고 해석합니다. [A rather than B]는 'B보다는 A'라는 뜻으로 The problem is about all of us **rather than** only about you.(그 문제는 당신 혼자만의 것이라기보다는 우리 모두에 관한 것이다.)와 같이 표현할 수 있습니다.

단어·숙어 알기
명언에 나온 단어와 숙어를 익혀 보세요.

🔖 **human being : 명 사람, 인간**

> EX All **human beings** deserve equal treatment, no matter their gender identity or sexuality. (Andreja Pejic)
> 모든 인간은 성 정체성이나 성별에 관계없이 동등한 대우를 받을 자격이 있다.

명언 다시 쓰기
명언을 소리 내어 읽어 보고 단계별로 써 보세요.

나는 더 선호한다

✑

좋은 인간이 되는 것을

✑

좋은 인물보다는

✑

화면 위의

✑

"나는 화면 위의 좋은 인물보다는 좋은 인간이 되는 것을 더 선호한다."

✑

Kind words not only lift our spirits in the moment they are given, but they can linger with us over the years.

친절한 말은 그 말을 듣는 순간 우리의 기운을 북돋아 줄 뿐만 아니라 오랫동안 우리 곁에 남을 수 있다.

- Joseph B. Wirthlin -

 주어와 동사 찾기
명언을 읽고 해석해 보고, 영어 문장 속 주어와 동사를 적어 보세요.

	not only		**our spirits**
(주어) 친절한 말은	뿐만 아니라	(동사) 북돋우다	우리의 기운을

in the moment they are given,
그 말을 듣는 그 순간에

but			**with us over the years.**
또한	(주어) 그것들은	(동사) 남을 수 있다	오랫동안 우리의 곁에

 구문 알기
명언 속 핵심 문법을 통해 명언을 자세히 이해해 보세요.

🔖 kind words **not only** lift our spirits in the moment they are given, **but** they can linger

친절한 말은 그 말을 듣는 순간 우리의 기운을 북돋아 줄 뿐만 아니라 남을 수 있다

→ 'A뿐만 아니라 B도'라는 뜻의 상관접속사 [not only A but B] 구문입니다. [not only A but also B] 도 같은 의미로 자주 쓰이는 표현입니다. 이 구문들은 B를 더 강조하므로, B에 동사의 인칭과 수를

일치시킵니다. 예를 들어, **Not only** you **but** Susan **is** a member of the fan club.(너뿐 아니라 Susan도 팬클럽의 멤버이다.)을 보면, B에 해당하는 Susan에 맞춰 be동사 is를 사용했습니다.

단어·숙어 알기
명언에 나온 단어와 숙어를 익혀 보세요.

🔖 **lift :** 통 들어 올리다, 북돋우다　명 승강기

　　Ex If you want to **lift** yourself up, lift up someone else. (Booker T. Washington)
　　당신을 높이기 원한다면 다른 사람을 높여라.

🔖 **linger :** 통 남다, 오래 머물다

　　Ex After a great weekend, the positive feeling **lingered** all week.
　　즐거운 주말 이후, 긍정적인 감정이 일주일 내내 남아있었다.

명언 다시 쓰기
명언을 소리 내어 읽어 보고 단계별로 써 보세요.

친절한 말은

✏

우리의 기운을 북돋아 줄 뿐만 아니라

✏

그 말을 듣는 순간

✏

그것들은 오랫동안 우리 곁에 남을 수 있다

✏

"친절한 말은 그 말을 듣는 순간 우리의 기운을 북돋아 줄 뿐만 아니라 오랫동안 우리 곁에 남을 수 있다."

✏

Never look back unless you are planning to go that way.

그 길을 가려는 계획이 없는 한 되돌아보지 마라.

- Henry David Thoreau -

 주어와 동사 찾기

명언을 읽고 해석해 보고, 영어 문장 속 주어와 동사를 적어 보세요.

(   )

(주어 생략) 당신은   (동사) 절대 되돌아보지 마라

unless you are planning to go that way.

당신이 그 길을 가겠다고 계획하지 않는 한

 구문 알기

명언 속 핵심 문법을 통해 명언을 자세히 이해해 보세요.

🔖 **never** look back

절대 되돌아보지 마라

→ 부정 명령문은 '~하지 마라'라는 뜻으로 [Don't + 동사원형]이나 [Never + 동사원형] 형태로 쓰이는데, never가 부정의 의미를 좀 더 강조합니다.

🔖 **unless** you are planning to go that way

당신이 그 길을 갈 계획이 아닌 한

→ unless는 if와 not의 의미를 내포하는 접속사로 if ~ not을 대신해서 조건문에서 쓸 수 있으며, '~하지 않는 한, ~이 아닌 한'으로 해석합니다.

단어·숙어 알기

명언에 나온 단어와 숙어를 익혀 보세요.

🔖 **look back :** (과거를) 되돌아보다

　EX Don't **look back** and walk straight.

　　뒤돌아보지 말고 똑바로 걸어가라.

🔖 **plan :** 동 계획하다　　명 계획

　EX Everything went exactly as **planned**.

　　모든 일이 정확히 계획한대로 진행되었다.

　EX A goal without a **plan** is just a wish. (Antoine de Saint-Exupéry)

　　계획 없는 목표는 한낱 꿈에 불과하다.

명언 다시 쓰기

명언을 소리 내어 읽어 보고 단계별로 써 보세요.

절대 되돌아보지 마라
✏️
당신이 계획하지 않는 한
✏️
그 길을 가겠다고
✏️
"그 길을 가려는 계획이 없는 한 되돌아보지 마라."
✏️

Success isn't about the end result, it's about what you learn along the way.

성공은 최종 결과에 관한 것이 아니라, 그 과정에서 배우는 것에 관한 것이다.

- Vera Wang -

주어와 동사 찾기

명언을 읽고 해석해 보고, 영어 문장 속 주어와 동사를 적어 보세요.

		about the end result,
(주어) 성공은	(동사) 아니다	최종 결과에 관한 것이

		about what you learn along the way.
(주어) 그것은 (동사) 이다		그 과정에서 당신이 배우는 것에 관한 것

구문 알기

명언 속 핵심 문법을 통해 명언을 자세히 이해해 보세요.

◾ **success** isn't about the end result

성공은 최종 결과에 관한 것이 아니다

→ 영어는 가산명사(셀 수 있는 명사)와 불가산명사(셀 수 없는 명사)를 구분하는 것이 중요합니다. success는 '성공'이라는 관념적인 뜻을 가진 추상명사로, 앞에 부정관사나 정관사를 붙이지 않으며, 불가산명사 취급하므로 복수형으로도 쓰지 않습니다. 참고로 불가산명사에는 사람 이름이나 국가명과 같이 세상에 하나뿐인 것을 나타내는 고유명사와, love, wisdom처럼 추상적인 관념을 나타내는 추상명사, 일정한 형태가 없는 water, gold 등과 같은 물질명사가 있습니다.

단어·숙어 알기

명언에 나온 단어와 숙어를 익혀 보세요.

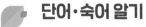

🔖 **end result :** 🅜 최종 결과

> EX Change is the **end result** of all true learning. (Leo Buscaglia)
> 변화는 모든 진정한 배움의 최종 결과이다.

🔖 **along the way :** 그 과정에서

> EX I was able to meet a variety of people **along the way**.
> 나는 그 과정에서 다양한 사람들을 만날 수 있었다.

명언 다시 쓰기

명언을 소리 내어 읽어 보고 단계별로 써 보세요.

성공은 최종 결과에 관한 것이 아니다

✎

그것은 당신이 배우는 것에 관한 것이다

✎

그 과정에서

✎

"성공은 최종 결과에 관한 것이 아니라, 그 과정에서 배우는 것에 관한 것이다."

✎

Imagination will often carry us to worlds that never were.
But without it we go nowhere.

상상은 종종 우리를 존재하지 않았던 세상으로 데려갈 것이다.
하지만 그것이 없다면 우리는 아무 데도 가지 못한다.

— Carl Sagan —

주어와 동사 찾기

명언을 읽고 해석해 보고, 영어 문장 속 주어와 동사를 적어 보세요.

		us to worlds that never were.
(주어) 상상은	(동사) 종종 데려갈 것이다	우리를 존재하지 않았던 세상으로

But without it ☐ ☐ **nowhere.**

하지만 그것이 없다면　(주어) 우리는 (동사) 간다　아무 데도 아닌 곳으로

구문 알기

명언 속 핵심 문법을 통해 명언을 자세히 이해해 보세요.

● imagination will often carry us

상상은 종종 우리를 데려갈 것이다

→ '종종, 자주'라는 의미의 빈도부사 often이 조동사 will 뒤, 일반동사 carry 앞에 왔습니다. 빈도부사는 일반적으로 문장에서 be동사와 조동사의 뒤, 일반동사의 앞에 위치합니다. 빈도부사는 어떤 일이 얼마나 자주 일어나는지를 나타내는 말로, often 외에도 always, usually, sometimes, never 등이 있습니다.

◾ worlds [that never were]

[존재하지 않았던] 세상

→ 관계대명사 that이 이끄는 절이 선행사인 worlds를 꾸며 주고 있습니다. 즉, 형용사절이 명사를 수식하는 구조입니다. 이때 that은 주격 관계대명사로 쓰였으며, that절 안의 동사로 were가 온 것은 선행사 worlds에 동사의 수를 일치시켰기 때문입니다.

단어·숙어 알기
명언에 나온 단어와 숙어를 익혀 보세요.

◾ **imagination** : 똉 상상력

EX To invent, you need a good **imagination** and a pile of junk. (Thomas A. Edison)
발명하려면 뛰어난 상상력과 쓰레기 더미가 필요하다.

명언 다시 쓰기
명언을 소리 내어 읽어 보고 단계별로 써 보세요.

상상은 종종 우리를 데려갈 것이다

존재하지 않았던 세상으로

하지만 그것이 없다면

우리는 아무 데도 가지 못한다

"상상은 종종 우리를 존재하지 않았던 세상으로 데려갈 것이다. 하지만 그것이 없다면 우리는

아무 데도 가지 못한다."

The world and the universe are far more wonderful if there's not a puppet master.

꼭두각시를 조종하는 사람이 없다면 세상과 우주가 훨씬 더 멋지다.

– Dave Matthews –

주어와 동사 찾기

명언을 읽고 해석해 보고, 영어 문장 속 주어와 동사를 적어 보세요.

		far more wonderful
(주어) 세상과 우주는	(동사) 이다	훨씬 더 멋진

if there's not a puppet master.

꼭두각시를 조종하는 사람이 없다면

구문 알기

명언 속 핵심 문법을 통해 명언을 자세히 이해해 보세요.

📎 the world and the universe are far more wonderful

세상과 우주가 훨씬 더 멋지다

→ 부사 much, even, still, far, a lot 등은 비교급을 수식하여 '훨씬'이라는 의미로 쓰입니다. 이 문장에서는 far가 more wonderful을 강조하여 '훨씬 더 멋진'이라는 의미가 되었습니다. 참고로 비교급이 아닌 원급 형용사를 강조할 때는 so나 very 등을 씁니다.

📎 if there's not a puppet master

꼭두각시를 조종하는 사람이 없다면

→ there is 구문은 [there + be동사 + 주어]의 어순으로 쓰며 '~이 있다'라고 해석합니다. 이때 there에 특별한 의미가 있는 것은 아니고 '존재'의 의미를 강조하기 위해 쓰는 유도부사입니다. 이 문장의 주어는 a puppet master이고, 이에 따라 동사 is가 쓰였습니다. 이처럼 유도부사가 이끄는 문장에서는 뒤에 나오는 주어에 동사의 수를 일치시킵니다. 주어가 복수형이면 be동사도 복수형(are/were)을 씁니다.

단어·숙어 알기
명언에 나온 단어와 숙어를 익혀 보세요.

◧ **universe :** 몡 우주, 은하계

EX Dad always says there is intelligent life somewhere in the **universe**.

아빠는 항상 우주 어딘가에 지적인 생명체가 있다고 말씀하신다.

명언 다시 쓰기
명언을 소리 내어 읽어 보고 단계별로 써 보세요.

세상과 우주는

✎

훨씬 더 멋지다

✎

꼭두각시를 조종하는 사람이 없다면

✎

"꼭두각시를 조종하는 사람이 없다면 세상과 우주가 훨씬 더 멋지다."

✎

Those who occupy their minds with small matters, generally become incapable of greatness.

사소한 문제에 정신을 쏟는 사람들은 일반적으로 큰일을 할 수 없게 된다.

- Francois de La Rochefoucauld -

 주어와 동사 찾기
명언을 읽고 해석해 보고, 영어 문장 속 주어와 동사를 적어 보세요.

(주어) 사소한 문제에 정신을 쏟는 사람들은

generally [   ] **incapable of greatness.**

일반적으로   (동사) 된다   큰일을 할 수 없는

 구문 알기
명언 속 핵심 문법을 통해 명언을 자세히 이해해 보세요.

🍃 those [who occupy their minds with small matters]

[사소한 문제에 정신을 쏟는] 사람들

→ [those + who가 이끄는 관계대명사절]은 '~하는 사람들'이라는 의미로 자주 쓰이는 표현입니다. 지시대명사인 those는 that의 복수형으로 '저것들', '저 사람들'이라는 의미로 사물이나 사람을 가리킵니다. 여기서는 관계대명사절의 수식을 받는 선행사로 쓰여 불특정한 사람들을 가리키고 있습니다. Heaven helps **those who** help themselves.(하늘은 스스로 돕는 자를 돕는다.)와 같은 문장에는 이러한 쓰임이 잘 드러나 있습니다.

- become **incapable of** greatness

  큰일을 할 능력을 잃게 되다

  → [incapable of]는 '~을 할 수 없는'의 의미로 [capable of]의 반의어입니다. 비슷한 표현으로 [unable + to부정사]가 있습니다.

단어·숙어 알기
명언에 나온 단어와 숙어를 익혀 보세요.

- **occupy** : 등 ~을 차지하다, 점령하다, 바쁘게 하다

  EX The house hasn't been **occupied** for about a decade.

  그 집은 약 10년 동안 사람이 살지 않았다.

명언 다시 쓰기
명언을 소리 내어 읽어 보고 단계별로 써 보세요.

정신을 쏟는 사람들은

✎

사소한 문제에

✎

일반적으로 큰일을 할 수 없게 된다

✎

"사소한 문제에 정신을 쏟는 사람들은 일반적으로 큰일을 할 수 없게 된다."

✎

Growth is painful. Change is painful. But, nothing is as painful as staying stuck where you do not belong.

성장은 고통스럽다. 변화도 고통스럽다. 하지만 당신이 속하지 않는 곳에 갇혀 있는 것만큼 고통스러운 것은 없다.

– N.R. Narayana Murthy –

주어와 동사 찾기

명언을 읽고 해석해 보고, 영어 문장 속 주어와 동사를 적어 보세요.

[   ] [   ] **painful.** [   ] [   ] **painful.**

(주어) 성장은　(동사) 이다　고통스러운　(주어) 변화는　(동사) 이다　고통스러운

But, [   ] [   ] **as painful as staying stuck**

하지만　(주어) 아무것도 ~ 않다　(동사) 이다　갇혀 있는 것만큼 고통스러운

where you do not belong.

당신이 속하지 않는 곳에

구문 알기

명언 속 핵심 문법을 통해 명언을 자세히 이해해 보세요.

🔖 nothing is as painful as staying stuck

갇혀 있는 것만큼 고통스러운 것은 없다

→ '~만큼 …한'이라는 뜻의 [as + 형용사/부사 + as + 비교 대상]은 가장 대표적인 원급 비교 구문으로 비교 대상의 동등함을 나타냅니다. 형용사나 부사의 기본형이 쓰여서 원급 비교라고 합니다.

EX She is **as tall as** her mom. 그녀는 그녀의 엄마만큼 키가 크다.

EX He runs **as fast as** I do. 그는 나만큼 빨리 달린다.

- staying stuck (the place) [where you do not belong]

[당신이 속하지 않는 곳에] 갇혀 있는 것

→ 이 문장에서 where는 장소의 관계부사로 선행사가 일반적인 장소를 나타내면 그 선행사를 생략할 수 있습니다. 따라서 여기서도 일반적인 장소를 의미하는 선행사 the place가 생략된 것으로 볼 수 있으며, where 이하가 '내가 속하지 않는 곳에'라는 의미를 전달하고 있습니다.

단어·숙어 알기
명언에 나온 단어와 숙어를 익혀 보세요.

- **stay stuck :** 막혀 있다, 고여 있다

  EX He **stayed stuck** in his past glory.

  그는 과거의 영광에 갇혀 있었다.

명언 다시 쓰기
명언을 소리 내어 읽어 보고 단계별로 써 보세요.

성장은 고통스럽다
✎
변화는 고통스럽다
✎
하지만 갇혀 있는 것만큼 고통스러운 것은 없다
✎
당신이 속하지 않는 곳에
✎
"성장은 고통스럽다. 변화도 고통스럽다. 하지만 당신이 속하지 않는 곳에 갇혀 있는 것만큼 고통스러운 것은 없다."
✎

Focus on the journey, not the destination. Joy is found not in finishing an activity but in doing it.

목적지가 아니라 여행에 집중해라. 기쁨은 어떤 활동을 끝내는 것이 아니라 그것을 하는 과정에서 발견된다.

– Greg Anderson –

 ## 주어와 동사 찾기

명언을 읽고 해석해 보고, 영어 문장 속 주어와 동사를 적어 보세요.

(⬚) ⬚ **on the journey, not the destination.**

(주어 생략) 당신은   (동사) 집중해라   목적지가 아니라 여행에

⬚ ⬚ **not in finishing an activity but in doing it.**

(주어) 기쁨은   (동사) 발견된다   어떤 활동을 끝내는 것이 아니라 그것을 하는 과정에서

 ## 구문 알기

명언 속 핵심 문법을 통해 명언을 자세히 이해해 보세요.

joy **is found**

기쁨은 발견된다

→ 동사가 is found, 즉 [be동사 + 과거분사] 형태이므로 수동태 구문임을 알 수 있습니다. 수동태는 주어가 어떤 동작의 대상이 되어 그 작용을 받음을 나타내며, 보통 [be동사 + 과거분사 + by + 목적격]의 어순으로 씁니다. 이때, 행위의 주체가 구체적이지 않거나 말하지 않아도 누구나 알 만한 상황이라면 여기서처럼 [by + 목적격]을 생략하기도 합니다.

■ **not** in finishing an activity **but** in doing it

어떤 활동을 끝내는 것이 아니라 하는 과정에서

→ [not A but B]는 'A가 아니라 B'라는 의미의 상관접속사로 A와 B가 병렬 구조를 이루어야 합니다.
여기서는 A와 B의 자리에 각각 in으로 시작하는 전치사구가 왔습니다.

단어·숙어 알기
명언에 나온 단어와 숙어를 익혀 보세요.

■ **destination :** 몡 목적지

EX Sometimes it's the journey that teaches you a lot about your **destination**.
(Drake)
때로는 여정 그 자체가 목적지에 대해 많은 것을 가르쳐 준다.

명언 다시 쓰기
명언을 소리 내어 읽어 보고 단계별로 써 보세요.

여행에 집중해라
✐
목적지가 아니라
✐
기쁨은 발견된다
✐
어떤 활동을 끝내는 것이 아니라 그것을 하는 과정에서
✐
"목적지가 아니라 여행에 집중해라. 기쁨은 어떤 활동을 끝내는 것이 아니라 그것을 하는 과정에서 발견된다."
✐

One can never consent to creep when one feels an impulse to soar.

사람은 날아오르고 싶은 충동을 느낄 때 기어가는 것에 결코 동의할 수 없다.

– Helen Keller –

 주어와 동사 찾기

명언을 읽고 해석해 보고, 영어 문장 속 주어와 동사를 적어 보세요.

		to creep
(주어) 사람은	(동사) 결코 동의할 수 없다	기어가는 것을

when one feels an impulse to soar.

날아오르고 싶은 충동을 느낄 때

 구문 알기

명언 속 핵심 문법을 통해 명언을 자세히 이해해 보세요.

◈ one can never consent to creep

사람은 기어가는 것에 결코 동의할 수 없다

→ 동사 consent는 [consent + to부정사]나 [consent + 전치사(to) + 명사] 형태로 쓰여 '~에 동의하다'라는 의미가 됩니다. consent와 같이 to부정사를 목적어로 취하는 대표적인 동사에는 want, wish, hope, decide, manage, plan, propose, refuse 등이 있습니다. 이들은 미래지향적인 동사들로 뒤에 to부정사를 써서 주로 나중에 일어날 일을 나타냅니다.

◈ when one feels an impulse [to soar]

사람이 [날아오르고 싶은] 충동을 느낄 때

→ '~할 때'라는 뜻으로 쓰인 when은 시간의 부사절을 이끄는 대표적인 접속사입니다. 시간의 부사절을 이끄는 접속사에는 while(~하는 동안), before(~ 전에), after(~ 후에), until(~까지), as soon as (~하자마자) 등이 있습니다. 문장 뒤의 to soar는 앞에 온 impulse(충동)를 수식하는 to부정사의 형용사적 용법으로 '날아오르는, 날아오르고 싶은'이라고 해석합니다.

단어·숙어 알기
명언에 나온 단어와 숙어를 익혀 보세요.

impulse : 몡 충동, 충격

EX All these primary **impulses**, not easily described in words, are the springs of man's actions. (Albert Einstein)
말로 묘사하기 어려운 이 모든 주요 충동들은 인간 행동의 원천이다.

명언 다시 쓰기
명언을 소리 내어 읽어 보고 단계별로 써 보세요.

사람은 결코 동의할 수 없다
✎

기어가는 것에
✎

사람이 충동을 느낄 때
✎

날아오르고 싶은 (충동)
✎

"사람은 날아오르고 싶은 충동을 느낄 때 기어가는 것에 결코 동의할 수 없다."
✎

Prejudices are the chains forged by ignorance to keep men apart.

편견은 사람들을 갈라놓기 위해 무지함으로 만든 사슬이다.

- Marguerite Gardiner -

 ## 주어와 동사 찾기
명언을 읽고 해석해 보고, 영어 문장 속 주어와 동사를 적어 보세요.

		the chains forged by ignorance
(주어) 편견은	(동사) 이다	무지함으로 만든 사슬

to keep men apart.

사람들을 갈라놓기 위해

 ## 구문 알기
명언 속 핵심 문법을 통해 명언을 자세히 이해해 보세요.

▨ the chains [forged by ignorance]

[무지함으로 만든] 사슬

→ 이 문장은 과거분사구가 선행사 chains(사슬)를 수식하고 있는 구조로, 사슬이 스스로 '구축한' 것이 아니라 '구축된' 것이므로 동사 forge의 과거분사 forged가 쓰였습니다. the chains 뒤에는 which are 또는 that are와 같은 관계대명사와 be동사가 생략되었습니다. [주격 관계대명사 + be동사 + 분사] 형태에서는 관계대명사와 be동사를 함께 생략할 수 있습니다.

▨ to keep men apart

사람들을 갈라놓기 위해

→ to keep 이하는 목적을 나타내는 to부정사의 부사적 용법으로 '사람들을 갈라놓기 위해'라고 해석합니다. 참고로 to부정사 대신에 [in order to + 동사원형]을 쓰면 목적의 의미를 더 정확히 전달할 수 있습니다.

단어·숙어 알기

명언에 나온 단어와 숙어를 익혀 보세요.

📄 **prejudice :** 몡 편견

> Ex I want to be a person who has no **prejudice** or stereotypes even when
> I get older.
>
> 나이가 들어도 편견이나 고정관념이 없는 사람이 되고 싶다.

📄 **ignorance :** 몡 무지, 무식

> Ex Discussion is an exchange of knowledge; an argument is an exchange
> of **ignorance.** (Robert Quillen)
>
> 토론은 지식의 교환이며, 논쟁은 무지의 교환이다.

명언 다시 쓰기

명언을 소리 내어 읽어 보고 단계별로 써 보세요.

편견은 사슬이다

✎

무지함으로 만든 (사슬)

✎

사람들을 갈라놓기 위해

✎

"편견은 사람들을 갈라놓기 위해 무지함으로 만든 사슬이다."

✎

Integrity is doing the right thing, even when no one is watching.

청렴은 심지어 아무도 보고 있지 않을 때에도 옳은 일을 하는 것이다.

- C. S. Lewis -

 주어와 동사 찾기

명언을 읽고 해석해 보고, 영어 문장 속 주어와 동사를 적어 보세요.

		doing the right thing,
(주어) 청렴은	(동사) 이다	옳은 일을 하는 것

even when no one is watching.

심지어 아무도 보고 있지 않을 때에도

 구문 알기

명언 속 핵심 문법을 통해 명언을 자세히 이해해 보세요.

🔖 integrity is doing the right thing

청렴은 옳은 일을 하는 것이다

→ 동명사(~하는 것)와 현재분사(~하는 중인)는 둘 다 [동사원형 + -ing]로 형태가 같습니다. 따라서 이 문장에서 doing이 동명사인지 현재분사인지 판단하려면 일단 전체 의미를 파악해야 합니다. '청렴이 옳은 일을 하고 있는 중이다'는 어색하므로 '청렴은 옳은 일은 하는 것이다'라고 해석하는 것이 적절합니다. 따라서 doing이 동명사로 쓰였으며, doing 이하가 주어 integrity의 보어 역할을 하고 있음을 알 수 있습니다.

◗ **even** when no one is watching

심지어 아무도 보지 않을 때도

→ 부사 even은 의외의 상황이나, 기대 또는 예상보다 더한 상황을 나타낼 때 씁니다. '심지어 ~조차도,
~까지도'라고 해석하며, 뒤에 나오는 단어, 구, 절 등의 의미를 강조하는 역할을 합니다. 참고로, even이
형용사로 쓰이면 '평평한, 고른'이라는 뜻이 됩니다.

단어·숙어 알기
명언에 나온 단어와 숙어를 익혀 보세요.

◗ **integrity :** 명 청렴, 고결, 무결

EX Honesty and **integrity** are important qualities to become prime minister.
정직과 청렴은 총리가 되는 데 중요한 자질이다.

명언 다시 쓰기
명언을 소리 내어 읽어 보고 단계별로 써 보세요.

청렴은

✎

옳은 일을 하는 것이다

✎

심지어 아무도 보고 있지 않을 때에도

✎

"청렴은 심지어 아무도 보고 있지 않을 때에도 옳은 일을 하는 것이다."

✎

Real happiness is cheap enough, yet how dearly we pay for its counterfeit.

진정한 행복은 충분히 저렴하지만, 우리는 그 모조품에 얼마나 값비싼 대가를 치르는가.

- Hosea Ballou -

 ## 주어와 동사 찾기

명언을 읽고 해석해 보고, 영어 문장 속 주어와 동사를 적어 보세요.

		cheap enough,
(주어) 진정한 행복은	(동사) 이다	충분히 저렴한

yet how dearly [ ] [ ] **for its counterfeit.**

하지만 얼마나 비싸게 　(주어) 우리는 (동사) 값을 치른다　그 모조품에

 ## 구문 알기

명언 속 핵심 문법을 통해 명언을 자세히 이해해 보세요.

🍃 real happiness is cheap enough

진정한 행복은 충분히 저렴하다

→ enough는 부사로 쓰면 '충분히'라는 의미입니다. 그런데 so, very 등과 같은 일반적인 강조 부사들이 형용사나 부사 앞에 오는 것과 다르게 [형용사/부사 + enough] 형태로 뒤에서 그 의미를 강조합니다. 예를 들면, The sofa was not expensive but **comfortable enough**.(그 소파는 비싸지 않았지만 충분히 편안했다.)와 같이 사용됩니다.

🍃 yet how dearly we pay for its counterfeit

하지만 우리는 그 모조품에 얼마나 값비싼 대가를 치르는가

264

→ 접속사 yet은 but처럼 '하지만, 그렇지만'으로 해석합니다. [how + 형용사/부사 + 주어 + 동사] 형태에서 how는 '정도'를 나타내며 '얼마나 ~하는지'로 해석할 수 있습니다. 여기서 dearly는 '애정을 가지고'라는 의미가 아닌 '값비싼, 고가로'라는 의미로 쓰였습니다.

단어·숙어 알기
명언에 나온 단어와 숙어를 익혀 보세요.

- **pay for :** ~에 대해 지불하다

  EX Can I **pay for** these items by credit card?

  이 물건들을 신용카드로 결제할 수 있나요?

- **counterfeit :** 몡 위조품, 가짜 혱 위조의, 거짓의

  EX The police found out that the antique was a **counterfeit**.

  경찰은 그 골동품이 위조품이라는 것을 알아냈다.

명언 다시 쓰기
명언을 소리 내어 읽어 보고 단계별로 써 보세요.

진정한 행복은

✎

충분히 저렴하다

✎

하지만 우리는 얼마나 값비싼 대가를 치르는가

✎

그 모조품에

✎

"진정한 행복은 충분히 저렴하지만, 우리는 그 모조품에 얼마나 값비싼 대가를 치르는가."

✎

The difference between something good and something great is attention to detail.

좋은 것과 위대한 것의 차이는 세부 사항에 대한 관심이다.

- Charles R. Swindoll -

 주어와 동사 찾기

명언을 읽고 해석해 보고, 영어 문장 속 주어와 동사를 적어 보세요.

_____

(주어) 좋은 것과 위대한 것의 차이는

☐ **attention to detail.**

(동사) 이다   세부 사항에 대한 관심

 구문 알기

명언 속 핵심 문법을 통해 명언을 자세히 이해해 보세요.

 the difference between something good **and** something great

좋은 것과 위대한 것의 차이

→ [the difference between A and B]는 'A와 B의 차이'라고 해석합니다. between은 '~ 사이에' 라는 의미의 전치사로 명확한 '두 대상의 사이'를 나타냅니다. 전치사 among 역시 같은 뜻으로 쓰이지 만 명확하지 않은 '셋 이상의 사이'를 나타낸다는 점이 다릅니다.

something good / **something great**

좋은 것 / 위대한 것

→ something, nothing, everything, anything과 같이 -thing으로 끝나는 대명사의 경우에는 형용사

가 뒤에 옵니다. 그 이유를 something으로 예를 들어 살펴보면, something은 명사 앞에서 수량이나 소유관계, 순서 등을 나타내는 '한정사' some(어떤, 약간)과 '명사' thing(것)이 결합된 단어로 그 사이에 형용사가 들어갈 수 없어졌습니다. 그래서 '특별한 어떤 것'이라고 말할 때 some special thing이 아니라 something special이라고 표현하는 것입니다.

단어·숙어 알기
명언에 나온 단어와 숙어를 익혀 보세요.

🔖 **attention :** 명 주의, 관심, 주목

EX When the people we love stop paying **attention**, trust begins to slip away and hurt starts seeping in. (Brené Brown)

우리가 사랑하는 사람들이 관심을 기울이는 것을 그만둘 때, 신뢰는 슬그머니 사라지기 시작하고 상처가 스며들기 시작한다.

명언 다시 쓰기
명언을 소리 내어 읽어 보고 단계별로 써 보세요.

좋은 것과 위대한 것의 차이는

✎

세부 사항에 대한 관심이다

✎

"좋은 것과 위대한 것의 차이는 세부 사항에 대한 관심이다."

✎

Success consists of going from failure to failure without loss of enthusiasm.

성공은 열정을 잃지 않고 실패에서 실패로 가는 것으로 이루어져 있다.

- Winston Churchill -

주어와 동사 찾기
명언을 읽고 해석해 보고, 영어 문장 속 주어와 동사를 적어 보세요.

		of going from failure to failure
(주어) 성공은	(동사) 이루어져 있다	실패에서 실패로 가는 것으로

without loss of enthusiasm.

열정을 잃지 않고

구문 알기
명언 속 핵심 문법을 통해 명언을 자세히 이해해 보세요.

◾ success consists of going from failure to failure

성공은 실패에서 실패로 가는 것으로 이루어져 있다

→ consist는 자동사로 바로 뒤에 목적어를 취할 수 없습니다. 하지만 전치사 of와 함께 쓰여 [consist of], 즉 [자동사 + 전치사] 형태가 되면 '~로 구성되다, ~로 이루어지다'라는 의미가 되어 목적어를 취할 수 있습니다. 이렇게 쓰이는 자동사들은 전치사와 함께 한 덩어리로 외워 두는 것이 좋습니다.

- look for : ~을 찾다
- wait for : ~을 기다리다
- depend on : ~에 의존하다
- participate in : ~에 참여하다
- arrive at : ~에 도착하다
- respond to : ~에 응답하다
- insist on : ~을 주장하다
- speak to, talk to : ~에게 말하다

단어·숙어 알기

명언에 나온 단어와 숙어를 익혀 보세요.

- **loss :** 뗑 손실, 분실, 상실감

  ㏀ I'm afraid of the **loss** I'll feel when my daughter leaves me.

  나는 내 딸이 나를 떠나갈 때 느끼게 될 상실감이 두렵다.

- **enthusiasm :** 뗑 열정, 열의

  ㏀ Nothing great was ever achieved without **enthusiasm**.

  (Ralph Waldo Emerson)

  위대한 어떤 일이 열정 없이 이루어진 적은 없었다.

명언 다시 쓰기

명언을 소리 내어 읽어 보고 단계별로 써 보세요.

성공은 이루어져 있다

실패에서 실패로 가는 것으로

열정을 잃지 않고

"성공은 열정을 잃지 않고 실패에서 실패로 가는 것으로 이루어져 있다."

That some achieve great success, is proof to all that others can achieve it as well.

어떤 이들이 엄청난 성공을 거둔다는 것은, 다른 사람들도 마찬가지로 성공을 거둘 수 있다는 모두를 향한 증거이다.

- Abraham Lincoln -

주어와 동사 찾기

명언을 읽고 해석해 보고, 영어 문장 속 주어와 동사를 적어 보세요.

	,

(주어) 어떤 이들이 엄청난 성공을 거둔다는 것은 　　　　　　　　　　　　　　(동사) 이다

proof to all that others can achieve it as well.

다른 사람들도 마찬가지로 성공을 거둘 수 있다는 모두를 향한 증거

구문 알기

명언 속 핵심 문법을 통해 명언을 자세히 이해해 보세요.

🔖 **that some achieve great success, is proof**

어떤 이들이 엄청난 성공을 거둔다는 것은 증거이다

→ 선행사가 없으므로 that은 관계대명사가 아니며, '저것'이라는 의미도 어색하므로 지시대명사도 아닙니다. 여기서는 that이 명사절 접속사로 쓰여, '어떤 이들이 엄청난 성공을 거둔다는 것'이라는 의미로 that 이하가 전체 문장의 주어 역할을 하고 있습니다. 참고로 [that + 주어 + 동사] 형태의 명사절은 문장에서 주어, 보어, 또는 목적어 역할을 하는데, 주어와 보어로 쓰일 때는 that을 생략할 수 없습니다. 참고로, 이 문장에서 주어와 동사 사이에 콤마(,)가 사용되었는데, 주어가 길고 복잡한 경우 이해를 돕기 위해 주어와 동사 사이에 콤마(,)를 사용하기도 합니다. 하지만 오늘날 표준 영어에서는 거의 사용하지 않습니다.

- **proof** to all [that others can achieve it as well]

[다른 사람들도 마찬가지로 성공을 거둘 수 있다는] 모두를 향한 증거

→ proof, fact, idea, rumor, belief와 같은 추상명사 뒤에는 접속사 that이 이끄는 명사절이 와서 그 내용을 구체적으로 설명해 주기도 하는데, 이를 동격의 that절이라고 합니다. 이때의 that은 생략할 수 없습니다.

단어·숙어 알기
명언에 나온 단어와 숙어를 익혀 보세요.

- **achieve :** ⑤ 달성하다, 성취하다, ~을 해내다

  EX Those who dare to fail miserably can **achieve** greatly. (John F. Kennedy)
  비참하게 실패할 용기가 있는 자가 크게 성취할 수 있다.

명언 다시 쓰기
명언을 소리 내어 읽어 보고 단계별로 써 보세요.

어떤 이들이 엄청난 성공을 거둔다는 것은

🖉

모두를 향한 증거이다

🖉

다른 사람들도 마찬가지로 성공을 거둘 수 있다는

🖉

"어떤 이들이 엄청난 성공을 거둔다는 것은 다른 사람들도 마찬가지로 성공을 거둘 수 있다는

모두를 향한 증거이다."

🖉

Accept the challenges so that you can feel the exhilaration of victory.

승리의 쾌감을 느낄 수 있도록 도전을 받아들여라.

- George S. Patton -

 주어와 동사 찾기

명언을 읽고 해석해 보고, 영어 문장 속 주어와 동사를 적어 보세요.

(   )   **the challenges**

(주어 생략) 당신은   (동사) 받아들여라   도전을

so that you can feel the exhilaration of victory.

당신이 승리의 쾌감을 느낄 수 있도록

 구문 알기

명언 속 핵심 문법을 통해 명언을 자세히 이해해 보세요.

◗ **so that** you can feel [the exhilaration of victory]

[승리의 쾌감을] 느낄 수 있도록

→ so that은 '~하기 위해서, ~하도록'이라는 뜻의 목적을 나타내는 접속사로 조동사 can과 함께 쓰는 경우가 많습니다. 같은 의미인 in order that은 주로 격식체에 사용됩니다. so that절의 주어가 주절과 같으면, so that 이하를 to부정사의 부사적 용법(목적)으로 바꿔서 표현할 수도 있습니다. 따라서 **so that you can feel** the exhilaration of victory를 **to feel** the exhilaration of victory로 써도 같은 뜻입니다.

272

단어·숙어 알기
명언에 나온 단어와 숙어를 익혀 보세요.

- **accept** : 통 받아들이다, 수락하다

  EX **Accept** the terrible responsibility of life with eyes wide open.

  (Jordan Peterson)

  눈을 크게 뜨고 인생의 지독한 책임을 받아들여라.

- **exhilaration** : 명 쾌감, 흥분감

  EX The audience left the concert hall with the **exhilaration** of the performance.

  관객들은 공연의 흥겨움을 안고 공연장을 떠났다.

명언 다시 쓰기
명언을 소리 내어 읽어 보고 단계별로 써 보세요.

도전을 받아들여라

✐

당신이 느낄 수 있도록

✐

승리의 쾌감을

✐

"승리의 쾌감을 느낄 수 있도록 도전을 받아들여라."

✐

A good listener is not only popular everywhere, but after a while, he knows something.

경청하는 사람은 어디에서나 인기가 있을 뿐만 아니라, 시간이 지나면 무언가를 알게 된다.

– Wilson Mizner –

주어와 동사 찾기

명언을 읽고 해석해 보고, 영어 문장 속 주어와 동사를 적어 보세요.

		not only popular everywhere,
(주어) 경청하는 사람은	(동사) 이다	어디에서나 인기가 있을 뿐만 아니라

but after a while,   **something.**

시간이 지나면   (주어) 그는   (동사) 알게 된다   무언가를

구문 알기

명언 속 핵심 문법을 통해 명언을 자세히 이해해 보세요.

▶ **not only** popular everywhere, **but** after a while, he knows something

어디에서나 인기가 있을 뿐만 아니라 시간이 지나면 그는 무언가를 알게 된다

→ [**not only** A **but** (**also**) B]는 'A뿐만 아니라 B도'라는 의미로 but (also) 다음에는 더 강조하고 싶은 내용이 옵니다. 예를 들어, I'm good at **not only** singing **but also** dancing.(나는 노래를 잘할 뿐만 아니라 춤도 잘 춘다.)이라고 하면, '노래'를 잘하는 것보다 '춤'을 잘 춘다는 것을 더 강조합니다.

단어·숙어 알기
명언에 나온 단어와 숙어를 익혀 보세요.

🔖 **popular :** 형 인기 있는, 대중적인

EX Art should never try to be **popular**. (Oscar Wilde)

예술은 절대로 인기를 얻으려고 애써서는 안 된다.

🔖 **while :** 명 잠시, 잠깐   접 ~하는 동안

EX He only can stay here for a short **while**.

그는 잠시 동안만 이곳에 머무를 수 있다.

EX **While** waiting for the show to begin, we had a conversation.

공연 시작을 기다리는 동안, 우리는 대화를 나누었다.

명언 다시 쓰기
명언을 소리 내어 읽어 보고 단계별로 써 보세요.

경청하는 사람은

✎

어디에서나 인기가 있을 뿐만 아니라

✎

시간이 지나면

✎

그는 무언가를 알게 된다

✎

"경청하는 사람은 어디에서나 인기가 있을 뿐만 아니라, 시간이 지나면 무언가를 알게 된다."

✎

Notice that the stiffest tree is most easily cracked, while the bamboo or willow survives by bending with the wind.

가장 뻣뻣한 나무가 가장 쉽게 갈라지는 반면, 대나무나 버드나무는 바람에 휘어짐으로써
살아남는다는 것을 주목하라.

– Bruce Lee –

주어와 동사 찾기

명언을 읽고 해석해 보고, 영어 문장 속 주어와 동사를 적어 보세요.

( )   **that the stiffest tree is most easily cracked,**

(주어 생략) 당신은   (동사) 주목하라   가장 뻣뻣한 나무가 가장 쉽게 갈라진다는 것을

while   **by bending with the wind.**

반면에   (주어) 대나무와 버드나무는   (동사) 살아남는다   바람에 휘어짐으로써

구문 알기

명언 속 핵심 문법을 통해 명언을 자세히 이해해 보세요.

🍃 notice [that the stiffest tree is most easily cracked]

[가장 뻣뻣한 나무가 가장 쉽게 갈라진다는 것을] 주목하라

→ '주목하다'라는 의미의 동사 notice 다음에 주목할 내용, 즉 notice의 목적어를 명사절 접속사 that
이 이끌고 있습니다. crack은 타동사로 '~을 갈라지게 하다, 금이 가게 하다'라는 의미로 쓰이고, 주어
tree가 이 같은 동작을 받는 대상이기 때문에 that절의 동사는 is cracked로 수동태가 되었습니다.

- **while** the bamboo or willow survives **by bending** with the wind

반면에 대나무나 버드나무는 바람에 휘어짐으로써 살아남는다

→ while은 시간의 접속사로 '~하는 동안에'라는 의미와 대조의 접속사로 '반면에'라는 의미가 있습니다. 여기에서는 뻣뻣한 나무와 대나무, 버드나무를 비교하고 있으므로 '반면에'라는 뜻으로 쓰였습니다. [by + -ing]는 '~함으로써'로 해석하며, 수단과 방법을 나타냅니다.

 ## 단어·숙어 알기
명언에 나온 단어와 숙어를 익혀 보세요.

- **stiff** : 형 뻣뻣한, 뻑뻑한

  EX He needed a massage because his neck was **stiff**.

  그는 목이 뻣뻣해서 마사지가 필요했다.

 ## 명언 다시 쓰기
명언을 소리 내어 읽어 보고 단계별로 써 보세요.

주목하라

✎

가장 뻣뻣한 나무가 가장 쉽게 갈라진다는 것을

✎

반면에 대나무나 버드나무는 살아남는다

✎

바람에 휘어짐으로써

✎

"가장 뻣뻣한 나무가 가장 쉽게 갈라지는 반면, 대나무나 버드나무는 바람에 휘어짐으로써

살아남는다는 것을 주목하라."

✎

Setting goals is the first step in turning the invisible into the visible.

목표를 세우는 것은 보이지 않는 것을 보이는 것으로 바꾸는 첫 번째 단계이다.

– Tony Robbins –

주어와 동사 찾기

명언을 읽고 해석해 보고, 영어 문장 속 주어와 동사를 적어 보세요.

		the first step
(주어) 목표를 세우는 것은	(동사) 이다	첫 번째 단계

in turning the invisible into the visible.

보이지 않는 것을 보이는 것으로 바꾸는

구문 알기

명언 속 핵심 문법을 통해 명언을 자세히 이해해 보세요.

◼ setting goals is the first step

목표를 세우는 것은 첫 번째 단계이다

→ 주어 setting goals는 '목표를 세우는 것'이라는 의미로, 이때 setting은 동명사입니다. 이렇게 동명사 또는 동명사구가 주어일 때는 단수 취급하므로 단수 동사 is가 왔습니다.

◼ in turning the invisible into the visible

보이지 않는 것을 보이는 것으로 바꾸는

→ 추상적인 개념을 표현할 때 [the + 형용사]를 사용할 수 있습니다. 여기서도 형용사인 invisible(보이지 않는)과 visible(눈에 보이는) 앞에 the가 와서 '보이지 않는 것'과 '보이는 것'이라는 의미가 되었습니다. 참고로, [the + 형용사]는 the young(젊은 사람들), the poor(가난한 사람들)처럼 '~한 사람들'이라는 뜻으로도 쓰입니다.

단어·숙어 알기

명언에 나온 단어와 숙어를 익혀 보세요.

- **visible :** ⓗ 눈에 보이는, 가시적인 (↔ invisible 보이지 않는, 볼 수 없는)

    EX Actions are **visible**, though motives are secret. (Samuel Johnson)

    동기는 비밀이라 하더라도 행동은 눈에 보인다.

- **turn A into B :** A를 B가 되게 하다, A를 B로 바꾸다

    EX You can **turn** a crisis **into** an opportunity.

    당신은 위기를 기회로 바꿀 수 있다.

    EX The princess kissed the frog and **turned** him **into** a prince.

    공주는 개구리에게 키스를 했고 개구리를 왕자로 만들었다.

명언 다시 쓰기

명언을 소리 내어 읽어 보고 단계별로 써 보세요.

목표를 세우는 것은

첫 번째 단계이다

보이지 않는 것을 보이는 것으로 바꾸는

"목표를 세우는 것은 보이지 않는 것을 보이는 것으로 바꾸는 첫 번째 단계이다."

We are drowning in information but starved for knowledge.

우리는 정보에 빠져 죽어 가고 있지만 지식에는 굶주리고 있다.

– John Naisbitt –

 주어와 동사 찾기

명언을 읽고 해석해 보고, 영어 문장 속 주어와 동사를 적어 보세요.

| | | in information |

(주어) 우리는　　　　(동사) 빠져 죽어 가고 있다　　　　　정보에

but (**)** **for knowledge.**

하지만　(주어 생략) 우리는　　　(동사 일부 생략) 굶주리고 있다　　　지식에

 구문 알기

명언 속 핵심 문법을 통해 명언을 자세히 이해해 보세요.

🔖 **we are drowning** in information

우리는 정보에 빠져 죽어 가고 있다

→ 말하는 시점에 어떠한 행위가 일어나는 중임을 나타내는 현재진행 시제는 [be동사 + -ing]의 형태로 쓰며, 단순히 지금 눈앞에서 진행되고 있는 일뿐만 아니라 시야를 넓혀 현재의 근황이나 현상을 설명할 때도 사용합니다. 여기서는 drowning(물에 빠지는 중)이 눈앞에서 일어나는 일은 아니지만 현시대의 사회 현상을 이야기하기 위해 현재진행 시제를 쓴 것입니다.

🔖 We are drowning in information but starved for knowledge.

⌐⌐⌐ we are 생략

우리는 정보에 빠져 죽어 가고 있지만 지식에는 굶주리고 있다.

→ but은 앞에서 언급한 내용과 상반되는 의견을 나타내기 위해 쓰며 뒤에 오는 내용을 강조합니다. 또한 등위접속사로서 서로 대등한 것을 연결하여 병렬 구조를 이룹니다. 여기서는 앞에 주어와 동사가 있는 문장이 왔으므로 but 다음에도 주어와 동사가 있는 문장이 와야 하지만, 같은 말의 중복을 피하기 위해 but 뒤에 we are를 생략했습니다. [be starved for A]는 'A에 굶주리고 있다'라는 의미입니다.

 단어·숙어 알기
명언에 나온 단어와 숙어를 익혀 보세요.

🔖 **drown :** 잠기게 하다, 물에 빠져 죽다, 익사하다

EX You **drown** not by falling into a river, but by staying submerged in it.
(Paulo Coelho)
사람은 강에 빠져서가 아니라 강에 잠긴 채 가만히 있어서 죽는다.

 명언 다시 쓰기
명언을 소리 내어 읽어 보고 단계별로 써 보세요.

우리는 빠져 죽어 가고 있다

✎

정보에

✎

하지만 지식에는 굶주리고 있다

✎

"우리는 정보에 빠져 죽어 가고 있지만 지식에는 굶주리고 있다."

✎

Being healthy is the crown that only the sick can see. A lot of times, we take it for granted.

건강한 것은 아픈 사람만이 볼 수 있는 왕관이다. 많은 경우에, 우리는 그것을 당연하게 여긴다.

- Hasan Minhaj -

 주어와 동사 찾기

명언을 읽고 해석해 보고, 영어 문장 속 주어와 동사를 적어 보세요.

		the crown that only the sick can see.
(주어) 건강한 것은	(동사) 이다	아픈 사람만이 볼 수 있는 왕관

A lot of times, _____ _____ **it for granted.**

많은 경우에,　　(주어) 우리는　(동사) 여긴다　　그것을 당연한 것으로

 구문 알기

명언 속 핵심 문법을 통해 명언을 자세히 이해해 보세요.

🔹 Being healthy is the crown [that only the sick can see].

건강한 것은 [아픈 사람만이 볼 수 있는] 왕관이다.

→ '건강한'이라는 의미의 형용사 healthy를 '건강한 것'이라는 의미가 되게 하기 위해서 동명사구 being healthy로 만들었습니다. 보어 the crown(왕관)은 관계대명사 that이 이끄는 형용사절의 수식을 받고 있습니다. 이때 that은 목적격 관계대명사로 쓰였으며 which로 대신할 수 있습니다.

- A lot of times, we take it for granted.

많은 경우에, 우리는 그것을 당연하게 여긴다.

→ [take A for granted]는 'A를 당연하게 여기다'의 의미로 자주 쓰이는 표현입니다. 여기서 it은 앞 문장의 being healthy(건강한 것)를 대신하고 있습니다.

단어·숙어 알기
명언에 나온 단어와 숙어를 익혀 보세요.

- **a lot of times :** 많은 경우에

  EX **A lot of times**, even usable items are thrown away.

  많은 경우에, 아직 쓸 수 있는 물건들도 버려진다.

명언 다시 쓰기
명언을 소리 내어 읽어 보고 단계별로 써 보세요.

건강한 것은 왕관이다
✎
아픈 사람만이 볼 수 있는 (왕관)
✎
많은 경우에
✎
우리는 그것을 당연하게 여긴다
✎
"건강한 것은 아픈 사람만이 볼 수 있는 왕관이다. 많은 경우에, 우리는 그것을 당연하게 여긴다."
✎

The greater the difficulty, the more glory in surmounting it. Skillful pilots gain their reputation from storms and tempests.

어려움이 클수록 그것을 극복하는 영광도 크다. 숙련된 조종사는 폭풍과 폭풍우로부터 명성을 얻는다.

- Epictetus -

 ## 주어와 동사 찾기
명언을 읽고 해석해 보고, 영어 문장 속 주어와 동사를 적어 보세요.

The greater (( )),
더 클수록   (주어) 어려움이   (동사 생략) 이다

the more glory ( ) (**) in surmounting it.**
더 많은 영광을   (주어 생략) 당신은   (동사 생략) 얻는다   그것을 극복함에 있어

their reputation from storms and tempests.

(주어) 숙련된 조종사는   (동사) 얻는다   폭풍과 폭풍우로부터 명성을

 ## 구문 알기
명언 속 핵심 문법을 통해 명언을 자세히 이해해 보세요.

> The greater the difficulty, the more glory in surmounting it.

어려움이 클수록 그것을 극복하는 영광도 크다.

→ [the 비교급 + A, the 비교급 + B]는 'A할수록 더 B하다'는 뜻으로 일반적인 형태는 [the 비교급 + 주어 + 동사, the 비교급 + 주어 + 동사]이지만, [주어 + 동사]를 언급하지 않아도 의미가 통하면 위와 같이

간결하게 쓸 수도 있습니다. 이 문장의 생략된 부분을 복원해 보면, The greater the difficulty is, the more glory you gain in surmounting it. 정도가 됩니다.

■ **Skillful pilots gain their reputation from storms and tempests.**

숙련된 조종사는 폭풍과 폭풍우로부터 명성을 얻는다.

→ 동사 gain은 '~을 얻다, 획득하다'의 의미로 gain weight(체중이 늘다)와 같이 쓸 수 있습니다. [gain A from B]는 'B로부터 A를 얻다'라는 의미입니다.

단어·숙어 알기
명언에 나온 단어와 숙어를 익혀 보세요.

■ **surmount :** 동 ~에 오르다, 극복하다

EX They tried their best to **surmount** all obstacles and objections to them.

그들은 그들에 대한 모든 장애물과 반대를 극복하기 위해 최선을 다했다.

명언 다시 쓰기
명언을 소리 내어 읽어 보고 단계별로 써 보세요.

어려움이 클수록

그것을 극복하는 영광도 크다

숙련된 조종사는 명성을 얻는다

폭풍과 폭풍우로부터

"어려움이 클수록 그것을 극복하는 영광도 크다. 숙련된 조종사는 폭풍과 폭풍우로부터 명성을 얻는다."

The educated differ from the uneducated as much as the living from the dead.

교육받은 사람들은 산 사람들과 죽은 사람들의 차이만큼이나 교육받지 못한 사람들과 많이 다르다.

- Aristotle -

주어와 동사 찾기
명언을 읽고 해석해 보고, 영어 문장 속 주어와 동사를 적어 보세요.

		from the uneducated
(주어) 교육받은 사람들은	(동사) 다르다	교육받지 못한 사람들과

as much as the living from the dead.

산 사람들과 죽은 사람들의 차이만큼이나 많이

구문 알기
명언 속 핵심 문법을 통해 명언을 자세히 이해해 보세요.

◈ the educated differ from the uneducated / the living from the dead

교육받은 사람들은 교육받지 못한 사람들과 다르다 / 산 사람들과 죽은 사람들의 차이

→ [the + 형용사] 형태로 정관사 the와 형용사를 함께 쓰면 '~한 사람들'이라는 의미의 명사가 됩니다. 일종의 형용사의 명사화라고 할 수 있습니다. 예를 들어 the rich는 the rich people(부유한 사람들) 과 같은 뜻입니다. 따라서 [the + 형용사]가 주어로 오면 복수 명사로 취급하며 동사의 수도 여기에 일치시켜야 합니다.

● **as much as** the living from the dead

산 사람들과 죽은 사람들의 차이만큼이나 많이

→ as much as A는 'A만큼이나 많이'라는 의미로 자주 쓰이는 표현입니다. 예를 들어 My son eats **as much as** I do.(우리 아들은 나만큼 많이 먹는다.)와 같이 두 대상을 비교할 때 사용됩니다.

단어·숙어 알기
명언에 나온 단어와 숙어를 익혀 보세요.

● **differ from** : ~와 다르다

EX My views **differ from** those of my parents.

나의 견해는 부모님의 견해와 다르다.

명언 다시 쓰기
명언을 소리 내어 읽어 보고 단계별로 써 보세요.

교육받은 사람들은 다르다

✎

교육받지 못한 사람들과

✎

산 사람들과 죽은 사람들의 차이만큼이나 많이

✎

"교육받은 사람들은 산 사람들과 죽은 사람들의 차이만큼이나 교육받지 못한 사람들과 많이 다르다."

✎

Diversity and inclusion, which are the real grounds for creativity, must remain at the center of what we do.

창의성의 진정한 근간인 다양성과 포용력은 우리가 하는 일의 중심에 반드시 남아 있어야 한다.

– Marco Bizzarri –

 주어와 동사 찾기
명언을 읽고 해석해 보고, 영어 문장 속 주어와 동사를 적어 보세요.

[   ] **, which are the real grounds for creativity,**

(주어) 다양성과 포용력은   창의성의 진정한 근간인

[   ] **at the center of what we do.**

(동사) 반드시 남아 있어야 한다   우리가 하는 일의 중심에

 구문 알기
명언 속 핵심 문법을 통해 명언을 자세히 이해해 보세요.

🔖 diversity and inclusion, which are the real grounds for creativity

창의성의 진정한 근간인 다양성과 포용력

→ [,(콤마) + which]로 보아 관계대명사의 계속적 용법으로, 관계대명사절이 콤마 바로 앞의 명사나
구 또는 앞 문장 전체를 부연 설명합니다. 여기서는 마치 형용사가 명사를 앞에서 수식할 때처럼 which
이하를 '창의성의 진정한 근간인'으로 해석했지만, 문장이 길 경우 '다양성과 포용력은 창의성의 진정한
근간인데'와 같이 앞에서부터 순서대로 해석해 나가거나 콤마에서 적절히 끊어 해석해도 됩니다.

🔌 **must remain** [at the center of what we do]

[우리가 하는 일의 중심에] 남아 있어야 한다

→ [must + 동사원형]은 '반드시 ~해야 한다'의 뜻으로 강한 명령이나 의무를 나타낼 때 쓰입니다. 부정형은 must not을 줄여서 mustn't으로 쓰며, '~해서는 안 된다'로 강하게 금지할 때 쓰는 표현입니다. must 는 이외에도 She **must** be hungry.(그녀는 배가 고픈 것이 틀림없다.)에서와 같이 '~이 틀림없다'라는 뜻으로 강한 추측을 나타낼 때도 쓸 수 있습니다.

 ## 단어·숙어 알기
명언에 나온 단어와 숙어를 익혀 보세요.

🔌 **remain** : 동 (없어지지 않고) 남다, (계속) ~대로이다　명 나머지

　ᴇx All children are artists. The problem is how to **remain** an artist once he grows up.

　모든 어린이는 예술가이다. 문제는 성인이 되어서도 어떻게 예술가로 남느냐이다.

 ## 명언 다시 쓰기
명언을 소리 내어 읽어 보고 단계별로 써 보세요.

다양성과 포용력은

✐

창의성의 진정한 근간인

✐

반드시 남아 있어야 한다

✐

우리가 하는 일의 중심에

✐

"창의성의 진정한 근간인 다양성과 포용력은 우리가 하는 일의 중심에 반드시 남아 있어야 한다."

✐

Harmony makes small things grow; lack of it makes great things decay.

조화는 작은 것들을 자라게 하며, 조화의 결여는 위대한 것들을 썩게 한다.

- Sallust -

주어와 동사 찾기

명언을 읽고 해석해 보고, 영어 문장 속 주어와 동사를 적어 보세요.

		small things grow;
(주어) 조화는	(동사) 만든다	작은 것들을 자라게

		great things decay.
(주어) 그것의 결여는	(동사) 만든다	위대한 것들을 썩게

구문 알기

명언 속 핵심 문법을 통해 명언을 자세히 이해해 보세요.

🔖 Harmony makes small things grow; lack of it makes great things decay.

조화는 작은 것들을 자라게 하며, 조화의 결여는 위대한 것들을 썩게 한다.

→ 여기서 make는 사역동사로 '~하게 만들다'라는 의미로 해석됩니다. [사역동사 + 목적어(A) + 목적보어(B)]의 형태로 A가 B라는 행위를 하게 하는 동사가 바로 사역동사입니다. 이때 목적보어로는 동사원형을 쓰므로 여기서도 동사원형인 grow와 decay가 왔습니다. 사역동사에는 make 이외에도 have, let 등이 있으며, have는 '어떠한 책임을 맡겨서 시키는' 뉘앙스로 Mom **had** me **do** the dishes.(엄마는 나에게 설거지를 시키셨다.)와 같이 쓰입니다. let은 '직접 시키기보다는 무엇을 하도록 두는' 어감으로 Dad won't **let** me **travel** alone.(아빠는 나를 혼자 여행하게 두지 않으실 거야.)처럼 '허락'이나 '허가'의 뜻으로 쓰입니다.

단어·숙어 알기
명언에 나온 단어와 숙어를 익혀 보세요.

- **lack :** 명 부족, 결핍, 결여

  EX We're never in **lack** of money. We lack people with dreams, people who can die for those dreams. (Jack Ma)

  자금은 절대 부족하지 않다. 우리에게 부족한 것은 꿈을 가진, 그리고 죽을힘을 다해 그 꿈을 좇는 사람들이다.

- **decay :** 동 썩다, 부패하다, 부식시키다   명 부패, 부식

  EX **Decaying** animals have been found everywhere.

  부패 중인 동물들이 여기저기에서 발견되었다.

명언 다시 쓰기
명언을 소리 내어 읽어 보고 단계별로 써 보세요.

조화는 만든다

✎

작은 것들을 자라게

✎

그것의 결여는 만든다

✎

위대한 것들을 썩게

✎

"조화는 작은 것들을 자라게 하며, 조화의 결여는 위대한 것들을 썩게 한다."

✎

If something's important enough, you should try. Even if the probable outcome is failure.

충분히 중요하다고 생각하는 일이라면, 시도해야 한다. 비록 가능한 결과가 실패일지라도.

– Elon Musk –

 ## 주어와 동사 찾기

명언을 읽고 해석해 보고, 영어 문장 속 주어와 동사를 적어 보세요.

If something's important enough, ⬚ ⬚ .

만약 어떤 일이 충분히 중요하다면 　　(주어) 당신은 　　(동사) 시도해야 한다

Even if the probable outcome is failure, (⬚ **) (** ⬚ **).**

비록 가능한 결과가 실패일지라도 　　(주어 생략) 당신은 　　(동사 생략) 시도해야 한다

 ## 구문 알기

명언 속 핵심 문법을 통해 명언을 자세히 이해해 보세요.

🔹 if something's <mark>important enough</mark>

만약 어떤 일이 충분히 중요하다면

→ enough는 부사로 '충분히'의 의미입니다. enough는 일반적인 강조 부사 so, very 등이 형용사 앞에 오는 것과 달리 형용사 뒤에 위치합니다.

🔹 <mark>even if</mark> the probable outcome is failure

비록 가능한 결과가 실패일지라도

→ even if절 뒤에는 앞에 나왔던 you should try가 생략되어 있습니다. 접속사 even if는 '비록 ~일지라도, ~에도 불구하고'의 의미로 현재 사실이 아닌 불확실한 것을 가정할 때 사용됩니다. 반면 비슷한 의미의 even though는 어느 정도 사실일 때 씁니다. 예를 들어, I will go with you **even though** I hate soccer.(나는 축구를 싫어하지만, 너와 함께 갈 거야.)라고 하면 축구를 싫어하는 것이 기정 사실임을 내포합니다.

단어·숙어 알기
명언에 나온 단어와 숙어를 익혀 보세요.

🍃 **probable :** 형 (어떤 일이) 있을 것 같은, 충분히 가능한

EX The **probable** cause of her death was heart attack.
그녀의 추정 사망 원인은 심장마비였다.

명언 다시 쓰기
명언을 소리 내어 읽어 보고 단계별로 써 보세요.

어떤 일이 충분히 중요하다면

✐

당신은 시도해야 한다

✐

비록 가능한 결과가 실패일지라도

✐

"충분히 중요하다고 생각하는 일이라면 시도해야 한다. 비록 가능한 결과가 실패일지라도."

✐

Enthusiasm in our daily work lightens effort and turns even labor into pleasant tasks.

우리의 일과에 대한 열정은 노력을 가볍게 해 주고 심지어 노동조차도 즐거운 작업으로 바꿔 놓는다.

- James Baldwin -

 주어와 동사 찾기
명언을 읽고 해석해 보고, 영어 문장 속 주어와 동사를 적어 보세요.

		effort
(주어) 우리의 일과에 대한 열정은	(동사) 가볍게 해 준다	노력을

and [   ] **even labor into pleasant tasks.**

그리고　(동사) 바꾼다　　심지어 노동조차도 즐거운 작업으로

 구문 알기
명언 속 핵심 문법을 통해 명언을 자세히 이해해 보세요.

📎 enthusiasm in our daily work lightens effort and turns ~

우리의 일과에 대한 열정은 노력을 가볍게 해 주고 ~을 바꾼다

→ enthusiasm이 '열정'이라는 뜻으로 쓰이면 추상명사, 즉 셀 수 없는 명사가 되므로 단수 동사 lightens 와 turns가 쓰였습니다. 반면, One of my enthusiasms these days is Pilates.(요즘 나의 최대 관심 사 중 하나는 필라테스이다.)와 같이 '열정을 가지는 대상(subject)'의 의미로 쓰이면 셀 수 있는 명사가 됩니다.

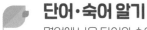
- **labor :** 명 노동

  EX Immigrants were just a means of providing cheap **labor**.

  이민자들은 값싼 노동력을 제공하는 수단일 뿐이었다.

- **task :** 명 과업, 일

  EX It is now our generation's **task** to carry on what those pioneers began.

  (Barack Obama)

  이제는 그 개척자들이 시작한 일을 계속 이어가는 것이 우리 세대의 과업이다.

- **pleasant :** 형 즐거운, 유쾌한

  EX I had a very **pleasant** evening at home by myself.

  나는 혼자 집에서 아주 즐거운 저녁을 보냈다.

명언 다시 쓰기
명언을 소리 내어 읽어 보고 단계별로 써 보세요.

우리의 일과 대한 열정은

✎

노력을 가볍게 해 주고

✎

심지어 노동조차 바꾼다

✎

즐거운 작업으로

✎

"우리의 일과 대한 열정은 노력을 가볍게 해 주고 심지어 노동조차도 즐거운 작업으로 바꿔 놓는다."

✎

Never say never because limits, like fears, are often just an illusion.

한계는 두려움과 마찬가지로 대개 환상에 지나지 않으니 절대 안 된다고 말하지 마라.

- Michael Jordan -

주어와 동사 찾기

명언을 읽고 해석해 보고, 영어 문장 속 주어와 동사를 적어 보세요.

(   ) [   ] **never**

(주어 생략) 당신은   (동사) 절대 말하지 마라   안 된다고

because [   ] **, like fears,** [   ] **often just an illusion.**

왜냐하면   (주어) 한계는   두려움과 마찬가지로   (동사) 이다   대개 환상일 뿐

구문 알기

명언 속 핵심 문법을 통해 명언을 자세히 이해해 보세요.

▨ never say never

절대 안 된다고 말하지 마라

→ 부정 명령문을 만들 때는 일반 명령문 앞에 do not이나 never를 씁니다. 여기서는 부정의 의미를 강조해 주는 never가 '절대 ~을 하지 마라'의 의미로 앞에 왔고, 뒤에 온 never는 동사 say의 목적어로 부정의 의미 자체를 나타냅니다.

▨ because limits, like fears, are often just an illusion

왜냐하면 한계는, 두려움과 마찬가지로, 대개 환상에 지나지 않기 때문이다

→ 강조하고 싶은 말이 있거나 부연 설명을 하고자 할 때 콤마 사이에 넣어 문장 중간에 끼워 넣는데, 이를

삽입구라고 합니다. 여기서는 전치사 like와 명사 fears로 삽입구를 만들어 '두려움과 같이, 두려움과 마찬가지로'라는 의미를 추가했습니다.

단어·숙어 알기
명언에 나온 단어와 숙어를 익혀 보세요.

🔖 **limit :** 명 한계, 제한　동 제한하다

　EX Who would set a **limit** to the mind of man? (Galileo Galilei)

　그 누가 인간의 정신에 제한을 두겠는가?

🔖 **illusion :** 명 환상, 오해

　EX A poor man with nothing in his belly needs hope, **illusion**, more than bread. (Georges Bernanos)

　뱃속에 아무것도 들어있지 않은 가난한 사람에게는 빵보다 희망과 환상이 더 필요하다.

명언 다시 쓰기
명언을 소리 내어 읽어 보고 단계별로 써 보세요.

절대 안 된다고 말하지 마라

✏️

왜냐하면 한계는 두려움과 마찬가지로

✏️

대개 환상에 지나지 않기 때문이다

✏️

"한계는 두려움과 마찬가지로 대개 환상에 지나지 않으니 절대 안 된다고 말하지 마라."

✏️

Far and away the best prize that life offers is the chance to work hard at work worth doing.

단연코 인생이 주는 최고의 상은 할만한 가치가 있는 일에서 온 힘을 다할 기회이다.

- Theodore Roosevelt -

주어와 동사 찾기
명언을 읽고 해석해 보고, 영어 문장 속 주어와 동사를 적어 보세요.

Far and away [   ] [   ]
단연코   (주어) 인생이 주는 최고의 상은   (동사) 이다

the chance to work hard at work worth doing.
할만한 가치가 있는 일에서 온 힘을 다할 기회

구문 알기
명언 속 핵심 문법을 통해 명언을 자세히 이해해 보세요.

◉ the best prize [that life offers] is the chance

[인생이 주는] 최고의 상은 기회이다

→ 관계대명사 that이 형용사절을 이끌며 the best prize를 수식하고 있습니다. 선행사에 the 최상급, the 서수, the only, the same, the very 등이 함께 쓰이면 관계대명사 that이 옵니다.

◉ the chance [to work hard at work (worth doing)]

[(할만한 가치가 있는) 일에서 온 힘을 다할] 기회

→ work는 동사로 '일하다', 명사로 '일' 자체를 의미합니다. to work에서 work는 동사의 의미로 사용된 것이며, to work는 to부정사로 앞의 명사 the chance(기회)를 수식하는 형용사적 용법으로 쓰였습

니다. at work에서 work는 명사의 의미로 뒤에 있는 worth doing의 수식을 받아 '할만한 가치가 있는 일'로 해석됩니다.

단어·숙어 알기
명언에 나온 단어와 숙어를 익혀 보세요.

❧ **prize : ⑲ 상, 상품**

  ⒠ In war there is no **prize** for runner-up. (Lucius Annaeus Seneca)
   전쟁에서는 준우승자에게 상이 없다.

❧ **offer : ⑧ 제공하다**

  ⒠ If you were to **offer** a thirsty man all wisdom, you would not please him more than if you gave him a drink. (Sophocles)
   당신이 목마른 사람에게 모든 지혜를 준다 해도 마실 것을 주는 것보다 그를 더 기쁘게 하지는 못할 것이다.

명언 다시 쓰기
명언을 소리 내어 읽어 보고 단계별로 써 보세요.

단연코

🖉

인생이 주는 최고의 상은

🖉

온 힘을 다할 기회이다

🖉

할만한 가치가 있는 일에서

🖉

"단연코 인생이 주는 최고의 상은 할만한 가치가 있는 일에서 온 힘을 다할 기회이다."

🖉

A compromise is the art of dividing a cake in such a way that everyone believes he has the biggest piece.

타협은 모든 사람들이 자신이 가장 큰 조각을 가지고 있다고 믿는 방식으로 케이크를 나누는 기술이다.

– Ludwig Erhard –

 주어와 동사 찾기

명언을 읽고 해석해 보고, 영어 문장 속 주어와 동사를 적어 보세요.

		the art of dividing a cake
(주어) 타협은	(동사) 이다	케이크를 나누는 기술

in such a way that everyone believes he has the biggest piece.

모든 사람들이 그가 가장 큰 조각을 가지고 있다고 믿는 방식으로

 구문 알기

명언 속 핵심 문법을 통해 명언을 자세히 이해해 보세요.

🍃 in such a <u>way</u> [that everyone believes]

[모든 사람들이 믿는] 방식으로

→ such는 '이러한, 이와 같이'의 의미로, 수식하는 명사가 단수일 때 [such + a/an + 단수 명사]의 형태로 씁니다. [in such a way that + 주어 + 동사] 구문은 방식이나 방법을 나타낼 때 쓰는 유용한 표현으로, that 이하에서 구체적인 방법을 설명합니다.

🍃 everyone believes [he has the biggest piece]

that 생략

모든 사람들이 그가 가장 큰 조각을 가지고 있다고 믿는다

→ 대명사 everyone은 '모든 사람'이라는 뜻으로 전체를 하나로 보기 때문에 단수 취급합니다. 따라서 단수 동사 believes를 썼습니다. believes 뒤에는 모든 사람들이 믿는 내용이 목적어절 형태로 왔습니다. 여기서는 목적어절을 이끄는 접속사 that이 생략되었습니다.

단어·숙어 알기
명언에 나온 단어와 숙어를 익혀 보세요.

▶ **compromise :** 몡 타협, 절충   동 타협하다

EX Be careful not to **compromise** what you want most for what you want now. (Zig Ziglar)
당신이 지금 원하는 것 때문에 가장 원하는 것을 타협하지 않도록 조심하라.

명언 다시 쓰기
명언을 소리 내어 읽어 보고 단계별로 써 보세요.

타협은 케이크를 나누는 기술이다

✎

모든 사람들이 믿는 방식으로

✎

그가 가장 큰 조각을 가지고 있다고

✎

"타협은 모든 사람들이 그가 가장 큰 조각을 가지고 있다고 믿는 방식으로 케이크를 나누는 기술이다."

✎

What we have to do is to be forever curiously testing new opinions and courting new impressions.

우리가 해야 할 일은 영원히 호기심을 갖고 새로운 생각을 시험하고 새로운 인상을 얻는 것이다.

- Walter Pater -

 ## 주어와 동사 찾기

명언을 읽고 해석해 보고, 영어 문장 속 주어와 동사를 적어 보세요.

		to be forever curiously
(주어) 우리가 해야 할 일은	(동사) 이다	영원히 호기심을 갖고

testing new opinions and courting new impressions.

새로운 생각을 시험하는 것과 새로운 인상을 얻는 것

 ## 구문 알기

명언 속 핵심 문법을 통해 명언을 자세히 이해해 보세요.

🔖 **what** we have to do

우리가 해야 할 일

→ 일반적으로 관계대명사는 선행사를 수식하지만 관계대명사 what은 선행사를 포함하고 있으므로 선행사 없이 씁니다. 여기서 what은 의문사 '무엇'이 아니라 관계대명사 what으로 '~하는 것'으로 해석합니다.

🔖 [**to be** forever curiously testing new opinions] **and** [courting new impressions]

to be 생략

[영원히 호기심을 갖고 새로운 생각을 시험하고] [새로운 인상을 얻는 것]

→ 이 문장에서 to be 이하는 to부정사의 명사적 용법으로, 주어 what we have to do(우리가 해야 할
   일)의 보어로 쓰였습니다. to부정사 형태의 2개의 보어 to be testing new opinions(새로운 생각
   을 시험하는 것)와 to be courting new impressions(새로운 인상을 얻으려 하는 것)가 접속사 and
   로 연결되어 있는 구조로, courting 앞의 to be는 생략되었습니다.

단어·숙어 알기
명언에 나온 단어와 숙어를 익혀 보세요.

- **court :** 통 ~을 얻으려고 하다, 환심을 사려고 하다   명 법원, (테니스 등의) 코트

  EX Gatsby invited many people to his house, trying to **court** Daisy.

  Gatsby는 Daisy의 환심을 얻기 위해, 많은 사람들을 자신의 집으로 초대했다.

명언 다시 쓰기
명언을 소리 내어 읽어 보고 단계별로 써 보세요.

우리가 해야 할 일은

✐

영원히 호기심을 갖고 새로운 생각을 시험하는 것이다

✐

그리고 새로운 인상을 얻는 것(이다)

✐

"우리가 해야 할 일은 영원히 호기심을 갖고 새로운 생각을 시험하고 새로운 인상을 얻는 것이다."

✐

The fragrance of flowers spreads only in the direction of the wind. But the goodness of a person spreads in all directions.

꽃향기는 바람이 부는 방향으로만 퍼진다. 하지만 사람의 선량함은 모든 방향으로 퍼진다.

- Chanakya -

 주어와 동사 찾기

명언을 읽고 해석해 보고, 영어 문장 속 주어와 동사를 적어 보세요.

(주어) 꽃향기는	(동사) 퍼진다

only in the direction of the wind.
　　　　　바람이 부는 방향으로만

But 〔　　　　　　　　　〕〔　　　　　　　〕 **in all directions.**
하지만　　　(주어) 사람의 선량함은　　　(동사) 퍼진다　　모든 방향으로

 구문 알기

명언 속 핵심 문법을 통해 명언을 자세히 이해해 보세요.

🔖 The fragrance of flowers spreads only in the direction of the wind.

꽃향기는 바람이 부는 방향으로만 퍼진다.

→ 이 문장의 주어는 the fragrance of flowers인데, 핵심 주어는 마지막에 온 flowers가 아니라 the fragrance(향기)입니다. fragrance는 추상명사이자 불가산명사이므로 단수 취급합니다. 따라서 -s 형태의 단수 동사 spreads가 온 것입니다. 이처럼 주어가 길 때는 핵심 주어를 찾는 것이 중요합니다.

- in the **direction** of the wind / in all **directions**

    바람이 부는 방향으로 / 모든 방향으로

    → 여기서 direction은 같은 의미의 단어로 각각 단수와 복수로 쓰였습니다. 전자는 바람이 불어오는 어떤 한 방향을 가리키므로 단수로 썼고, 후자는 모든 방향을 가리키므로 복수로 사용했습니다.

단어·숙어 알기
명언에 나온 단어와 숙어를 익혀 보세요.

- **fragrance :** 명 향기, 향수

    EX If you want someone to miss you, go secretly and spray your **fragrance** somewhere. (Blake Lively)

    누군가가 당신을 그리워하기를 바란다면, 몰래 가서 어디엔가 당신의 향기를 뿌려라.

명언 다시 쓰기
명언을 소리 내어 읽어 보고 단계별로 써 보세요.

꽃향기는 퍼진다
✎
바람이 부는 방향으로만
✎
하지만 사람의 선량함은 퍼진다
✎
모든 방향으로
✎
"꽃향기는 바람이 부는 방향으로만 퍼진다. 하지만 사람의 선량함은 모든 방향으로 퍼진다."
✎

It does not matter how slowly you go as long as you do not stop.

멈추지 않는 한 얼마나 천천히 가는지는 문제 되지 않는다.

- Confucius -

 주어와 동사 찾기

명언을 읽고 해석해 보고, 영어 문장 속 주어와 동사를 적어 보세요.

(가주어)	(동사) 문제 되지 않는다	(진주어) 당신이 얼마나 천천히 가는지는

as long as you do not stop.

멈추지 않는 한

 구문 알기

명언 속 핵심 문법을 통해 명언을 자세히 이해해 보세요.

🔖 it does not matter [how slowly you go]

[당신이 얼마나 천천히 가는지는] 문제 되지 않는다

→ [가주어 – 진주어] 구문으로, 이 문장의 진주어는 how slowly you go(당신이 얼마나 천천히 가는지)
입니다. it은 지시대명사가 아닌 가주어로 주어가 너무 길 때 의미의 혼동을 피하기 위해 씁니다. 참고로,
[no matter how + 형용사/부사]는 '얼마나 ~하든지, 아무리 ~한들'이라고 해석합니다.

🔖 as long as you do not stop

당신이 멈추지 않는 한

→ [as long as]는 '~하는 한, ~한다면'이라는 의미로 조건의 부사절 접속사입니다. 접속사이므로 다음에
주어와 동사가 옵니다. 예를 들면 **As long as** you're happy, I am happy for it.(당신이 행복하다면,
나도 좋아.)과 같이 쓰입니다.

단어·숙어 알기

명언에 나온 단어와 숙어를 익혀 보세요.

▪ **matter :** 동 중요하다, 문제 되다   명 문제, 사안

EX He lost the game, but it didn't **matter** to him.

경기에서 졌지만, 그것은 그에게 중요하지 않았다.

EX We need to discuss this important **matter** right away.

우리는 이 중요한 문제를 당장 논의해야 한다.

▪ **slowly :** 부 천천히

EX I believe I can make it **slowly** but surely.

나는 내가 느리지만 확실하게 해낼 수 있다고 믿는다.

명언 다시 쓰기

명언을 소리 내어 읽어 보고 단계별로 써 보세요.

문제 되지 않는다

✎

당신이 얼마나 천천히 가는지는

✎

당신이 멈추지 않는 한

✎

"당신이 멈추지 않는 한 얼마나 천천히 가는지는 문제 되지 않는다."

✎

Embrace your fear. Imagine what you're most afraid of, touch it and hold it so that you rob it of its power.

두려움을 받아들여라. 당신이 가장 두려워하는 것이 무엇인지 상상하고, 그것의 힘을 빼앗을 수 있도록 그것을 만지고 붙잡아라.

– Maria Ressa –

 주어와 동사 찾기

명언을 읽고 해석해 보고, 영어 문장 속 주어와 동사를 적어 보세요.

(⬚) ⬚ **your fear.**

(주어 생략) 당신은   (동사) 받아들여라   두려움을

(⬚) ⬚ **what you're most afraid of,**

(주어 생략) 당신은   (동사) 상상하라   당신이 가장 두려워하는 것을

⬚ **it and** ⬚ **it so that you rob it of its power.**

(동사) 만져라 그것을 그리고 (동사) 붙잡아라 그것을   당신이 그것의 힘을 빼앗기 위해서

 구문 알기

명언 속 핵심 문법을 통해 명언을 자세히 이해해 보세요.

➥ imagine [what you're most afraid of], touch it and hold it

[당신이 가장 무서워하는 것을] 상상하고, 만지고, 붙잡아라

→ [A, B and C] 형태로 동사 세 개가 병렬 구조로 이어진 명령문입니다. touch와 hold의 목적어로 온 it 은 앞에 있는 what you're most afraid of를 가리킵니다.

- touch it and hold it `so that` you rob it of its power

  그것의 힘을 빼앗을 수 있도록 그것을 만지고 붙잡아라

  → so that은 '~하도록, ~하기 위해'라는 의미로 목적을 나타냅니다. 예를 들어 I studied hard **so that** I could pass the exam.(나는 시험에 합격하기 위해 열심히 공부했다.)과 같이 쓰입니다. so와 that 이 떨어져 있는 [so ~ that] 구문은 '너무 ~해서 …하다'로 해석합니다. I was **so** tired **that** I couldn't study hard.(나는 너무 피곤해서 공부를 열심히 할 수 없었다.)에서 so는 '너무, 매우'라는 의미입니다.

 ## 단어·숙어 알기
명언에 나온 단어와 숙어를 익혀 보세요.

- **rob :** 동 도둑질하다

  EX The thieves tried to **rob** the jewelry store but failed.

  도둑들은 보석 가게를 털려고 시도했으나 실패했다.

 ## 명언 다시 쓰기
명언을 소리 내어 읽어 보고 단계별로 써 보세요.

두려움을 받아들여라

✎

당신이 가장 두려워하는 것이 무엇인지 상상하고

✎

그것을 만지고 붙잡아라

✎

그것의 힘을 빼앗을 수 있도록

✎

"두려움을 받아들여라. 당신이 가장 두려워하는 것이 무엇인지 상상하고, 그것의 힘을 빼앗을 수

있도록 그것을 만지고 붙잡아라."

✎

Criticism, like rain, should be gentle enough to nourish a man's growth without destroying his roots.

비판은 비처럼 그 뿌리를 파괴하지 않고 한 사람의 성장에 영양을 공급하기 충분할 만큼 온화해야 한다.

– Frank A. Clark –

주어와 동사 찾기
명언을 읽고 해석해 보고, 영어 문장 속 주어와 동사를 적어 보세요.

, like rain,		**gentle enough**	
(주어) 비판은	비처럼	(동사) 해야 한다	충분히 온화한

to nourish a man's growth without destroying his roots.

그 뿌리를 파괴하지 않고 한 사람의 성장에 영양을 공급할 만큼

구문 알기
명언 속 핵심 문법을 통해 명언을 자세히 이해해 보세요.

🍃 criticism, like rain, should be gentle enough to nourish a man's growth

비판은 비처럼 한 사람의 성장에 영양을 공급하기 충분할 만큼 온화해야 한다

→ [형용사/부사 + enough + to부정사]는 '~할 만큼 …하다, ~할 정도로 …하다'의 의미입니다. 이렇게 enough가 부사로 쓰이면 형용사와 부사 뒤에 온다는 점에 주의해야 합니다. 예를 들면 형용사 rich와 enough to 구문을 이용해 He is **rich enough to buy** a new car.(그는 새 차를 살 정도로 부유하다.)라고 표현할 수 있습니다.

🍃 without destroying his roots

그의 뿌리를 파괴하지 않고

→ without은 '~ 없이'라는 뜻의 전치사로, 뒤에 명사, 대명사, 또는 동명사가 옵니다. 여기서도 without 뒤에 동사 destroy(파괴하다)의 동명사 형태인 destroying이 왔습니다. without destroying은 '파괴하는 것 없이, 파괴하지 않고'라고 해석합니다.

 ## 단어·숙어 알기
명언에 나온 단어와 숙어를 익혀 보세요.

🔖 **criticism :** 몡 비판

> EX The greatest threat to freedom is the absence of **criticism**. (Wole Soyinka)
> 자유에 대한 가장 큰 위협은 비판의 부재이다.

🔖 **nourish :** 통 영양분을 공급하다, 키우다

> EX This lotion will help hydrate and **nourish** your skin.
> 이 로션은 피부에 수분과 영양을 공급하는 데 도움을 줄 것이다.

 ## 명언 다시 쓰기
명언을 소리 내어 읽어 보고 단계별로 써 보세요.

비판은 비처럼 충분히 온화해야 한다

✎

한 사람의 성장에 영양을 공급할 만큼

✎

그 뿌리를 파괴하지 않고

✎

"비판은 비처럼 그 뿌리를 파괴하지 않고 한 사람의 성장에 영양을 공급하기 충분할 만큼

온화해야 한다."

✎

Jump, and you will find out how to unfold your wings as you fall.

뛰어라, 그러면 떨어지는 동안 날개를 펴는 법을 알게 될 것이다.

- Ray Bradbury -

주어와 동사 찾기
명언을 읽고 해석해 보고, 영어 문장 속 주어와 동사를 적어 보세요.

(   )   , and

(주어 생략) 당신은　　　(동사) 뛰어라　　그러면　　(주어) 당신은　　　　　　(동사) 알게 될 것이다

how to unfold your wings as you fall.

떨어지는 동안 날개를 펴는 법을

구문 알기
명언 속 핵심 문법을 통해 명언을 자세히 이해해 보세요.

jump, and you will find out

뛰어라, 그러면 당신은 알게 될 것이다

→ 접속사 and가 명령문이나 의무를 부여하는 문장 뒤에 오면 '그러면, 그렇게 하면'이라고 해석하며, and 앞에 오는 행동을 하면 and 다음에 오는 결과가 이어진다는 의미로 쓰입니다.

as you fall

당신이 떨어지는 동안

→ as에는 다양한 의미가 있는데, 여기서는 '~하는 동안, ~할 때'라는 의미의 접속사로 쓰였습니다. 접속사 as는 이외에 '~대로, ~ 때문에'의 의미로도 쓰입니다. as는 전치사로도 쓰이는데, 예를 들어 I respect him **as** a teacher.(나는 그를 선생님으로 존경한다.)에서는 '~로(서)'라는 의미로, She was dressed up **as** a princess.(그녀는 공주처럼 옷을 입었다.)에서는 '~처럼'이라는 의미로 쓰였습니다.

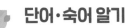

단어·숙어 알기
명언에 나온 단어와 숙어를 익혀 보세요.

- **unfold :** 튕 펼치다

  EX He sat down and **unfolded** his book.

  그는 앉아서 그의 책을 펼쳤다.

- **wing :** 명 날개

  EX No bird soars too high if he soars with his own **wings.** (William Blake)

  자신의 날갯짓만으로 날아오르는 새는 결코 높이 날지 못한다.

- **find out :** 알게 되다, 알다

  EX You will **find out** who your true friends are when you need them the most.

  당신은 가장 필요할 때 진정한 친구가 누구인지 알게 될 것이다.

명언 다시 쓰기
명언을 소리 내어 읽어 보고 단계별로 써 보세요.

뛰어라

그러면 알게 될 것이다

날개를 펴는 법을

떨어지는 동안

"뛰어라, 그러면 떨어지는 동안 날개를 펴는 법을 알게 될 것이다."

One of the most sincere forms of respect is actually listening to what another has to say.

존경의 가장 진실한 형태 중 하나는 실제로 다른 사람이 하는 말을 듣는 것이다.

- Bryant H. McGill -

 주어와 동사 찾기

명언을 읽고 해석해 보고, 영어 문장 속 주어와 동사를 적어 보세요.

(주어) 존경의 가장 진실한 형태 중 하나는

actually listening to what another has to say.

(동사) 이다   다른 사람이 말하는 것을 실제로 듣는 것

 구문 알기

명언 속 핵심 문법을 통해 명언을 자세히 이해해 보세요.

🍃 **one of the most sincere forms** of respect

존경의 가장 진실한 형태 중 하나

→ '진실한, 진심 어린'이라는 의미의 형용사 sincere의 최상급 형태는 바로 앞에 the most를 붙인 the most sincere입니다. [one of the 최상급 + 복수 명사]는 최상급 비교 표현 중의 하나로 '가장 ~한 것 중 하나'라는 의미입니다. 이와 같이 최상급 앞에는 항상 the가 와야 한다는 것을 기억하세요.

🍃 **listening to** [**what** another has to say]

[다른 사람이 말하는 것을] 듣는 것

→ listening은 동명사로, listening 이하가 '~를 듣는 것'이라는 의미로 주어를 보충 설명해 주는 보어 역할을 하고 있습니다. listen은 원래 자동사이므로 목적어를 취해 '~를 듣다'라고 하려면 뒤에 전치사 to를 써서 [listen to]로 표현해야 합니다. what 이하는 listen to의 목적어로, 이때의 what은 선행사를 포함한 관계대명사이며 '~한/하는 것'으로 해석합니다.

단어·숙어 알기
명언에 나온 단어와 숙어를 익혀 보세요.

🔖 **sincere :** ⑧ 진실한, 진심 어린

> EX Please accept my **sincere** apologies.
>
> 제 진심 어린 사과를 받아 주세요.

명언 다시 쓰기
명언을 소리 내어 읽어 보고 단계별로 써 보세요.

존경의 가장 진실한 형태 중 하나는
✎
실제로 듣는 것이다
✎
다른 사람이 말하는 것을
✎
"존경의 가장 진실한 형태 중 하나는 실제로 다른 사람이 하는 말을 듣는 것이다."
✎

Mistakes are always forgivable, if one has the courage to admit them.

실수를 인정할 용기가 있다면, 실수는 언제나 용서받을 수 있다.

- Bruce Lee -

주어와 동사 찾기

명언을 읽고 해석해 보고, 영어 문장 속 주어와 동사를 적어 보세요.

		always forgivable
(주어) 실수는	(동사) 이다	언제나 용서받을 수 있는

if one has the courage to admit them.

만약 사람이 그것들을 인정할 용기가 있다면

구문 알기

명언 속 핵심 문법을 통해 명언을 자세히 이해해 보세요.

◾ mistakes are always forgivable

실수는 언제나 용서받을 수 있다

→ always는 '항상, 언제나'라는 의미의 빈도부사입니다. 빈도부사는 어떤 일이 얼마나 자주 일어나는지를 나타내는 부사로 be동사와 조동사 뒤, 일반동사 앞에 옵니다. 빈도부사에는 always 이외에도 usually (대개), often(종종), sometimes(때때로), hardly(거의 ~ 아닌), never(절대로 ~ 아닌) 등이 있습니다.

◾ the courage [to admit them]

[그것들을 인정할] 용기

→ to부정사는 문장에서 명사, 형용사, 부사 역할을 합니다. 여기서는 명사 the courage(용기)를 to admit 이하가 뒤에서 수식하고 있으므로 형용사로 쓰였습니다. 이를 to부정사의 형용사적 용법이라고 합니다.

단어·숙어 알기

명언에 나온 단어와 숙어를 익혀 보세요.

forgivable : 형 용서할 수 있는, 용서할 만한

EX I don't think what you did yesterday is **forgivable**. (Brock Yates)

나는 네가 어제 한 일이 용서할 만하다고 생각하지 않는다.

admit : 동 인정하다, 시인하다

EX He refused to **admit** that he had lied.

그는 거짓말을 했다는 것을 인정하기를 거부했다.

EX As much as I hate to **admit**, I felt a bit jealous of her success.

인정하기 싫지만, 나는 그녀의 성공이 조금 부러웠다.

명언 다시 쓰기

명언을 소리 내어 읽어 보고 단계별로 써 보세요.

실수는 언제나 용서받을 수 있다

만약 용기가 있다면

그것들을 인정할

"실수를 인정할 용기가 있다면, 실수는 언제나 용서받을 수 있다."

Follow your passion, be prepared to work hard and sacrifice, and, above all, don't let anyone limit your dreams

당신의 열정을 따르고, 열심히 일하고 희생할 각오를 하고, 무엇보다 그 누구도 당신의 꿈을 제한하게 하지 마라.

– Donovan Bailey –

주어와 동사 찾기
명언을 읽고 해석해 보고, 영어 문장 속 주어와 동사를 적어 보세요.

( )   **your passion,**

(주어 생략) 당신은   (동사) 따르라   당신의 열정을

( )   **to work hard and sacrifice,**

(주어 생략) 당신은   (동사) 각오가 되어 있어라   열심히 일하고 희생할

and above all, ( )   **anyone limit your dreams.**

그리고 무엇보다   (주어 생략) 당신은   (동사) 하지 마라   누구도 당신의 꿈을 제한하게

구문 알기
명언 속 핵심 문법을 통해 명언을 자세히 이해해 보세요.

▶ **be prepared to work hard and sacrifice**

⋯⋯⋯ to 생략

열심히 일하고 희생할 각오를 하라

→ [be prepared + to부정사]는 '~할 준비[각오]가 되어 있다'라는 뜻이며, 명령문이므로 be동사가 원형 그대로 쓰였습니다. 동사 prepare 대신 be prepared를 써서 '준비된 상태'를 강조하고 있습니다. 또한, to work와 to sacrifice가 and로 연결된 병렬 구조로, sacrifice 앞의 to는 생략되었습니다.

🔖 don't **let anyone limit** your dreams

그 누구도 당신의 꿈을 제한하게 하지 마라

→ 동사 let은 make와 함께 사역동사로 분류되며, '~가 …하게 두다, ~가 …하도록 허락하다'의 의미로 쓰입니다. make가 직접적으로 무엇을 하도록 시키는 의미가 강하다면, let은 무엇을 하게 내버려 둔다는 의미가 강합니다. 사역동사는 [주어 + 사역동사 + 목적어 + 목적보어] 형태로 쓰며 이때 목적보어 자리에 동사원형이 옵니다. 여기서도 목적보어로 동사원형인 limit가 왔습니다.

 ## 단어·숙어 알기
명언에 나온 단어와 숙어를 익혀 보세요.

🔖 **sacrifice :** 몡 희생, 희생물   동 희생하다, 희생시키다

EX Great achievement is usually born of great **sacrifice**, and is never the result of selfishness. (Napoleon Hill)

위대한 업적은 대개 위대한 희생의 산물이며, 결코 이기심의 결과일 수 없다.

 ## 명언 다시 쓰기
명언을 소리 내어 읽어 보고 단계별로 써 보세요.

당신의 열정을 따르고

✎

열심히 일하고 희생할 각오를 하고

✎

그리고 무엇보다

✎

그 누구도 당신의 꿈을 제한하게 하지 마라

✎

"당신의 열정을 따르고, 열심히 일하고 희생할 각오를 하고, 무엇보다 그 누구도 당신의 꿈을 제한하게 하지 마라."

✎

Movement is a medicine for creating change in a person's physical, emotional, and mental states.

운동은 한 사람의 육체적, 감정적 그리고 정신적 상태에 변화를 만들어 내기 위한 약이다.

— Carol Welch —

주어와 동사 찾기

명언을 읽고 해석해 보고, 영어 문장 속 주어와 동사를 적어 보세요.

		a medicine for creating change
(주어) 운동은	(동사) 이다	변화를 만들어 내기 위한 약

in a person's physical, emotional, and mental states.

한 사람의 육체적, 감정적 그리고 정신적 상태에

구문 알기

명언 속 핵심 문법을 통해 명언을 자세히 이해해 보세요.

▸ **movement** is a medicine for [creating change]

운동은 [변화를 만들어 내기] 위한 약이다

→ '움직임'이라는 의미의 movement는 눈에 보이는 움직임이라기보다는 움직인다는 개념을 나타내는 추상명사로 셀 수 없는 명사입니다. 전치사 for 다음에 온 creating은 동명사입니다. 동명사는 명사 형태이지만 동사의 성질을 그대로 유지하므로 목적어를 취할 수 있습니다. 여기서는 목적어로 명사 change가 와서 '변화를 창조하는 것'이라는 의미가 되었습니다. 즉, '운동은 변화를 창조하기 위한 목적/용도의 약'이라는 의미인 것이지요.

- in a person's physical, emotional, and mental states
  - A,   B,   and   C

사람의 육체적, 감정적 그리고 정신적 상태에

→ 다수의 대상을 나열할 때는 콤마(,)로 and를 대체하고 마지막에 언급되는 단어나 문장 앞에만 and를 씁니다. 여기서는 physical과 emotional 뒤에 states가 생략되어 있다는 것도 알아 두세요.

단어·숙어 알기
명언에 나온 단어와 숙어를 익혀 보세요.

- **medicine :** 🅟 약, 의학

  EX It was awful tasting **medicine,** but I guess the patient needed it.

  (Steve Jobs)

  그것은 끔찍한 맛이 나는 약이었지만, 나는 환자가 그 약이 필요했을 것으로 추측한다.

명언 다시 쓰기
명언을 소리 내어 읽어 보고 단계별로 써 보세요.

운동은 약이다

✎

변화를 만들어 내기 위한

✎

사람의 육체적, 감정적 그리고 정신적 상태에

✎

"운동은 한 사람의 육체적, 감정적 그리고 정신적 상태에 변화를 만들어 내기 위한 약이다."

✎

Whoever is careless with the truth in small matters cannot be trusted with important matters.

누구든 작은 문제의 진실에 소홀한 사람은 중요한 문제들로 신뢰받을 수 없다.

- Albert Einstein -

주어와 동사 찾기
명언을 읽고 해석해 보고, 영어 문장 속 주어와 동사를 적어 보세요.

(주어) 누구든 작은 문제의 진실에 소홀한 사람은

with important matters.

(동사) 신뢰받을 수 없다   중요한 문제들로

구문 알기
명언 속 핵심 문법을 통해 명언을 자세히 이해해 보세요.

🔖 **whoever** is careless with the truth in small matters

누구든 작은 문제의 진실에 소홀한 사람

→ whoever는 복합관계대명사로, 명사절을 이끄는 역할을 합니다. '누구든 ~한 사람'으로 해석하며 anyone who, 즉 선행사 anyone과 관계대명사 who로 바꿔 쓸 수 있습니다. 예를 들어, **Whoever** comes is welcomed.(누구든 오시는 분은 환영입니다.)는 **Anyone who** comes is welcomed.와 같은 의미입니다. 또한, whoever 뒤에는 항상 동사가 온다는 것도 알아 두세요.

■ [whoever is careless with the truth in small matters] cannot be trusted

[누구든 작은 문제의 진실에 소홀한 사람은] 신뢰받을 수 없다

→ [cannot + be + 과거분사]는 조동사 can의 부정형과 수동태가 합쳐진 것입니다. 조동사 can과 수동태의 의미를 모두 살려 '~될 수 없다, ~해질 수 없다, ~받을 수 없다' 등으로 해석합니다.

단어·숙어 알기
명언에 나온 단어와 숙어를 익혀 보세요.

■ **careless :** 형 부주의한, 경솔한, 신경 쓰지 않는

EX Be **careless** in your dress if you must, but keep a tidy soul. (Mark Twain)

꼭 그래야 한다면 옷에 신경 쓰지 않되, 영혼은 단정하게 유지하라.

명언 다시 쓰기
명언을 소리 내어 읽어 보고 단계별로 써 보세요.

누구든 소홀한 사람은

✐

작은 문제의 진실에

✐

신뢰받을 수 없다

✐

중요한 문제들로

✐

"누구든 작은 문제의 진실에 소홀한 사람은 중요한 문제들로 신뢰받을 수 없다."

✐

Optimism is the faith that leads to achievement. Nothing can be done without hope and confidence.

낙관은 성취에 도달하게 하는 신념이다. 희망과 확신 없이는 아무것도 이뤄질 수 없다.

– Helen Keller –

주어와 동사 찾기
명언을 읽고 해석해 보고, 영어 문장 속 주어와 동사를 적어 보세요.

		the faith that leads to achievement.
(주어) 낙관은	(동사) 이다	성취에 도달하게 하는 신념

		without hope and confidence.
(주어) 아무것도 ~ 아니다	(동사) 이뤄질 수 있다	희망과 확신 없이는

구문 알기
명언 속 핵심 문법을 통해 명언을 자세히 이해해 보세요.

▶ the faith [that leads to achievement]

[성취에 도달하게 하는] 신념

→ that은 형용사절을 이끄는 관계대명사로 that 이하가 선행사 the faith(신념)를 수식하고 있습니다. 이때 that절의 동사는 선행사와 수를 일치시켜야 합니다. 선행사 the faith가 3인칭 단수이므로 이에 맞춰 동사도 leads가 되었습니다.

🔖 nothing can be done

아무것도 이뤄질 수 없다

→ [can + be + 과거분사]는 가능을 나타내는 조동사 can에 [be동사 + 과거분사] 형태의 수동태가 합쳐져 '~될 수 없다', '~이뤄질 수 없다'로 해석합니다. 조동사 다음에는 동사원형이 와야 하기 때문에 can 뒤에 be동사가 원형 그대로 왔습니다. 또한, 주어 nothing이 부정어이므로 동사를 부정형으로 쓰지 않아도 전체 의미가 부정이 되었습니다.

단어·숙어 알기
명언에 나온 단어와 숙어를 익혀 보세요.

🔖 **optimism :** 명 낙관론, 낙관주의

EX This situation warrants neither **optimism** nor pessimism.

이 상황은 낙관도 비관도 보장할 수 없다.

명언 다시 쓰기
명언을 소리 내어 읽어 보고 단계별로 써 보세요.

낙관은 신념이다

✎

성취에 도달하게 하는 (신념)

✎

아무것도 이뤄질 수 없다

✎

희망과 확신 없이는

✎

"낙관은 성취에 도달하게 하는 신념이다. 희망과 확신 없이는 아무것도 이뤄질 수 없다."

✎

The reading of all good books is like a conversation with the finest men of past centuries.

좋은 책을 읽는 것은 지난 세기의 가장 훌륭한 사람들과 이야기를 나누는 것과 같다.

- René Descartes -

주어와 동사 찾기
명언을 읽고 해석해 보고, 영어 문장 속 주어와 동사를 적어 보세요.

(주어) 모든 좋은 책을 읽는 것은	(동사) 이다

like a conversation with the finest men of past centuries.

지난 세기의 가장 훌륭한 사람과 이야기를 나누는 것과 같은

구문 알기
명언 속 핵심 문법을 통해 명언을 자세히 이해해 보세요.

▶ [the reading of all good books] is like a conversation

[모든 좋은 책을 읽는 것은] 이야기를 나누는 것과 같다

→ the reading of all good books까지가 주어, is 이하가 술어입니다. 주어를 다시 분석해 보면 of all good books가 the reading을 수식하는 구조입니다. 따라서 핵심 주어는 마지막에 온 복수 명사 books(책들)가 아니라 the reading(읽는 것)이므로 동사로 are가 아니라 is가 왔습니다. 이렇게 주어부가 길 때는 핵심 주어를 찾아서 동사의 수를 일치시키는 것이 중요합니다.

◗ **the finest** men of past centuries

지난 세기의 가장 훌륭한 사람들

→ 형용사 fine처럼 e로 끝나는 1음절 단어들은 -st만 붙여서 최상급을 만듭니다. 같은 예로 wise(현명한)의 최상급인 wisest가 있습니다. 최상급은 한정된 범위 안에서 '가장 ~한 것'을 나타내므로 정관사 the와 함께 쓰입니다.

단어·숙어 알기
명언에 나온 단어와 숙어를 익혀 보세요.

◗ **past :** 명 과거, 지난날   형 지나간

EX In the **past**, women did not have the right to vote.

과거에, 여성은 참정권이 없었다.

명언 다시 쓰기
명언을 소리 내어 읽어 보고 단계별로 써 보세요.

모든 좋은 책을 읽는 것은

✎

이야기를 나누는 것과 같다

✎

지난 세기의 가장 훌륭한 사람들과

✎

"좋은 책을 읽는 것은 지난 세기의 가장 훌륭한 사람들과 이야기를 나누는 것과 같다."

✎

Success is not built on success. It's built on failure. It's built on frustration. Sometimes it's built on catastrophe.

성공은 성공 위에 지어지는 것이 아니다. 그것은 실패 위에, 절망 위에 지어진다.
가끔은 재앙 위에 지어지기도 한다.

- Sumner Redstone -

주어와 동사 찾기

명언을 읽고 해석해 보고, 영어 문장 속 주어와 동사를 적어 보세요.

		on success.
(주어) 성공은	(동사) 지어지지 않는다	성공 위에

		on failure.			**on frustration.**
(주어) 그것은	(동사) 지어진다	실패 위에	(주어) 그것은	(동사) 지어진다	절망 위에

Sometimes _____ _____ **on catastrophe.**

가끔   (주어) 그것은   (동사) 지어진다   재앙 위에

구문 알기

명언 속 핵심 문법을 통해 명언을 자세히 이해해 보세요.

🔖 Success is not built on success. It's built on failure.

성공은 성공 위에 지어지지 않는다. 그것은 실패 위에 지어진다.

→ 이번 명언은 [be동사 + 과거분사]의 수동태 문장이 반복되고 있습니다. 대명사 it은 모두 첫 번째 문장의 success를 가리킵니다. '성공'은 누군가에 의해 만들어지는 대상이지 저절로 생겨나는 것이

아니므로 수동태가 쓰였고, 행위의 주체가 특정한 누군가가 아니라 일반적인 사람이므로 [by + 목적격]이 생략되었습니다. 수동태의 부정은 [be동사 + not + 과거분사]로 나타냅니다.

단어·숙어 알기
명언에 나온 단어와 숙어를 익혀 보세요.

> **frustration :** 명 좌절

> EX Expectation is the mother of all **frustration.** (Antonio Banderas)
>
> 기대는 모든 좌절의 어머니이다.

> **catastrophe :** 명 참사, 재앙

> EX The volcanic eruption of Pompeii was one of the greatest **catastrophes** of the time.
>
> 폼페이 화산 폭발은 당시 최대의 재난 중 하나였다.

명언 다시 쓰기
명언을 소리 내어 읽어 보고 단계별로 써 보세요.

성공은 성공 위에 지어지지 않는다

그것은 실패 위에 지어진다

그것은 절망 위에 지어진다

가끔은 재앙 위에 지어지기도 한다

"성공은 성공 위에 지어지는 것이 아니다. 그것은 실패 위에, 절망 위에 지어진다. 가끔은 재앙 위에 지어지기도 한다."

The value of a man resides in what he gives and not in what he is capable of receiving.

사람의 가치는 그가 받을 수 있는 것이 아니라 그가 주는 것에 있다.

- Albert Einstein -

주어와 동사 찾기

명언을 읽고 해석해 보고, 영어 문장 속 주어와 동사를 적어 보세요.

		in what he gives
(주어) 사람의 가치는	(동사) 있다	그가 주는 것에

and not in what he is capable of receiving.

그가 받을 수 있는 것이 아니라

구문 알기

명언 속 핵심 문법을 통해 명언을 자세히 이해해 보세요.

🍃 the value of a man **resides in** [what he gives]

사람의 가치는 [그가 주는 것]에 있다

→ 동사 reside는 '있다, 거주하다'라는 의미의 자동사로, 어디에 있는지 또는 어디에 사는지 밝혀 주려면 뒤에 전치사 in과 장소를 쓰면 됩니다. 비슷한 뜻의 동사 live가 일반적인 의미로 특별한 뉘앙스를 가지지 않는 반면, reside는 사람을 대상으로 조금 더 격식체에 쓰입니다. 여기서는 주어가 '사람의 가치', 즉 추상명사 value이기 때문에 단수 동사 resides를 썼습니다.

- what he `is capable of receiving`

  그가 받을 수 있는 것

  → [be capable of + 명사/동명사]는 '~을 할 수 있다'는 의미로 무엇을 하는 데 필요한 자질이나 능력이 있다는 의미입니다. 비슷한 의미로 [be able to + 동사원형]이 있으며, be able to는 조동사 can을 대신해서 쓸 수 있는 대표적인 표현입니다.

단어·숙어 알기
명언에 나온 단어와 숙어를 익혀 보세요.

- **reside :** 동 살다, 거주하다, (~에) 있다

  EX I currently **reside** in Korea.

  나는 현재 한국에 거주하고 있다.

명언 다시 쓰기
명언을 소리 내어 읽어 보고 단계별로 써 보세요.

사람의 가치는 있다

✎

그가 주는 것에

✎

그가 받을 수 있는 것이 아니라

✎

"사람의 가치는 그가 받을 수 있는 것이 아니라 그가 주는 것에 있다."

✎

Welcome those big, sticky, complicated problems. In them are your most powerful opportunities.

저 크고, 끈적거리고, 복잡한 문제들을 환영하라. 그 안에 당신의 가장 강력한 기회들이 있다.

- Ralph Marston -

주어와 동사 찾기

명언을 읽고 해석해 보고, 영어 문장 속 주어와 동사를 적어 보세요.

(   )   **those big, sticky, complicated problems.**

(주어 생략) 당신은   (동사) 환영하라   저 크고, 끈적거리고, 복잡한 문제들을

In them   .

그 안에   (동사) 있다   (주어) 당신의 가장 강력한 기회들이

구문 알기

명언 속 핵심 문법을 통해 명언을 자세히 이해해 보세요.

🔖 welcome those big, sticky, complicated problems

저 크고, 끈적거리고, 복잡한 문제들을 환영하라

→ those는 that의 복수형으로 지시대명사뿐만 아니라 지시형용사로도 쓸 수 있습니다. 이번 명언에서는 형용사와 명사 앞에 와서 '저러한'이라는 의미의 지시형용사로 쓰였으며 problems가 복수형이기 때문에 that이 아닌 those가 왔습니다.

🔖 In them are your most powerful opportunities.

그 안에 당신의 가장 강력한 기회들이 있다.

→ 이 문장은 원래 Your most powerful opportunities are in them.의 어순이었습니다. 그런데 '그 안에'라는 부사구를 강조하기 위해 in them을 앞으로 보내면서 주어와 동사의 어순이 도치되었습니다.

단어·숙어 알기
명언에 나온 단어와 숙어를 익혀 보세요.

🔖 **sticky :** 형 끈적끈적한

    EX My son's face was **sticky** with chocolate.

       내 아들의 얼굴은 초콜릿으로 끈적거렸다.

🔖 **complicated :** 형 복잡한

    EX The manual of this product looks **complicated**.

       이 제품의 매뉴얼은 복잡해 보인다.

명언 다시 쓰기
명언을 소리 내어 읽어 보고 단계별로 써 보세요.

환영하라
✏️
저 크고, 끈적거리고, 복잡한 문제들을
✏️
그 안에
✏️
당신의 가장 강력한 기회들이 있다
✏️
"저 크고, 끈적거리고, 복잡한 문제들을 환영하라. 그 안에 당신의 가장 강력한 기회들이 있다."
✏️

It is no use saying, "We are doing our best." You have got to succeed in doing what is necessary.

"우리는 최선을 다하고 있다."라고 말해도 소용없다. 당신은 필요한 일을 하는 데 성공해야 한다.

– Winston Churchill –

 주어와 동사 찾기
명언을 읽고 해석해 보고, 영어 문장 속 주어와 동사를 적어 보세요.

		no use		

(가주어) (동사) 이다 아무 소용이 없는   (진주어) "우리는 최선을 다하고 있다."라고 말하는 것은

		in doing what is necessary.

(주어) 당신은   (동사) 성공해야 한다   필요한 일을 하는 데

 구문 알기
명언 속 핵심 문법을 통해 명언을 자세히 이해해 보세요.

▨ It is no use saying, "We are doing our best."

"우리는 최선을 다하고 있다."라고 말해도 소용없다.

→ [It is no use -ing]는 '~해도 소용없다'는 의미로 빈번히 쓰이는 표현입니다. 영어 속담 It's no use crying over spilt milk.(엎질러진 우유에 대고 울어 봐야 소용없다.)가 대표적인 예입니다.

▨ You have got to succeed in doing [what is necessary].

당신은 [필요한 일을] 하는 데 성공해야 한다.

334

→ [have got to + 동사원형]은 [have to + 동사원형]과 마찬가지로 '~해야 한다'로 해석하지만, 뉘앙스가 조금 다릅니다. [have got to + 동사원형]은 구어체나 일상어에서 사용 빈도가 더 높으며, 조금 더 긴급한 느낌을 전달합니다.

단어·숙어 알기
명언에 나온 단어와 숙어를 익혀 보세요.

succeed : 종 성공하다, 성취하다

EX Never help a child with a task at which he feels he can **succeed**.

(Maria Montessori)

아이가 성취할 수 있다고 느끼는 과제는 절대 도와주지 마라.

명언 다시 쓰기
명언을 소리 내어 읽어 보고 단계별로 써 보세요.

말해도 소용없다

✐

"우리는 최선을 다하고 있다."라고

✐

당신은 성공해야 한다

✐

필요한 일을 하는 데

✐

"우리는 최선을 다하고 있다.'라고 말해도 소용없다. 당신은 필요한 일을 하는 데 성공해야 한다."

✐

Most people have the will to win, few have the will to prepare to win.

대부분의 사람들은 이기려고 하는 의지를 가지고 있지만, 이기기 위해 준비하는 의지를 가진 사람은 거의 없다.

– Bobby Knight –

 ## 주어와 동사 찾기

명언을 읽고 해석해 보고, 영어 문장 속 주어와 동사를 적어 보세요.

		the will to win,
(주어) 대부분의 사람들은	(동사) 가지고 있다	이기려고 하는 의지를

		the will to prepare to win.
(주어) 극히 소수만	(동사) 가지고 있다	이기기 위해 준비하는 의지를

 ## 구문 알기

명언 속 핵심 문법을 통해 명언을 자세히 이해해 보세요.

▧ the will [to win] / the will [to prepare to win]

[이기려는] 의지 / [이기기 위해 준비하는] 의지

→ 명사 the will(의지)을 꾸며 주기 위해 각각 to부정사 to win과 to prepare가 왔습니다. to부정사가 명사를 꾸며 주고 있으므로, 이를 to부정사의 형용사적 용법이라고 합니다. 반면, the will to prepare to win에서의 to win은 '이기기 위해서'로 해석되므로 '목적'을 나타내는 부사적 용법으로 쓰였습니다. 이렇게 같은 to부정사라도 맥락과 위치에 따라 다르게 해석할 수 있어야 합니다.

▧ **few** have the will

극히 소수만 의지를 가진다(의지를 가진 사람은 거의 없다)

→ few는 형용사로는 '거의 없는, 약간의'라는 뜻이며, 대명사일 때는 '소수, 적은 수'라는 의미입니다. 이번 명언에서는 '거의 없는 사람들, 극히 소수만'이라는 의미로 앞에 나온 most people(대부분의 사람들)과 대조의 의미로 쓰였습니다. 참고로, few는 부정적인 의미가 강한 반면, '약간의'라는 뜻으로 쓰이는 a few는 긍정적인 의미가 강하다는 것도 알아 두세요.

단어·숙어 알기
명언에 나온 단어와 숙어를 익혀 보세요.

🔖 **will :** 명 의지

EX They completed the marathon with indomitable **will**.
그들은 불굴의 의지로 마라톤을 완주했다.

명언 다시 쓰기
명언을 소리 내어 읽어 보고 단계별로 써 보세요.

대부분의 사람들은 가지고 있다

✐

이기려고 하는 의지를

✐

극히 소수만 가지고 있다

✐

이기기 위해 준비하는 의지를

✐

"대부분의 사람들은 이기려고 하는 의지를 가지고 있지만, 이기기 위해 준비하는 의지를 가진 사람은 거의 없다."

✐

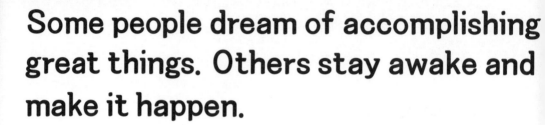

Some people dream of accomplishing great things. Others stay awake and make it happen.

어떤 사람들은 위대한 일을 성취하기를 꿈꾼다. 다른 사람들은 깨어 있고 그것을 실현시킨다.

- Mohsin Jameel -

주어와 동사 찾기
명언을 읽고 해석해 보고, 영어 문장 속 주어와 동사를 적어 보세요.

		of accomplishing great things.
(주어) 어떤 사람들은	(동사) 꿈꾼다	위대한 일을 성취하기를

		awake and		**it happen.**
(주어) 다른 사람들은	(동사) 머물러 있다	깨어서 그리고	(동사) 만든다	그것이 실현되도록

구문 알기
명언 속 핵심 문법을 통해 명언을 자세히 이해해 보세요.

🔖 Some people dream of accomplishing great things.

어떤 사람들은 위대한 일을 성취하기를 꿈꾼다.

→ '~에 대해 꿈꾼다'라고 할 때 dream of를 써야 할지 dream about을 써야 할지 고민될 때가 있습니다. 구분하는 기준은 바로 명확성과 구체성입니다. dream of는 상상이거나 일어날 가능성이 확실하지 않은 일에 쓰는 반면, dream about은 계획되어 있으며 구체적인 일일 때 씁니다. 예를 들어, I **dream of** being a teacher.(나는 선생님이 될 것을 꿈꾼다.)라고 하면 교사가 되는 것을 상상하거나 바라는 단계임을 나타내고, I **dream about** a nice car.(나는 멋진 차를 꿈꾼다.)라고 하면 자동차 구매 계획이 어느 정도 있음을 나타냅니다.

- **Others stay awake and make it happen.**

  다른 사람들은 깨어 있고 그것을 실현시킨다.

  → '~을 만들다'라는 뜻의 동사 make는 '~가 …하게 만들다[시키다]'는 의미의 사역동사로도 쓰입니다. 사역동사는 [주어 + 동사 + 목적어 + 목적보어]의 5형식으로 쓰며, 목적보어 자리에는 반드시 동사원형이 옵니다. 사역동사에는 make 이외에도 have, let 등이 있는데, make의 어감이 가장 강합니다.

 ## 단어·숙어 알기
명언에 나온 단어와 숙어를 익혀 보세요.

- **accomplish :** 통 성취하다, 해내다

  EX He who is not courageous enough to take risks will accomplish nothing in life. (Muhammad Ali)

  위험을 감수할 만큼 용기가 없는 사람은 인생에서 아무것도 이루지 못할 것이다.

 ## 명언 다시 쓰기
명언을 소리 내어 읽어 보고 단계별로 써 보세요.

어떤 사람들은 꿈꾼다
✎
위대한 일을 성취하기를
✎
다른 사람들은 깨어 있다
✎
그리고 그것을 실현시킨다
✎
"어떤 사람들은 위대한 일을 성취하기를 꿈꾼다. 다른 사람들은 깨어 있고 그것을 실현시킨다."
✎

Humility and knowledge in poor clothes excel pride and ignorance in costly attire.

허름한 옷차림을 한 겸손과 지식이 값비싼 복장을 한 자만과 무지보다 뛰어나다.

- William Penn -

주어와 동사 찾기

명언을 읽고 해석해 보고, 영어 문장 속 주어와 동사를 적어 보세요.

(주어) 허름한 옷차림을 한 겸손과 지식은	(동사) ~보다 뛰어나다

pride and ignorance in costly attire.

값비싼 복장을 한 자만과 무지

구문 알기

명언 속 핵심 문법을 통해 명언을 자세히 이해해 보세요.

🔖 [humility and knowledge in poor clothes] excel [pride and ignorance]

[허름한 옷차림을 한 겸손과 지식은] [자만과 무지]보다 뛰어나다

→ 주어가 길어서 다소 복잡해 보이지만 이번 명언은 [주어 + 동사 + 목적어]의 비교적 단순한 구조이며, 동사는 excel입니다. excel은 '뛰어나다, 탁월하다'의 의미로, 우리가 잘 알고 있는 형용사 excellent 의 어원이 되는 동사입니다. 특히 '~에 능하다, ~에서 탁월하다'라고 할 때는 excel과 전치사 in을 함께 써서 He is good at most subjects but **excels in** biology.(그는 대부분의 과목을 잘하지만 생물학에서 뛰어나다.)와 같이 표현합니다.

단어·숙어 알기
명언에 나온 단어와 숙어를 익혀 보세요.

- **humility** : 圐 겸손
    - **EX** Life is a long lesson in **humility**. (James M. Barrie)
    인생은 겸손에 대한 오랜 가르침이다.

- **costly** : 圀 값비싼, 비용이 많이 드는
    - **EX** Gratitude is not limited resource, nor is it **costly**. (Marshall Goldsmith)
    감사는 제한된 자원이 아니며 비용이 많이 드는 것도 아니다.

- **attire** : 圐 의복, 복장
    - **EX** Please dress in formal **attire**.
    복장은 정장으로 입고 오시기 바랍니다.

명언 다시 쓰기
명언을 소리 내어 읽어 보고 단계별로 써 보세요.

허름한 옷차림을 한 겸손과 지식은

✎

~보다 뛰어나다

✎

값비싼 복장을 한 자만과 무지

✎

"허름한 옷차림을 한 겸손과 지식은 값비싼 복장을 한 자만과 무지보다 뛰어나다."

✎

As long as a word remains unspoken, you are its master; once you utter it, you are its slave.

말을 하지 않는 한, 당신은 그 말의 주인이다. 일단 당신이 그것을 말하면, 당신은 그 말의 노예이다.

– Solomon Ibn Gabirol –

주어와 동사 찾기

명언을 읽고 해석해 보고, 영어 문장 속 주어와 동사를 적어 보세요.

As long as a word remains unspoken, [　　　] [　　　] **its master;**

말을 하지 않는 한 　　　 (주어) 당신은 　 (동사) 이다 　 그것의 주인

once you utter it, [　　　] [　　　] **its slave.**

일단 당신이 그것을 말하면 　 (주어) 당신은 　 (동사) 이다 　 그것의 노예

구문 알기

명언 속 핵심 문법을 통해 명언을 자세히 이해해 보세요.

📎 **as long as** a word remains unspoken

말을 하지 않는 한

→ 여기서 as long as는 '~하는 한, ~하기만 하면'이라는 의미로 '조건'을 나타내는 부사절 접속사로 쓰였습니다. as long as로 단순히 사물이나 시간의 '길이'를 비교할 경우에는 This is twice **as long as** that.(이것은 저것의 두 배만큼 길다.)과 같이 씁니다.

📎 **once** you utter it

일단 당신이 그것을 말하면

→ once는 횟수를 나타내는 '한 번'의 의미로 쓸 수도 있지만, 여기서처럼 접속사로 쓰일 때는 '일단 ~하면' 의 의미입니다.

단어·숙어 알기
명언에 나온 단어와 숙어를 익혀 보세요.

- **remain :** 통 남다, 계속 ~하다

  EX They **remained** at the cafe until she came back.

  그들은 그녀가 다시 돌아올 때까지 그 카페에 남아 있었다.

- **utter :** 통 소리를 내다, 말하다

  EX They kept silent without **uttering** a word.

  그들은 말 한마디 하지 않고 조용했다.

명언 다시 쓰기
명언을 소리 내어 읽어 보고 단계별로 써 보세요.

말을 하지 않는 한

✐

당신은 그것의 주인이다

✐

일단 당신이 그것을 말하면

✐

당신은 그것의 노예이다

✐

"말을 하지 않는 한, 당신은 그 말의 주인이다. 일단 당신이 그것을 말하면, 당신은 그 말의 노예이다."

✐

The apprenticeship of difficulty is one which the greatest of men have had to serve.

고난이라는 수습 기간은 가장 위대한 사람들이 거쳐야 했던 것이다.

- Samuel Smiles -

 주어와 동사 찾기

명언을 읽고 해석해 보고, 영어 문장 속 주어와 동사를 적어 보세요.

(주어) 고난이라는 수습 기간은	(동사) 이다

one which the greatest of men have had to serve.

가장 위대한 사람들이 거쳐야 했던 것

 구문 알기

명언 속 핵심 문법을 통해 명언을 자세히 이해해 보세요.

🔖 one [which the greatest of men have had to serve]

[가장 위대한 사람들이 거쳐야 했던] 것

→ 여기서 one은 '하나'라는 수를 나타내는 말이 아니라 일반적인 어떤 '것'을 나타내는 대명사로 쓰였습니다. 이 one을 선행사로 하여 which가 이끄는 관계대명사절이 이어지고 있습니다. 이때, which는 목적격 관계대명사입니다.

🔖 [the greatest of men] have had to serve

[가장 위대한 사람들이] 거쳐왔어야 했다

→ [have to + 동사원형]은 '~해야만 한다'는 의미로 조동사 must와 같이 강한 의무를 나타냅니다. [have
　+ 과거분사]는 현재완료 시제로서 어떤 일이 과거부터 지금까지 지속되거나, 과거에 시작해서 현재
　마무리되었거나, 현재에도 그 영향이 미치고 있을 때 씁니다. [have had to + 동사원형]은 이 둘이
　결합된 것으로 과거부터 지금까지 '~해와야 했다'는 의미가 됩니다.

단어·숙어 알기
명언에 나온 단어와 숙어를 익혀 보세요.

🔖 **apprenticeship :** 몡 수습 기간, 수습직

　　EX When will my **apprenticeship** end?
　　　제 견습 기간은 언제 종료되나요?

명언 다시 쓰기
명언을 소리 내어 읽어 보고 단계별로 써 보세요.

고난이라는 수습 기간은

✐

가장 위대한 사람들이 거쳐야 했던 것이다

✐

"고난이라는 수습 기간은 가장 위대한 사람들이 거쳐야 했던 것이다."

✐

Be miserable. Or motivate yourself. Whatever has to be done, it's always your choice.

비참해져라. 아니면 스스로에게 동기를 부여하라. 무엇을 하든, 그것은 항상 당신의 선택이다.

- Wayne Dyer -

주어와 동사 찾기

명언을 읽고 해석해 보고, 영어 문장 속 주어와 동사를 적어 보세요.

(   )   miserable. Or (   )   yourself.

(주어 생략) 당신은   (동사) 되어라   비참한   아니면 (주어 생략) 당신은   (동사) 동기를 부여하라   스스로에게

Whatever has to be done, it's always your choice.

무엇을 하든, 그것은 항상 당신의 선택이다

구문 알기

명언 속 핵심 문법을 통해 명언을 자세히 이해해 보세요.

▸ Be miserable. Or motivate yourself.

비참해져라. 아니면 스스로에게 동기를 부여하라.

→ Motivate yourself.처럼 명령문은 보통 동사원형으로 시작하듯이, 형용사로 명령문을 만들려면 be 동사의 원형을 이용해서 [Be + 형용사]로 쓰면 됩니다. 명령문 다음에 온 접속사 or은 '그렇지 않으면, ~가 아니면'으로 해석합니다.

▸ Whatever has to be done, it's always your choice.

무엇을 하든, 그것은 항상 당신의 선택이다.

→ whatever는 복합관계대명사로, 분석하면 [what(무엇) + ever(~든지)]입니다. 복합관계대명사는

명사절이나 부사절을 이끄는 접속사 역할을 하는데, 여기서는 whatever 자체가 부사절의 주어로 쓰여 '무엇이 행해져야 하든 간에'라는 의미가 되었습니다. 동사구 [has to be done]은 의무의 조동사 [has to]와 수동태 [be done]이 합쳐진 것입니다.

 ## 단어·숙어 알기
명언에 나온 단어와 숙어를 익혀 보세요.

🔖 **miserable :** 🔲 비참한

🔳 He looks **miserable** these days.

　그는 요즘 비참해 보인다.

🔖 **motivate :** 🔲 동기를 부여하다

🔳 Supervisors should **motivate** employees to work more efficiently.

　관리자들은 직원들이 보다 효율적으로 일하도록 동기를 부여해야 한다.

 ## 명언 다시 쓰기
명언을 소리 내어 읽어 보고 단계별로 써 보세요.

비참해져라
✏️
아니면 스스로에게 동기를 부여하라
✏️
무엇을 하든
✏️
그것은 항상 당신의 선택이다
✏️
"비참해져라. 아니면 스스로에게 동기를 부여하라. 무엇을 하든 그것은 항상 당신의 선택이다."
✏️

Logic will get you from A to B. Imagination will take you everywhere.

논리는 당신을 A에서 B로 이동시킬 것이다. 상상력은 당신을 어디로든 데려다줄 것이다.

- Albert Einstein -

주어와 동사 찾기

명언을 읽고 해석해 보고, 영어 문장 속 주어와 동사를 적어 보세요.

		you from A to B.
(주어) 논리는	(동사) 이동시킬 것이다	당신을 A에서 B로

		you everywhere.
(주어) 상상력은	(동사) 데려다줄 것이다	당신을 어디로든

구문 알기

명언 속 핵심 문법을 통해 명언을 자세히 이해해 보세요.

🍃 **get** you [from A to B] / **take** you everywhere

당신을 A에서 B로 이동시키다 / 당신을 어디로든 데리고 가다

→ 동사 get은 다양한 의미로 사용됩니다. '얻다, 받다'(obtain), '~이 되다, 변하다'(become) 외에 '~에 도착하다, 이동하게 하다'의 의미로도 쓰입니다. 이번 명언에서는 [get + 목적어 + from A to B]의 형태로, '~를 A에서 B로 이동시키다'라는 의미로 쓰였습니다. get 대신 take를 써도 비슷한 의미이지만 get은 좀 더 수동적으로 이동하는 뉘앙스인 반면, take는 보다 물리적인 이동의 의지가 강한 느낌을 줍니다. 참고로, get은 '~하게 하다, ~되도록 하다'라는 뜻으로도 쓰이는데, You must **get** your hair cut.(너 머리를 잘라야 해.)이 대표적인 예입니다. 스스로 머리를 자르는 것이 아니라 누군가에게 머리를 자르도록 한다는 말이므로, 이때의 get 역시 수동적인 뉘앙스로 이해하면 됩니다.

단어·숙어 알기

명언에 나온 단어와 숙어를 익혀 보세요.

logic : 🄝 논리, 타당성

  ᴇх A mind all **logic** is like a knife all blade. It makes the hand bleed that uses it. (Rabindranath Tagore)

    매우 논리적인 정신은 날이 바짝 선 칼과 같다. 그것을 사용하는 손이 피를 흘리게 만든다.

imagination : 🄝 상상력

  ᴇх It is necessary for young people to go beyond the limits of their **imagination**.

    상상력의 한계를 넘어서는 것이 젊은이에게는 필요하다.

명언 다시 쓰기

명언을 소리 내어 읽어 보고 단계별로 써 보세요.

논리는 당신을 이동시킬 것이다
✎
A에서 B로
✎
상상력은 당신을 데려다줄 것이다
✎
어디로든
✎
"논리는 당신을 A에서 B로 이동시킬 것이다. 상상력은 당신을 어디로든 데려다줄 것이다."
✎

As far as we can discern, the sole purpose of human existence is to kindle a light in the darkness of mere being.

우리가 분별할 수 있는 한, 인간 존재의 유일한 목적은 단순한 존재의 어둠 속에서 불을 밝히는 것이다.

– Carl Jung –

주어와 동사 찾기

명언을 읽고 해석해 보고, 영어 문장 속 주어와 동사를 적어 보세요.

As far as we can discern, [   ]

우리가 분별할 수 있는 한   (주어) 인간 존재의 유일한 목적은

[   ] **to kindle a light in the darkness of mere being.**

(동사) 이다   단순한 존재의 어둠 속에서 불을 밝히는 것

구문 알기

명언 속 핵심 문법을 통해 명언을 자세히 이해해 보세요.

🔖 **as far as** we can discern

우리가 분별할 수 있는 한

→ far는 원래 '멀리, 먼'이라는 의미입니다. 그래서 as far as라고 하면 거리나 범위가 '~까지, ~ 내에서' 라는 뜻으로 쓰입니다. 빈번히 쓰이는 표현으로 **as far as** I know(내가 아는 한)가 있습니다.

- 📎 **in the darkness of mere being**

  단순한 존재의 어둠 속에서

  → mere는 '단순한, 그저 ~한'이라는 의미의 형용사입니다. 부사형 merely는 only나 just처럼 '단지'의
  뜻으로 쓰입니다. being은 [be + -ing] 형태로 현재분사 또는 동명사처럼 보이지만 여기서는 '존재'라는
  의미의 명사로 쓰였습니다.

단어·숙어 알기
명언에 나온 단어와 숙어를 익혀 보세요.

- 📎 **discern :** 🔵 인지하다, 알아차리다, 식별하다

  ᴇx It was difficult to **discern** the colors and patterns since it was too dark.

  너무 어두워서 색과 무늬를 구별하기가 어려웠다.

명언 다시 쓰기
명언을 소리 내어 읽어 보고 단계별로 써 보세요.

우리가 분별할 수 있는 한

✏️

인간 존재의 유일한 목적은

✏️

불을 밝히는 것이다

✏️

단순한 존재의 어둠 속에서

✏️

"우리가 분별할 수 있는 한, 인간 존재의 유일한 목적은 단순한 존재의 어둠 속에서 불을 밝히는

것이다."

✏️

You need to overcome the tug of people against you as you reach for high goals.

높은 목표를 향해 손을 뻗을 때 당신에게 맞서는 사람들과의 힘겨루기를 극복할 필요가 있다.

- George S. Patton -

주어와 동사 찾기

명언을 읽고 해석해 보고, 영어 문장 속 주어와 동사를 적어 보세요.

		the tug of people against you
(주어) 당신은	(동사) 극복할 필요가 있다	당신에게 맞서는 사람들과의 힘겨루기를

as you reach for high goals.

당신이 높은 목표를 향해 손을 뻗을 때

구문 알기

명언 속 핵심 문법을 통해 명언을 자세히 이해해 보세요.

🍃 you **need to** overcome

당신은 극복할 필요가 있다

→ need to는 must나 have to처럼 의무/필요를 나타내는 조동사이지만, must와 have to가 '~해야 한다'
는 의미로 강한 필요나 의무를 나타낸다면 need to는 '~할 필요가 있다' 정도로 어감이 훨씬 약합니다.
조동사는 동사원형과 함께 오기 때문에 need to 다음에는 동사원형이 옵니다.

🍃 **as** you reach for high goals

당신이 높은 목표를 향해 손을 뻗을 때

→ 접속사 as는 여러 상황에서 다양한 의미로 쓰입니다. 여기서는 '~할 때, ~하는 동안'이라는 뜻으로, 접속사 when이나 while로 대체할 수 있습니다.

단어·숙어 알기
명언에 나온 단어와 숙어를 익혀 보세요.

▶ **tug :** 몡 잡아당김, 힘겨루기   동 잡아당기다

　EX Even though I felt a **tug** at my sleeve, there was no one.

　소매를 잡아당기는 것이 느껴졌지만, 아무도 없었다.

▶ **reach :** 동 닿다, 도달하다

　EX When you **reach** the end of your rope, tie a knot in it and hang on.

　(Franklin D. Roosevelt)

　밧줄 끝에 다다르면 매듭을 묶고 버텨라.

명언 다시 쓰기
명언을 소리 내어 읽어 보고 단계별로 써 보세요.

당신은 극복할 필요가 있다

✎

당신에게 맞서는 사람들과의 힘겨루기를

✎

당신이 높은 목표를 향해 손을 뻗을 때

✎

"높은 목표를 향해 손을 뻗을 때 당신에게 맞서는 사람들과의 힘겨루기를 극복할 필요가 있다."

✎

To become truly great, one has to stand with people, not above them.

진정으로 위대해지기 위해서는 사람들 위에 서 있는 것이 아니라 사람들과 함께 서 있어야 한다.

- Montesquieu -

주어와 동사 찾기

명언을 읽고 해석해 보고, 영어 문장 속 주어와 동사를 적어 보세요.

To become truly great, [   ] [   ] **with people,**

진정으로 위대해지기 위해서는   (주어) 사람은   (동사) 서 있어야 한다   사람들과 함께

not above them.

사람들 위가 아니라

구문 알기

명언 속 핵심 문법을 통해 명언을 자세히 이해해 보세요.

to become truly great

진정으로 위대해지기 위해서는

→ to부정사의 대표적인 쓰임 중 하나가 바로 '목적'을 나타내는 것입니다. '~하기 위해서'로 해석하며 [to + 동사원형]의 형태로 문장의 앞이나 뒤에 올 수 있습니다.

one has to stand with people

사람은 사람들과 함께 서 있어야 한다

→ 여기서 one은 '하나'를 의미하는 수사가 아니라 부정대명사로 쓰여 일반적인 사람을 나타냅니다. 부정대명사는 정해지지 않은 막연한 대상을 가리킬 때 사용합니다.

- **stand :** 통 서 있다, ~한 입장에 있다

  EX No minister ever **stood**, or could **stand**, against public opinion.

  (Robert Peel)

  어떤 장관도 결코 여론에 맞서지 않았고, 맞설 수도 없었다.

- **above :** 전 ~ 위에

  EX A people that values its privileges **above** its principles soon loses both.

  (Dwight D. Eisenhower)

  원칙보다 특권을 중시하는 국민은 곧 둘 다 잃는다.

명언 다시 쓰기
명언을 소리 내어 읽어 보고 단계별로 써 보세요.

진정으로 위대해지기 위해서는

✎

사람들과 함께 서 있어야 한다

✎

사람들 위가 아니라

✎

"진정으로 위대해지기 위해서는 사람들 위에 서 있는 것이 아니라 사람들과 함께 서 있어야 한다."

✎

I often obsess so much about things that I can't get done that I ruin other things.

나는 종종 내가 해낼 수 없는 일들에 너무 많이 집착한 나머지 다른 일을 망친다.

– Marilyn Manson –

주어와 동사 찾기

명언을 읽고 해석해 보고, 영어 문장 속 주어와 동사를 적어 보세요.

| | often | | **so much about things that I can't get done** |

(주어) 나는   종종   (동사) 집착한다   내가 해낼 수 없는 일들에 대해 너무 많이

that I ruin other things.

그 결과 나는 다른 일들을 망친다

구문 알기

명언 속 핵심 문법을 통해 명언을 자세히 이해해 보세요.

🔖 I often obsess **so** much **that** I ruin other things

나는 종종 너무 많이 집착한 나머지 다른 일들을 망친다

→ 이번 명언을 수식어구를 생략하고 단순화시키면 위와 같습니다. [so + 형용사/부사 + that + 주어 + 동사]는 '너무 ~해서 …하다'의 의미로 원인과 결과를 나타내는 중요한 표현입니다. 이때 so는 부사로서 뒤에 오는 형용사나 부사를 강조하는 역할을 하고, 접속사 that 이하는 결과를 나타냅니다.

EX Jane was **so** busy **that** she didn't have lunch.

Jane은 너무 바빠서   점심을 먹지 못했다.

 원인   결과

- about things [that I can't get done]

[내가 해 낼 수 없는] 일들에 대해

→ 선행사 things를 목적격 관계대명사 that이 이끄는 형용사절이 수식하고 있습니다.

단어·숙어 알기
명언에 나온 단어와 숙어를 익혀 보세요.

- **obsess :** ⑤ (~에 대해) 강박감을 갖다; ~을 사로잡다, ~에 집착하게 하다
  - ㉔ My boss has a tendency to **obsess** over my tiny mistakes.
    내 상사는 나의 작은 실수들에 집착하는 경향이 있다.

- **ruin :** ⑤ 망치다, 엉망으로 만들다 ⑲ 붕괴, 파산
  - ㉔ His injury **ruined** his career as a car racer.
    그의 부상은 카레이서로서의 그의 경력을 망쳤다.

명언 다시 쓰기
명언을 소리 내어 읽어 보고 단계별로 써 보세요.

나는 종종 너무 집착한다

✎

내가 해낼 수 없는 일들에 대해

✎

그 결과 나는 다른 일들을 망친다

✎

"나는 종종 내가 해낼 수 없는 일들에 너무 많이 집착한 나머지 다른 일들을 망친다."

✎

Don't worry when you are not recognized, but strive to be worthy of recognition.

인정받지 못할 때는 걱정하지 말고 인정받을 만한 가치가 있도록 노력하라.

- Abraham Lincoln -

주어와 동사 찾기

명언을 읽고 해석해 보고, 영어 문장 속 주어와 동사를 적어 보세요.

(   )   **when you are not recognized,**

(주어 생략) 당신은   (동사) 걱정하지 마라   인정받지 못할 때

but (**)**   **to be worthy of recognition.**

하지만 (주어 생략) 당신은   (동사) 노력하라   인정받을 만한 가치가 있도록

구문 알기

명언 속 핵심 문법을 통해 명언을 자세히 이해해 보세요.

- **don't worry [when you are not recognized]**

  [인정받지 못할 때] 걱정하지 마라

  → '인정하다'라는 동사 recognize를 '인정받다'라는 수동의 의미로 만들기 위해 수동태, 즉 [be동사 + 과거분사] 형태로 썼습니다. 수동태의 부정문은 be동사 다음에 not을 넣어 [be동사 + not + 과거분사] 로 씁니다.

- **strive [to be worthy of recognition]**

  [인정받을 만한 가치가 있도록] 노력하라

→ [be worthy of + 명사/동명사]는 '~할 가치가 있다, ~할 만하다'의 의미로 쓰입니다. 참고로, [be worth + 명사/동명사] 역시 같은 뜻이지만, 이때는 worth 뒤에 전치사 없이 명사나 동명사가 바로 온다는 것도 알아 두세요.

단어·숙어 알기
명언에 나온 단어와 숙어를 익혀 보세요.

◾ **recognize :** 통 인정하다, 공인하다, 알아보다

　EX His appearance was so shabby that I couldn't **recognize** who he was.

　　그의 행색이 너무나 초라해서 그가 누구인지 알아차릴 수 없었다.

◾ **strive :** 통 노력하다, 애쓰다, 분투하다

　EX I want to **strive** against this stereotype.

　　나는 이런 고정관념에 맞서고 싶다.

명언 다시 쓰기
명언을 소리 내어 읽어 보고 단계별로 써 보세요.

걱정하지 마라

✎

인정받지 못할 때는

✎

하지만 노력하라

✎

인정받을 만한 가치가 있도록

✎

"인정받지 못할 때는 걱정하지 말고 인정받을 만한 가치가 있도록 노력하라."

✎

To be truly engaged at work, your brain needs periodic breaks to gain fresh perspective and energy.

진정으로 일에 몰두하기 위해, 당신의 뇌는 새로운 관점과 에너지를 얻기 위한 주기적인 휴식이 필요하다.

- Shawn Achor -

주어와 동사 찾기

명언을 읽고 해석해 보고, 영어 문장 속 주어와 동사를 적어 보세요.

To be truly engaged at work, [   ] [   ]

진정으로 일에 몰두하기 위해   (주어) 당신의 뇌는   (동사) 필요하다

periodic breaks to gain fresh perspective and energy.

새로운 관점과 에너지를 얻기 위한 주기적인 휴식이

구문 알기

명언 속 핵심 문법을 통해 명언을 자세히 이해해 보세요.

🔖 to be truly engaged at work

진정으로 일에 몰두하기 위해

→ '목적'을 나타내는 부사적 용법의 to부정사 구문입니다. to부정사를 수동의 의미로 쓰고 싶을 때 [to be + 과거분사] 형태로 나타낼 수 있습니다. 여기서도 마찬가지인데, engage는 타동사로서 '~를 몰두하게 하다'라는 의미이므로 의미상의 주어인 you가 '몰두되어 있는' 상태를 나타내려면 수동태가 적합하기 때문에 to be engaged(몰두하기 위해)로 표현한 것입니다.

🔖 to gain fresh perspective and energy

새로운 관점과 에너지를 얻기 위해

→ to gain이 '얻기 위해서'로 해석되므로 to부정사의 부사적 용법 중 '목적'에 해당합니다. 동사 gain은 '~을 얻다, 획득하다'라는 의미로 주로 쓰이며 비슷한 의미의 get으로 바꿔 쓸 수 있습니다.

단어·숙어 알기
명언에 나온 단어와 숙어를 익혀 보세요.

- **periodic :** 형 주기적인

  EX All cars need **periodic** maintenance.

  모든 자동차는 주기적인 정비가 필요하다.

- **perspective :** 명 관점, 시각

  EX He has a broad **perspective** of social phenomena.

  그는 사회 현상에 대한 광범위한 관점을 가지고 있다.

명언 다시 쓰기
명언을 소리 내어 읽어 보고 단계별로 써 보세요.

진정으로 일에 몰두하기 위해

✎

당신의 뇌는 필요로 한다

✎

주기적인 휴식을

✎

새로운 관점과 에너지를 얻기 위한

✎

"진정으로 일에 몰두하기 위해, 당신의 뇌는 새로운 관점과 에너지를 얻기 위한 주기적인 휴식이

필요하다."

✎

Whoever does not regard what he has as most ample wealth, is unhappy, though he be master of the world.

자신이 가진 것을 가장 풍요로운 부로 여기지 않는 사람은 누구든지, 그가 세상의 주인일지라도 불행하다.

- Epictetus -

주어와 동사 찾기

명언을 읽고 해석해 보고, 영어 문장 속 주어와 동사를 적어 보세요.

| |
| |

(주어) 자신이 가진 것을 가장 풍요로운 부로 여기지 않는 사람은 누구든지

| |
unhappy, though he be master of the world.

(동사) 이다   불행한   그가 세상의 주인일지라도

구문 알기

명언 속 핵심 문법을 통해 명언을 자세히 이해해 보세요.

▶ whoever does not regard [what he has] as most ample wealth

[자신이 가진 것을] 가장 풍요로운 부로 여기지 않는 사람은 누구든지

→ whoever가 이끄는 명사절이 문장 전체의 주어로 쓰였습니다. 복합관계대명사 whoever는 '~한 누구든지'라는 의미로 해석하며 anyone who로 바꿔 쓸 수 있습니다. 또한, what은 선행사를 포함한 관계대명사로 what he has(그가 가진 것)가 동사 regard의 목적어로 왔습니다.

◗ **though** he **be** master of the world

그가 세상의 주인일지라도

→ though는 '비록 ~할지라도'라는 의미의 종속 접속사입니다. because, if와 같은 종속 접속사는 두 개의 절을 연결해서 주절과 종속절의 관계를 나타냅니다. 원래 이 문장은 though he would be master of the world였는데 조동사 would(~일 것이다)가 생략되고 be만 남았습니다.

단어·숙어 알기
명언에 나온 단어와 숙어를 익혀 보세요.

◗ **regard A as B** : A를 B로 간주하다, 여기다

EX He **regarded** the incident **as** a political conspiracy.

그는 이번 사건을 정치적 음모라고 여겼다.

명언 다시 쓰기
명언을 소리 내어 읽어 보고 단계별로 써 보세요.

여기지 않는 사람은 누구든지

자신이 가진 것을 가장 풍요로운 부로

불행하다

그가 세상의 주인일지라도

"자신이 가진 것을 가장 풍요로운 부로 여기지 않는 사람은 누구든지, 그가 세상의 주인일지라도 불행하다."

Patience is not simply the ability to wait – it's how we behave while we're waiting.

인내는 단순히 기다리는 능력이 아니라 기다리는 동안 어떻게 행동하는가이다.

- Joyce Meyer -

 주어와 동사 찾기

명언을 읽고 해석해 보고, 영어 문장 속 주어와 동사를 적어 보세요.

		simply the ability to wait
(주어) 인내는	(동사) 아니다	단순히 기다리는 능력이

– how we behave while we're waiting.

(주어) 그것은 (동사) 이다   기다리는 동안 우리가 어떻게 행동하는가

 구문 알기

명언 속 핵심 문법을 통해 명언을 자세히 이해해 보세요.

🔖 patience is not simply <u>the ability</u> [to wait]

인내는 단순히 [기다리는] 능력이 아니다

→ to부정사는 [to + 동사원형]의 형태로 문장에서 명사, 형용사, 부사 역할을 합니다. 여기서는 앞에 나온 명사 the ability(능력)를 꾸며 주는 형용사로 쓰였으며, '~하는, ~한'으로 해석합니다.

🔖 it's how we behave

그것은 우리가 어떻게 행동하는가이다

→ 의문사 how는 상태나 정도 또는 의견을 물을 때뿐만 아니라 여기서처럼 방법이나 수단을 이야기할 때도 쓰입니다. 이때는 [how + 주어 + 동사]를 [how + to부정사]로도 표현할 수 있습니다.

단어·숙어 알기
명언에 나온 단어와 숙어를 익혀 보세요.

patience : 몡 인내

EX I am blessed to be surrounded by the people I love. I thank them for their **patience** and grace. (Matt Lauer)

내가 사랑하는 사람들에게 둘러싸인 것은 축복받은 일이다. 나는 그들의 인내심과 은혜에 정말 감사하다.

명언 다시 쓰기
명언을 소리 내어 읽어 보고 단계별로 써 보세요.

인내는 단순히 기다리는 능력이 아니다

그것은 어떻게 행동하는가이다

우리가 기다리는 동안

"인내는 단순히 기다리는 능력이 아니라 기다리는 동안 어떻게 행동하는가이다."

Without knowledge action is useless and knowledge without action is futile.

지식 없이는 행동은 쓸모없고, 행동 없는 지식은 헛되다.

– Abu Bakr –

주어와 동사 찾기

명언을 읽고 해석해 보고, 영어 문장 속 주어와 동사를 적어 보세요.

Without knowledge ⬚ ⬚ **useless**

　　지식 없이는　　(주어) 행동은　(동사) 이다　쓸모없는

and ⬚ ⬚ **futile.**

그리고　　　　(주어) 행동 없는 지식은　　　(동사) 이다　헛된

구문 알기

명언 속 핵심 문법을 통해 명언을 자세히 이해해 보세요.

🔖 Without knowledge action is useless and knowledge without action is futile.

지식 없이는 행동은 쓸모없고, 행동 없는 지식은 헛되다.

→ without은 '~이 없이, ~하지 않고'를 의미하는 전치사로 뒤에 명사, 대명사, 동명사가 올 수 있습니다. 이 문장에서는 [without + 명사]가 반복되는데, 앞 문장에서는 주어 action 앞에 배치하여 '~가 없다면'이라는 조건처럼 쓴 반면, 뒤 문장에서는 주어 knowledge 바로 뒤에 배치하여 '~가 없는'이라는 의미로 주어를 수식하는 형태로 썼습니다.

■ [Without knowledge action is useless] and [knowledge without action is futile].

지식 없이는 행동은 쓸모없고, 행동 없는 지식은 헛되다.

→ and는 대표적인 등위접속사로 등위접속사는 단어와 단어, 구와 구, 절과 절 등 서로 대등한 요소를 연결합니다. 여기서도 마찬가지로 and 앞에 주어와 동사를 갖춘 절이 왔으므로 and 뒤에도 절이 온 것입니다.

단어·숙어 알기
명언에 나온 단어와 숙어를 익혀 보세요.

■ **useless :** 형 소용없는, 쓸모없는

EX Just because something doesn't do what you planned it to do doesn't mean it's **useless.** (Thomas A. Edison)

어떤 것이 당신의 계획대로 되지 않는다고 해서 그것이 쓸모없는 것은 아니다.

명언 다시 쓰기
명언을 소리 내어 읽어 보고 단계별로 써 보세요.

지식 없이는

✎

행동은 쓸모없고

✎

행동 없는 지식은

✎

헛되다

✎

"지식 없이는 행동은 쓸모없고, 행동 없는 지식은 헛되다."

✎

Courage is doing what you are afraid to do. There can be no courage unless you are scared.

용기는 하기 두려운 것을 하는 것이다. 두려워하지 않는 한 용기는 있을 수 없다.

– Eddie Rickenbacker –

 주어와 동사 찾기

명언을 읽고 해석해 보고, 영어 문장 속 주어와 동사를 적어 보세요.

| | | **doing what you are afraid to do.** |

(주어) 용기는   (동사) 이다   당신이 하기 두려운 것을 하는 것

There [ ] [ ] **unless you are scared.**

(유도부사) (동사) 있을 수 있다   (주어) 어떤 용기도 ~ 아니다   두려워하지 않는 한

 구문 알기

명언 속 핵심 문법을 통해 명언을 자세히 이해해 보세요.

🔹 courage is doing [what you are afraid to do]

[용기는 당신이 하기 두려운 것을] 하는 것이다

→ doing은 동명사로 쓰였으며, doing 이하가 주어 courage의 보어 역할을 하고 있습니다. what 이하는 동명사 doing의 목적어로, 여기서 what은 관계대명사입니다. 관계대명사는 보통 선행사 뒤에 와서 선행사를 수식하는 형용사절을 이끌지만, what은 선행사를 포함하는 관계대명사이므로 선행사를 쓰지 않습니다. 관계대명사 what은 '~하는 것'으로 해석하며 명사절을 이끕니다.

- **there** can be no courage

  용기는 있을 수 없다

  → there는 다양한 품사와 의미로 쓰이는데, 여기서는 유도부사로 쓰였습니다. 유도부사 there를 이용해 '~이 있다/없다'를 표현할 때는 [there + be동사 + 주어] 어순으로 쓰는데, 여기서처럼 조동사를 함께 쓸 경우에는 [there + 조동사 + be동사 + 주어]의 어순을 취합니다.

단어·숙어 알기
명언에 나온 단어와 숙어를 익혀 보세요.

- **courage** : 옝 용기

  ㄸ His **courage** will be remembered for a long time.

  그의 용기는 오랫동안 기억될 것이다.

명언 다시 쓰기
명언을 소리 내어 읽어 보고 단계별로 써 보세요.

용기는 하는 것이다
✎
당신이 하기 두려운 것을
✎
용기는 있을 수 없다
✎
두려워하지 않는 한
✎
"용기는 하기 두려운 것을 하는 것이다. 두려워하지 않는 한 용기는 있을 수 없다."
✎

Our prime purpose in this life is to help others. And if you can't help them, at least don't hurt them.

삶에 있어서 우리의 주된 목적은 다른 사람을 돕는 것이다. 만약 도움을 줄 수 없다면,
적어도 해를 끼치지 마라.

– Dalai Lama –

주어와 동사 찾기

명언을 읽고 해석해 보고, 영어 문장 속 주어와 동사를 적어 보세요.

		to help others.

(주어) 삶에 있어서 우리의 주된 목적은 　　(동사) 이다 　다른 사람들을 돕는 것

And if you can't help them, at least (　　　) 　　　　　　　 them.

그리고 만약 그들을 도와 줄 수 없다면, 적어도 　(주어 생략) 당신은 　(동사) 해를 끼치지 마라 　그들에게

구문 알기

명언 속 핵심 문법을 통해 명언을 자세히 이해해 보세요.

▷ [our prime purpose in this life] is to help others

[삶에 있어서 우리의 주된 목적은] [다른 사람을 돕는 것]이다

→ 이 문장의 주어는 our prime purpose in this life이고, 그중에서도 핵심 주어는 '목적'이라는 의미의
단수 명사 purpose입니다. 이와 수 일치를 위해 동사 is가 왔습니다. to help others는 '다른 사람들을
돕는 것'으로 해석하며, to부정사의 명사적 용법으로 이 문장에서는 보어 역할을 하고 있습니다.

- **at least** don't hurt them

적어도 그들에게 해를 끼치지 마라

→ least는 형용사 little의 최상급으로 '가장 적은'이라는 의미입니다. 참고로 little의 원급 - 비교급 - 최상급은 little - less - least입니다. 이때, little의 최상급 least를 at과 함께 써서 at least라고 하면 '최소한, 적어도'라는 의미가 됩니다.

 ## 단어·숙어 알기
명언에 나온 단어와 숙어를 익혀 보세요.

- **prime :** ⑱ 주된, 주요한, 최상의

  EX My **prime** concern is to prevent climate change.

  나의 주된 관심사는 기후 변화를 막는 것이다.

 ## 명언 다시 쓰기
명언을 소리 내어 읽어 보고 단계별로 써 보세요.

삶에 있어서 우리의 주된 목적은
✎
다른 사람을 돕는 것이다
✎
그리고 만약 그들을 도와 줄 수 없다면,
✎
적어도 그들에게 해를 끼치지 마라
✎
"삶에 있어서 우리의 주된 목적은 다른 사람을 돕는 것이다. 만약 도움을 줄 수 없다면, 적어도 해를 끼치지 마라."
✎

The soul is placed in the body like a rough diamond, and must be polished, or the luster of it will never appear.

영혼은 거친 다이아몬드처럼 몸 안에 자리 잡고 있는데, 연마되지 않으면 그것의 광채는 결코 나타나지 않을 것이다.

- Daniel Defoe -

 ## 주어와 동사 찾기

명언을 읽고 해석해 보고, 영어 문장 속 주어와 동사를 적어 보세요.

		in the body
(주어) 영혼은	(동사) 자리 잡고 있다	몸 안에

like a rough diamond, and (   )

거친 다이아몬드처럼　　　그리고　　(주어 생략) 영혼은　　　　　　(동사) 연마되어야 한다

or

그렇지 않으면　　　(주어) 그것의 광채는　　　　　　　　　(동사) 결코 나타나지 않을 것이다

 ## 구문 알기

명언 속 핵심 문법을 통해 명언을 자세히 이해해 보세요.

🔖 the soul **is placed** in the body like a rough diamond, and **must be polished**

영혼은 거친 다이아몬드처럼 몸 안에 자리 잡고 있고, 연마되어야 한다

→ 주어 the soul(영혼)이 place(놓다)와 polish(연마하다)라는 행위를 당하는 것이므로 수동태, 즉

[be동사 + 과거분사] 형태인 is placed와 must be polished로 표현했습니다. must be polished 는 [조동사 + 동사원형]과 [be동사 + 과거분사]가 결합하여 [조동사 + be + 과거분사]가 된 것입니다.

🔖 or the luster of it will never appear

그렇지 않으면 그것의 광채는 결코 나타나지 않을 것이다

→ 접속사 or는 앞에 명령문이나 조동사 must, have to 등을 이용한 의무를 나타내는 문장이 올 경우 '그렇지 않으면, 아니면'으로 해석합니다.

단어·숙어 알기
명언에 나온 단어와 숙어를 익혀 보세요.

🔖 luster : 명 광택, 윤

EX **Restore the lost luster to your car with our new car wash service.**

저희의 새로운 세차 서비스로 여러분 차의 잃어버린 광택을 되찾으세요.

명언 다시 쓰기
명언을 소리 내어 읽어 보고 단계별로 써 보세요.

영혼은 몸 안에 자리 잡고 있다

✎

거친 다이아몬드처럼

✎

그리고 연마되어야 한다

✎

그렇지 않으면 그것의 광채는 결코 나타나지 않을 것이다

✎

"영혼은 거친 다이아몬드처럼 몸 안에 자리 잡고 있는데, 연마되지 않으면 그것의 광채는 결코

나타나지 않을 것이다."

✎

Solitude is painful when one is young, but delightful when one is more mature.

고독은 젊을 때는 괴롭지만, 더 성숙했을 때는 즐겁다.

- Albert Einstein -

주어와 동사 찾기

명언을 읽고 해석해 보고, 영어 문장 속 주어와 동사를 적어 보세요.

		painful when one is young,
(주어) 고독은	(동사) 이다	젊을 때는 괴로운

but (　　　　) (　　) delightful when one is more mature.
하지만　　(주어 생략) 고독은　　(동사 생략) 이다　　　　더 성숙했을 때는 즐거운

구문 알기

명언 속 핵심 문법을 통해 명언을 자세히 이해해 보세요.

🍃 solitude is painful when **one** is young

고독은 젊을 때는 괴롭다

→ 여기서 one은 부정대명사로 쓰였으며, 일반적인 사람을 나타냅니다. 부정대명사는 정해지지 않은 막연한 사람이나 사물을 지칭할 때 쓰는 대명사로, one, some, any 등이 이에 해당합니다. one은 가장 대표적인 부정대명사로 복수형은 ones입니다.

🔊 **but** delightful when one is more mature

⌐······ solitude is 생략

성숙할 때는 즐겁다

→ 등위접속사 but 다음에는 앞서 나온 주어 solitude와 동사 is가 생략되어 있습니다. 등위접속사는 단어와 단어, 구와 구, 절과 절 등 서로 대등한 요소를 연결하므로 but 뒤에도 앞에서와 같이 주어와 동사를 갖춘 절이 와야 하지만 여기서처럼 반복을 피하기 위하여 앞에 나왔던 내용을 생략하기도 합니다.

단어·숙어 알기
명언에 나온 단어와 숙어를 익혀 보세요.

🔊 **solitude :** 📖 고독

ᴱˣ Whosoever is delighted in **solitude** is either a wild beast or a god. (Aristotle)
고독 속에서 기뻐하는 사람은 누구든지 야수이거나 신이다.

명언 다시 쓰기
명언을 소리 내어 읽어 보고 단계별로 써 보세요.

고독은 괴롭다

✏️

사람이 젊을 때는

✏️

하지만 즐겁다

✏️

사람이 더 성숙했을 때는

✏️

"**고독은 젊을 때는 괴롭지만, 더 성숙했을 때는 즐겁다.**"

✏️

Those who make the worst use of their time are the first to complain of its shortness.

시간을 가장 잘 못 쓰는 사람들이 가장 먼저 그것의 부족함을 불평한다.

- Jean de la Bruyère -

 주어와 동사 찾기

명언을 읽고 해석해 보고, 영어 문장 속 주어와 동사를 적어 보세요.

(주어) 그들의 시간을 가장 잘 못 쓰는 사람들이

	the first to complain of its shortness.

(동사) 이다   그것의 부족함을 불평하는 첫 번째 (사람들)

 구문 알기

명언 속 핵심 문법을 통해 명언을 자세히 이해해 보세요.

📍 those [who make the worst use of their time]

[그들의 시간을 가장 잘 못 쓰는] 사람들

→ those는 원래 지시대명사 that의 복수형으로 '저것들, 저 사람들'을 의미합니다. 관계대명사 who와 함께 those who로 쓰면 '~하는 사람들'의 의미로 who가 이끄는 관계대명사절의 수식을 받습니다.

📍 the first [to complain of its shortness]

[그것의 부족함을 불평하는] 첫 번째 (사람들)

→ the first 다음에는 people이 생략된 것으로 볼 수 있습니다. to complain 이하의 to부정사구가 앞에
온 명사 the first를 수식하고 있으므로 to부정사의 형용사적 용법입니다.

단어·숙어 알기
명언에 나온 단어와 숙어를 익혀 보세요.

- **complain of :** ~에 대해 불평하다, 호소하다
  - EX He's been **complaining of** his low salary.
    그는 자신의 낮은 월급에 대해 불평해 왔다.

- **shortness :** 몡 부족, 결핍, 간결
  - EX The **shortness** of your essay made it quick to read.
    당신의 에세이가 짧아서 빨리 읽을 수 있었어요.

명언 다시 쓰기
명언을 소리 내어 읽어 보고 단계별로 써 보세요.

그들의 시간을 가장 잘 못 쓰는 사람들이

🖉

첫 번째 (사람들)이다

🖉

그것의 부족함을 불평하는

🖉

"시간을 가장 잘 못 쓰는 사람들이 가장 먼저 그것의 부족함을 불평한다."

🖉

Continuous effort – not strength or intelligence – is the key to unlocking our potential.

힘이나 지능이 아니라 지속적인 노력이 우리의 잠재력을 열어 주는 열쇠이다.

- Winston Churchill -

 주어와 동사 찾기

명언을 읽고 해석해 보고, 영어 문장 속 주어와 동사를 적어 보세요.

	– not strength or intelligence –	
(주어) 지속적인 노력이	힘이나 지능이 아니라	(동사) 이다

the key to unlocking our potential.

우리의 잠재력을 열어 주는 열쇠

 구문 알기

명언 속 핵심 문법을 통해 명언을 자세히 이해해 보세요.

🔖 continuous effort – not strength or intelligence – is the key

힘이나 지능이 아니라 지속적인 노력이 열쇠이다

→ 영어에서의 대시(–)는 좀 더 강조하고 싶은 내용을 추가할 때 사용하며 콤마(,)에 비해 조금 더 비격식체 (informal)에서 쓰입니다. 주의할 것은 좀 더 짧은 하이픈과 구분해야 한다는 점입니다. 짧은 하이픈은 보통 여러 개의 단어를 묶어서 한 덩어리로 표현할 때 쓰며, 대표적인 예로 e-mail이 있습니다.

🔖 the key to unlocking our potential

우리의 잠재력을 열어 주는 열쇠

→ [the key to + 명사/동명사]는 '~을 위한/~을 해 주는 열쇠'라는 의미로 관용적으로 쓰이는 표현입니다. 이때의 to는 '도달점'을 나타내는 전치사이므로 to 다음에는 명사나 동명사가 옵니다.

단어·숙어 알기
명언에 나온 단어와 숙어를 익혀 보세요.

- **intelligence :** 명 지능, 지혜

    EX She had **intelligence** as well as beauty.

    그녀는 미모뿐 아니라 지성도 가졌다.

- **potential :** 명 가능성, 잠재력　형 가능성 있는, 잠재적인

    EX Everyone has the **potential** to become an encourager. (John C. Maxwell)

    모든 사람에게는 격려자가 될 잠재력이 있다.

명언 다시 쓰기
명언을 소리 내어 읽어 보고 단계별로 써 보세요.

지속적인 노력이
✎
힘이나 지능이 아니라
✎
열쇠이다
✎
우리의 잠재력을 열어 주는
✎
"힘이나 지능이 아니라 지속적인 노력이 우리의 잠재력을 열어 주는 열쇠이다."
✎

The world continues to offer glittering prizes to those who have stout hearts and sharp swords.

세상은 강인한 마음과 예리한 칼을 지닌 사람들에게 계속 빛나는 상을 준다.

- F. E. Smith -

주어와 동사 찾기

명언을 읽고 해석해 보고, 영어 문장 속 주어와 동사를 적어 보세요.

		to offer glittering prizes
(주어) 세상은	(동사) 계속한다	빛나는 상을 주는 것을

to those who have stout hearts and sharp swords.

강인한 마음과 예리한 칼을 지닌 사람들에게

구문 알기

명언 속 핵심 문법을 통해 명언을 자세히 이해해 보세요.

🔖 the world continues to offer glittering prizes

세상은 계속 빛나는 상을 준다

→ [continue + to부정사]는 '계속 이어서 ~을 하다'라는 의미입니다. 예를 들어, I continued **to study**. 라고 하면 공부를 하다가 자리를 잠시 비우거나 커피를 마신다고 해도 일단 공부하는 행위가 '계속됐다'는 것을 나타냅니다. 이와 다르게 continue 뒤에 동명사가 와서 I continued **studying**.이라고 하면 자리를 비우지 않고 쭉 공부를 했다는 의미가 됩니다.

🔖 to those [who have stout hearts and sharp swords]

[강인한 마음과 예리한 칼을 지닌] 사람들에게

→ those who는 '~하는 사람들'로 해석하며, who 이하의 관계명사절이 선행사 those를 수식하는 구조입니다. 이때 those는 지시대명사 that의 복수형으로 불특정한 다수의 사람들을 나타냅니다.

 ## 단어·숙어 알기
명언에 나온 단어와 숙어를 익혀 보세요.

🔖 **glittering :** 형 반짝이는, 눈부신

EX This cosmetic will make your skin look **glittering**.

이 화장품은 당신의 피부를 반짝이게 해 줄 것이다.

 ## 명언 다시 쓰기
명언을 소리 내어 읽어 보고 단계별로 써 보세요.

세상은 계속 준다

✎

빛나는 상을

✎

사람들에게

✎

강인한 마음과 예리한 칼을 지닌 (사람들)

✎

"세상은 강인한 마음과 예리한 칼을 지닌 사람들에게 계속 빛나는 상을 준다."

✎

To one who has faith, no explanation is necessary. To one without faith, no explanation is possible.

믿음이 있는 사람에게는 설명이 필요 없다. 믿음이 없는 사람에게는 설명이 불가능하다.

– Thomas Aquinas –

주어와 동사 찾기

명언을 읽고 해석해 보고, 영어 문장 속 주어와 동사를 적어 보세요.

To one who has faith, ⬚⬚⬚⬚⬚⬚⬚⬚⬚⬚ ⬚⬚ **necessary.**

믿음이 있는 사람에게는 　　　(주어) 어떤 설명도 ~ 아니다　　　(동사) 이다　필요한

To one without faith, ⬚⬚⬚⬚⬚⬚⬚⬚⬚⬚ ⬚⬚ **possible.**

믿음이 없는 사람에게는 　　　(주어) 어떤 설명도 ~ 아니다　　　(동사) 이다　가능한

구문 알기

명언 속 핵심 문법을 통해 명언을 자세히 이해해 보세요.

🔖 to one [who has faith]

[믿음이 있는] 사람에게는

→ 부정대명사 one은 구체적인 대상이 있는 것이 아니라 막연한 사람이나 사물을 지칭할 때 쓰는 대명사입니다. 여기서 one은 불특정한 '한 사람'을 가리키고 있으므로 관계대명사 who 다음에 단수 동사 has를 써서 수를 일치시켰습니다.

🔖 no explanation is necessary

어떤 설명도 필요 없다

→ 부정어 no가 이번 명언에서처럼 명사 앞에 오면 '어떤 ~도 아닌, 하나도 ~ 없는'이라는 의미의 한정사로 쓰입니다. 가장 흔히 쓰이는 예가 No problem.입니다. 이처럼 한정사 뒤에는 항상 명사가 오는데, 그래야만 한정할 대상, 즉 범위를 정해 줘야 할 대상이 무엇인지 알 수 있기 때문입니다.

단어·숙어 알기
명언에 나온 단어와 숙어를 익혀 보세요.

🔖 **faith :** 몡 믿음, 신뢰, 신앙

　EX This is the **faith** that I go back to the South with. (Martin Luther King Jr.)

　　이것은 제가 남부로 함께 가지고 돌아가야 할 신념입니다.

🔖 **explanation :** 몡 설명, 해명

　EX Good luck needs no **explanation**. (Shirley Temple)

　　행운은 설명이 필요 없다.

명언 다시 쓰기
명언을 소리 내어 읽어 보고 단계별로 써 보세요.

믿음이 있는 사람에게는

✏️

설명이 필요 없다

✏️

믿음이 없는 사람에게는

✏️

설명이 불가능하다

✏️

　

"믿음이 있는 사람에게는 설명이 필요 없다. 믿음이 없는 사람에게는 설명이 불가능하다."

✏️

A gem cannot be polished without friction, nor a man perfected without trials.

보석은 마찰 없이 세공이 될 수 없고, 사람 또한 시련 없이는 완벽해질 수 없다.

– Chinese Proverb –

 ## 주어와 동사 찾기

명언을 읽고 해석해 보고, 영어 문장 속 주어와 동사를 적어 보세요.

		without friction,
(주어) 보석은	(동사) 세공이 될 수 없다	마찰이 없이

nor | | **without trials.**

또한 ~ 아니다 (주어) 사람은　　(동사 일부 생략) 완벽해질 수 있다　　시련 없이는

 ## 구문 알기

명언 속 핵심 문법을 통해 명언을 자세히 이해해 보세요.

🔖 a gem **cannot be polished** without friction

보석은 마찰 없이 세공될 수 없다

→ cannot be polished는 조동사가 포함된 수동태 구문으로, [조동사 + 동사원형]과 [be동사 + 과거분사]가 결합하여 [조동사 + be + 과거분사] 형태가 된 것입니다. 가능을 나타내는 조동사 can의 부정형 cannot을 사용했으므로 '~될 수 없다'로 해석합니다.

🔖 **nor** (can) a man (be) perfected without trials

사람 또한 시련 없이는 완벽해질 수 없다

→ nor는 접속사로 '~도 (또한) 아니다[없다]'라는 의미입니다. nor에 이미 부정의 의미가 포함되어 있

으로 nor 뒤에 오는 구나 절은 긍정형이라도 부정의 의미로 해석합니다. 여기서는 a man 앞에는 조동사 can이, 뒤에는 be가 생략된 것으로 볼 수 있는데, 접속사 nor 뒤에서는 주어와 동사가 도치되기 때문에 조동사 can이 주어 a man 앞으로 나온 것입니다.

단어·숙어 알기
명언에 나온 단어와 숙어를 익혀 보세요.

📄 **friction :** 몡 마찰, 저항

EX The machine broke down due to **friction** between the two parts.

두 부품 간의 마찰로 기계가 고장 났다.

📄 **trial :** 몡 시험, 실험, 재판

EX The new medicine is in clinical **trials**.

그 신약은 임상시험 중이다.

명언 다시 쓰기
명언을 소리 내어 읽어 보고 단계별로 써 보세요.

보석은 세공이 될 수 없다
🖉
마찰이 없이
🖉
사람 또한 완벽해질 수 없다
🖉
시련 없이는
🖉
"보석은 마찰 없이 세공이 될 수 없고, 사람 또한 시련 없이는 완벽해질 수 없다."
🖉

Only I can change my life. No one can do it for me.

오직 나만이 내 삶을 바꿀 수 있다. 아무도 나를 위해 그것을 해 줄 수 없다.

- Carol Burnett -

 주어와 동사 찾기

명언을 읽고 해석해 보고, 영어 문장 속 주어와 동사를 적어 보세요.

Only [ ] [ ] **my life.**

오직　(주어) 내가　　　　(동사) 바꿀 수 있다　　　　내 삶을

[ ] [ ] **it for me.**

(주어) 아무도 ~ 않다　　(동사) 할 수 있다　　나를 위해 그것을

 구문 알기

명언 속 핵심 문법을 통해 명언을 자세히 이해해 보세요.

▨ Only I can change my life.

오직 나만이 내 삶을 바꿀 수 있다.

→ only를 사람이나 사물에 대해 쓰면 '오직[단지] ~만이'라는 의미로 강조하는 역할을 합니다. 이 문장에서는 주어 I 앞에 only를 써서 '오직 나만' 할 수 있다는 것을 강조하고 있습니다.

▨ No one can do it for me.

아무도 나를 위해 그것을 해 줄 수 없다.

→ no one은 대명사로 '아무도 ~ 않다, ~ 없다'라는 뜻입니다. no one 자체에 부정의 의미가 있어서 not 같은 다른 부정어가 없어도 '~ 않다'로 해석합니다. no one은 nobody로도 바꿔 쓸 수 있습니다.

- **only :** 형 유일한, 오직　　부 단지

  EX She was the **only** girl in her whole class.

    그녀는 반 전체에서 유일한 여학생이었다.

- **change :** 동 바꾸다, 변하다

  EX I had to **change** my clothes because I spilled coffee on my shirt.

    나는 셔츠에 커피를 쏟아서 옷을 갈아입어야 했다.

  EX Suddenly her expression **changed** to serious.

    갑자기 그녀의 표정이 심각하게 변했다.

명언 다시 쓰기
명언을 소리 내어 읽어 보고 단계별로 써 보세요.

오직 나만이 바꿀 수 있다

✎

내 삶을

✎

아무도 그것을 해 줄 수 없다

✎

나를 위해

✎

"오직 나만이 내 삶을 바꿀 수 있다. 아무도 나를 위해 그것을 해 줄 수 없다."

✎

Life is a series of collisions with the future; it is not the sum of what we have been, but what we yearn to be.

인생은 미래와의 일련의 충돌이다. 그것은 우리가 지나왔던 것의 총합이 아니라 우리가 갈망하는 것의 총합이다.

– José Ortega y Gasset –

 주어와 동사 찾기
명언을 읽고 해석해 보고, 영어 문장 속 주어와 동사를 적어 보세요.

		a series of collisions with the future;

(주어) 인생은 　　(동사) 이다　　　　　　　미래와의 일련의 충돌

		not the sum of what we have been,

(주어) 그것은 (동사) 이다　　　　우리가 지나왔던 것의 총합이 아니라

but what we yearn to be.

우리가 갈망하는 것의 총합

 구문 알기
명언 속 핵심 문법을 통해 명언을 자세히 이해해 보세요.

🍃 it is not the sum of what we have been, but what we yearn to be

⌐⋯⋯⋯ the sum of 생략

그것은 우리가 지나왔던 것의 총합이 아니라 우리가 갈망하는 것의 총합이다

→ 'A가 아니라 B이다'라는 뜻의 [not A but B] 구문입니다. 이때 A와 B는 병렬 구조를 이루어야 하므로 but 뒤에는 앞쪽과 마찬가지로 the sum of what we yearn to be 형태가 되어야 하지만, 반복되는 표현은 생략 가능하므로 핵심 표현인 what we yearn to be만 남은 것입니다.

■ the sum of [what we have been] / the sum of [what we yearn to be]

[우리가 지나왔던 것]의 총합 / [우리가 갈망하는 것]의 총합

→ 여기서 what은 선행사를 포함하는 관계대명사로, [what + 주어 + 동사]는 '~가 …하는 것'으로 해석하는 명사절입니다. [have + 과거분사]는 현재완료 시제로, 과거에 시작된 일이 현재까지 영향을 미침을 나타내므로 what we have been은 '과거부터 지금까지 우리가 지나왔던 것'이라는 뜻입니다. but 뒤에 나오는 what we yearn to be는 '되기 위해(to be) 열망하는 것'이라고 해석할 수 있습니다.

단어·숙어 알기
명언에 나온 단어와 숙어를 익혀 보세요.

■ **yearn** : 동 갈망하다, 동경하다

EX When I was young, I **yearned** for big city life.

나는 어렸을 때 대도시의 삶을 동경했다.

명언 다시 쓰기
명언을 소리 내어 읽어 보고 단계별로 써 보세요.

인생은 미래와의 일련의 충돌이다

✎

그것은 우리가 지나왔던 것의 총합이 아니라

✎

우리가 갈망하는 것의 총합이다

✎

"인생은 미래와의 일련의 충돌이다. 그것은 우리가 지나왔던 것의 총합이 아니라 우리가 갈망하는 것의 총합이다."

✎

Worry does not empty tomorrow of its sorrow. It empties today of its strength.

걱정은 내일의 슬픔을 비우지 않는다. 그것은 오늘 써야 할 힘을 비운다.

– Corrie Ten Boom –

주어와 동사 찾기

명언을 읽고 해석해 보고, 영어 문장 속 주어와 동사를 적어 보세요.

		tomorrow of its sorrow.
(주어) 걱정은	(동사) 비우지 않는다	내일의 슬픔을

		today of its strength.
(주어) 그것은	(동사) 비운다	오늘 써야 할 힘을

구문 알기

명언 속 핵심 문법을 통해 명언을 자세히 이해해 보세요.

◉ Worry does not empty tomorrow of its sorrow.

걱정은 내일의 슬픔을 비우지 않는다.

→ worry는 '걱정하다'라는 뜻의 동사와 '걱정'이라는 뜻의 명사로 쓰입니다. 여기서는 명사로 쓰여 주어 자리에 왔습니다. 명사 worry의 복수형은 worries로 단수 동사일 때의 형태와 같아 혼동하기 쉬운데, 이렇게 여러 가지 품사로 쓰이는 단어들은 반드시 문맥을 파악하여 쓰임을 구분해야 합니다. 이 문장에서 '비우다'라는 뜻의 동사로 쓰인 empty 역시 두 가지 품사로 쓰이는데, 형용사로 쓰이면 '비어 있는, 공허한'이라는 뜻이 됩니다.

■ does not **empty** tomorrow **of** its sorrow / **empties** today **of** its strength

내일의 슬픔을 비우지 않는다 / 오늘의 힘을 비운다

→ [empty A of B]는 'A에서 B를 비우다, 꺼내다'라는 뜻으로 쓰입니다. **empty** a bag **of** its contents 라고 하면 '가방 속의 내용물을 꺼내다(쏟다)'라는 의미입니다. 비슷한 용례로 rob A of B(A에게서 B를 빼앗다), clear A of B(A에서 B를 치우다), deprive A of B(A로부터 B를 박탈하다) 등이 있습니다.

단어·숙어 알기
명언에 나온 단어와 숙어를 익혀 보세요.

■ **sorrow** : 명 슬픔, 비애

EX The busy bee has no time for **sorrow**. (William Blake)

바쁜 벌은 슬퍼할 시간이 없다.

명언 다시 쓰기
명언을 소리 내어 읽어 보고 단계별로 써 보세요.

걱정은 비우지 않는다

✎

내일의 슬픔을

✎

그것은 비운다

✎

오늘 써야 할 힘을

✎

"걱정은 내일의 슬픔을 비우지 않는다. 그것은 오늘 써야 할 힘을 비운다."

✎

Life comes with many challenges. The ones that should not scare us are the ones we can take on and take control of.

인생에는 많은 도전이 따른다. 우리를 두렵게 해서는 안 되는 것은 우리가 장악하고
통제할 수 있는 것이다.

– Angelina Jolie –

주어와 동사 찾기
명언을 읽고 해석해 보고, 영어 문장 속 주어와 동사를 적어 보세요.

		with many challenges.
(주어) 인생은	(동사) 온다	많은 도전들과 함께

(주어) 우리를 두렵게 해서는 안 되는 것은	(동사) 이다

the ones we can take on and take control of.

우리가 장악하고 통제할 수 있는 것

구문 알기
명언 속 핵심 문법을 통해 명언을 자세히 이해해 보세요.

The ones [that should not scare us] are

the ones [(that) we can take on and take control of].

[우리를 두렵게 해서는 안 되는] 것은 [우리가 장악하고 통제할 수 있는] 것이다.

392

→ ones는 부정대명사 one의 복수형으로 불특정한 다수의 사물이나 사람을 가리킵니다. 맨 앞의 the ones는 이 문장의 주어, 뒤에 나오는 the ones는 주어를 보충 설명해 주는 보어로, 각각 관계대명사절의 수식을 받고 있습니다. 관계대명사 that의 수식을 받는 첫 번째 the ones는 선행사로서 관계대명사절 속의 주어 역할을 하므로 that이 주격 관계대명사로 쓰였음을 알 수 있습니다. 두 번째 the ones 뒤에는 관계대명사가 생략되었는데, 선행사 the ones가 관계대명사절 속의 목적어 역할을 하므로 목적격 관계대명사가 와야 하지만 이 목적격 관계대명사는 생략할 수 있기 때문입니다.

단어·숙어 알기
명언에 나온 단어와 숙어를 익혀 보세요.

- **challenge :** 명 도전

  EX **Each new book is a tremendous challenge.** (Peter Straub)

  각각의 새로운 책은 하나의 거대한 도전이다.

명언 다시 쓰기
명언을 소리 내어 읽어 보고 단계별로 써 보세요.

인생에는 많은 도전이 따른다

우리를 두렵게 해서는 안 되는 것은

우리가 장악하고 통제할 수 있는 것이다

"인생에는 많은 도전이 따른다. 우리를 두렵게 해서는 안 되는 것은 우리가 장악하고 통제할 수 있는 것이다."

The need for connection and community is primal, as fundamental as the need for air, water, and food.

인연과 공동체에 대한 필요성은 공기, 물, 음식에 대한 필요성만큼이나 근본적인 것이다.

- Dean Ornish -

주어와 동사 찾기

명언을 읽고 해석해 보고, 영어 문장 속 주어와 동사를 적어 보세요.

	primal,
(주어) 인연과 공동체에 대한 필요성은	(동사) 이다 근본적인

as fundamental as the need for air, water, and food.

공기, 물, 음식에 대한 필요성만큼이나 근본적인

구문 알기

명언 속 핵심 문법을 통해 명언을 자세히 이해해 보세요.

🔖 **as fundamental as** the need for air, water, and food

공기, 물, 음식에 대한 필요성만큼이나 근본적인

→ as와 as 사이에 온 형용사 fundamental은 '근본적인, 본질적인'이라는 의미로 앞에 온 형용사 primal과 같은 의미입니다. 즉, 얼마나 근본적인 것인지 강조하기 위해 as fundamental as를 덧붙인 것으로 볼 수 있습니다. [as A(형용사/부사) as B]는 'B만큼 A한'이라는 의미로 두 대상을 동등하게 비교해 같음을 나타내는 방법입니다. 형용사나 부사의 원래 형태로 비교한다고 해서 원급 비교라고도 하며, The book is **as interesting as** the original novel.(책은 원작 소설만큼 재미있다.)과 같이 표현합니다.

단어·숙어 알기
명언에 나온 단어와 숙어를 익혀 보세요.

- **community** : 몡 공동체, 지역 사회
  - EX The way to change the world is through individual responsibility and taking local action in your own **community**. (Jeff Bridges)

    세상을 바꾸는 방법은 개인의 책임과 자신의 지역 사회에서 지역 행동을 통해서이다.

- **primal** : 몡 최초의, 원시의, 근본적인, 원초적인
  - EX The desire to be loved by parents is the most **primal** need.

    부모에게 사랑받고자 하는 욕구는 가장 원초적인 욕구이다.

  - EX There is art and beauty and power in the **primal** images of fantasy.

    (Guillermo del Toro)

    환상의 본래 이미지에는 예술과 아름다움과 힘이 있다.

명언 다시 쓰기
명언을 소리 내어 읽어 보고 단계별로 써 보세요.

인연과 공동체에 대한 필요성은

✐

근본적이다

✐

공기, 물, 음식에 대한 필요성만큼이나 근본적인

✐

"인연과 공동체에 대한 필요성은 공기, 물, 음식에 대한 필요성만큼이나 근본적인 것이다."

✐

He who is not a good servant will not be a good master.

훌륭한 하인이 아닌 사람은 훌륭한 주인이 되지 못할 것이다.

- Plato -

주어와 동사 찾기

명언을 읽고 해석해 보고, 영어 문장 속 주어와 동사를 적어 보세요.

(주어) 훌륭한 하인이 아닌 사람은	(동사) 되지 못할 것이다

a good master.

훌륭한 주인이

구문 알기

명언 속 핵심 문법을 통해 명언을 자세히 이해해 보세요.

He [who is not a good servant] will not be a good master.

[훌륭한 하인이 아닌] 사람은 훌륭한 주인이 되지 못할 것이다.

→ 이 문장은 He will not be a good master.와 He is not a good servant.가 결합된 문장으로 볼 수 있습니다. 두 문장에서 공통으로 나오는 he를 선행사로 하고 관계대명사 who로 연결하여 한 문장이 되었습니다. 이때, 선행사 he가 관계대명사 who가 이끄는 절의 주어이므로 who는 주격 관계대명사로 쓰였습니다.

단어·숙어 알기

명언에 나온 단어와 숙어를 익혀 보세요.

- **servant** : 몡 하인, 종, 부하

  EX I really want to have a **servant** to do all of my work.

  난 진짜 내 모든 일을 해 줄 하인을 가지고 싶다.

- **master** : 몡 주인, 달인 동 ~을 완전히 익히다, 숙달하다

  EX He is the **master** at negotiating.

  그는 협상의 달인이다.

  EX Spanish was a language I had never **mastered**.

  스페인어는 내가 끝내 완전히 익히지 못한 언어였다.

명언 다시 쓰기

명언을 소리 내어 읽어 보고 단계별로 써 보세요.

훌륭한 하인이 아닌 사람은

되지 못할 것이다

훌륭한 주인이

"훌륭한 하인이 아닌 사람은 훌륭한 주인이 되지 못할 것이다."

Those who do not remember the past are condemned to repeat it.

과거를 기억하지 못하는 자들은 과거의 삶을 반복하기 마련이다.

- George Santayana -

주어와 동사 찾기

명언을 읽고 해석해 보고, 영어 문장 속 주어와 동사를 적어 보세요.

(주어) 과거를 기억하지 못하는 자들은

	to repeat it.

(동사) 하기 마련이다 　　　　　 그것을 반복하는 것을

구문 알기

명언 속 핵심 문법을 통해 명언을 자세히 이해해 보세요.

🔖 those [who do not remember the past]

[과거를 기억하지 못하는] 사람들

→ those who는 '~하는 사람들'로 해석하며, those가 선행사, who 이하가 관계대명사절입니다. '~한 것들'이라는 의미로 사물을 나타낼 경우에는 those which로 씁니다.

EX **Those who** skip classes won't get good grades.

　　수업에 빠지는 사람들은 좋은 점수를 받지 못할 것이다.

EX Each selected **those which** suited his or her taste.

　　각자 자기 취향에 맞는 것들을 골랐다.

단어·숙어 알기
명언에 나온 단어와 숙어를 익혀 보세요.

- **be condemned to 부정사 :** ~하게 되다, ~하기 마련이다, ~하는 것이 마땅하다,
  ~하라는 판결을 받다

  EX He **was condemned to** spend the rest of his life in prison.

  그는 감옥에서 여생을 보내야 한다는 판결을 받았다.

- **repeat :** 동 반복하다, (말 등을) 따라하다   명 되풀이

  EX You must not **repeat** the same mistakes again.

  똑같은 실수를 다시 반복해서는 안 된다.

명언 다시 쓰기
명언을 소리 내어 읽어 보고 단계별로 써 보세요.

과거를 기억하지 못하는 자들은

그것을 반복하기 마련이다

"과거를 기억하지 못하는 자들은 과거의 삶을 반복하기 마련이다."

Everyone has limits. You just have to learn what your own limits are and deal with them accordingly.

모든 사람은 한계가 있다. 당신은 단지 자신의 한계가 무엇인지를 깨달아야 하고 그에 따라서 한계에 대처해야 한다.

- Nolan Ryan -

주어와 동사 찾기

명언을 읽고 해석해 보고, 영어 문장 속 주어와 동사를 적어 보세요.

		limits.
(주어) 모든 사람은	(동사) 가진다	한계를

	just		what your own limits are
(주어) 당신은	단지	(동사) 깨달아야 한다	자신의 한계가 무엇인지를

and ( )   them accordingly.

그리고   (주어 생략) 당신은   (동사) 대처해야 한다   그것들에 따라서

구문 알기

명언 속 핵심 문법을 통해 명언을 자세히 이해해 보세요.

■ **everyone has** limits

모든 사람은 한계가 있다

→ everyone은 복수로 오해하기 쉬운 대명사로 '모든 사람'이라는 뜻이지만, 정확하게는 '각각의 사람들' 모두를 가리키기 때문에 단수 취급합니다. 따라서 주어 everyone과 수가 일치하도록 단수 동사 has 가 쓰였습니다.

🔖 **you just have to learn [what your own limits are]**

당신은 단지 [자신의 한계가 무엇인지] 깨달아야 한다

→ what 이하가 동사 learn의 목적어인 문장으로, 이렇게 의문문이 문장 내에서 주어, 보어, 목적어로 쓰일 때 이를 '간접의문문'이라고 합니다. 의문문이 간접의문문의 형태로 문장의 구성 요소로 포함되면 [의문사 + 동사 + 주어]의 어순을 따르지 않고, [의문사 + 주어 + 동사]로 어순이 바뀝니다.

 ## 단어·숙어 알기
명언에 나온 단어와 숙어를 익혀 보세요.

🔖 **deal with : ~을 다루다, 처리하다**

EX You pray for rain, you gotta **deal with** the mud too. That's a part of it.
(Denzel Washington)

비가 내리기를 기도한다면, 진흙도 처리해야 한다. 그것은 비의 일부다.

 ## 명언 다시 쓰기
명언을 소리 내어 읽어 보고 단계별로 써 보세요.

모든 사람은 한계를 가진다

✎

당신은 단지 깨달아야 한다

✎

자신의 한계가 무엇인지를

✎

그리고 그것들에 따라서 대처해야 한다

✎

"모든 사람은 한계가 있다. 당신은 단지 자신의 한계가 무엇인지를 깨달아야 하고 그에 따라서 한계에 대처해야 한다."

✎

No one is dumb who is curious. The people who don't ask questions remain clueless throughout their lives.

호기심을 가진 어느 누구도 바보가 아니다. 질문하지 않는 사람들은 평생 무지한 채로 남는다.

– Neil deGrasse Tyson –

주어와 동사 찾기

명언을 읽고 해석해 보고, 영어 문장 속 주어와 동사를 적어 보세요.

		dumb who is curious.

(주어) 아무도 ~ 않다   (동사) 이다   바보   호기심을 가진

		clueless

　　　　　　(주어) 질문하지 않는 사람들은　　　　　　　　　　(동사) 남는다　　　무지한

throughout their lives.

　　　　평생

구문 알기

명언 속 핵심 문법을 통해 명언을 자세히 이해해 보세요.

🔖 no one [who is curious] / the people [who don't ask questions]

[호기심을 가진] 어느 누구도 (~가 아니다) / [질문하지 않는] 사람들

→ 이번 명언의 첫 번째 문장 No one is dumb who is curious.는 원래 No one who is curious is dumb.이었는데 주어를 수식하는 수식어구(관계대명사절)가 길어서 맨 뒤로 보낸 것으로 보아야

합니다. 즉, who is curious는 보어 dumb(바보)이 아니라 주어 no one을 수식하는 말입니다. 두 번째 문장 역시 주어 the people이 관계대명사 who가 이끄는 형용사절의 수식을 받고 있습니다.

단어·숙어 알기
명언에 나온 단어와 숙어를 익혀 보세요.

- **dumb :** 형 말 못 하는, 어리석은   명 멍청이, 바보
  - EX I was struck **dumb** by what I had heard from him.
    나는 그에게서 들은 말에 멍하니 있었다.

- **clueless :** 형 단서가 없는, 아주 멍청한
  - EX Many scientists were **clueless** about the direction of the comet.
    많은 과학자들은 그 혜성의 방향에 대해 단서가 없었다.

명언 다시 쓰기
명언을 소리 내어 읽어 보고 단계별로 써 보세요.

어느 누구도 바보가 아니다

✎

호기심을 가진 (어느 누구)

✎

질문하지 않는 사람들은

✎

평생 무지한 채로 남는다

✎

"호기심을 가진 어느 누구도 바보가 아니다. 질문하지 않는 사람들은 평생 무지한 채로 남는다."

✎

Knowledge without justice ought to be called cunning rather than wisdom.

정의가 수반되지 않는 지식은 지혜라기보단 교활함이라 불려야 마땅하다.

- Plato -

주어와 동사 찾기

명언을 읽고 해석해 보고, 영어 문장 속 주어와 동사를 적어 보세요.

(주어) 정의가 수반되지 않는 지식은	(동사) 불려야 마땅하다

cunning rather than wisdom.

지혜라기보단 교활함으로

구문 알기

명언 속 핵심 문법을 통해 명언을 자세히 이해해 보세요.

📎 knowledge without justice ought to be called

정의가 수반되지 않는 지식은 불려야 마땅하다

→ [ought to + 동사원형]는 '~함이 마땅하다, ~해야 하다'의 의미로 should와 함께 충고할 때 자주 쓰이는 조동사입니다. 주어인 knowledge(지식)가 call(부르다)이라는 행위를 하는 주체가 아니라 부름을 당하는 대상이기 때문에 ought to 다음에 수동태로 be called가 왔습니다.

📎 cunning rather than wisdom

지혜라기보단 교활함

→ [A rather than B]는 'B라기보다는 A'라는 의미로 두 대상을 비교할 때 씁니다. 주의할 것은 A와 B가 병렬 구조를 이뤄야 하므로 rather than 양쪽에는 '명사와 명사' 또는 '동사와 동사'처럼 서로 대등한 요소가 와야 한다는 것입니다.

단어·숙어 알기

명언에 나온 단어와 숙어를 익혀 보세요.

🔲 **justice :** 몡 정의

[EX] **Justice** is the sum of all moral duty. (William Godwin)

정의는 모든 도덕적 의무의 총합이다.

🔲 **cunning :** 몡 교활함 형 교활한

[EX] I don't want to use low **cunning** to get what I want.

내가 원하는 것을 얻기 위해 저급한 교활함을 발휘하고 싶진 않다.

명언 다시 쓰기

명언을 소리 내어 읽어 보고 단계별로 써 보세요.

정의가 수반되지 않는 지식은

✎

불려야 마땅하다

✎

지혜라기보단 교활함으로

✎

"정의가 수반되지 않는 지식은 지혜라기보단 교활함이라 불려야 마땅하다."

✎

It is from books that wise people derive consolation in the troubles of life.

현명한 사람은 삶이 어려울 때 책에서 위로를 얻는다.

- Victor Hugo -

 주어와 동사 찾기
명언을 읽고 해석해 보고, 영어 문장 속 주어와 동사를 적어 보세요.

It is from books that [   ] [   ] **consolation**
(강조)　　　책으로부터　　　　　　　(주어) 현명한 사람들은　　　(동사) 얻는다　　　위로를

in the troubles of life.
　　　　삶의 어려움에서

 구문 알기
명언 속 핵심 문법을 통해 명언을 자세히 이해해 보세요.

▪ It is from books that wise people derive consolation in the troubles of life.

현명한 사람들이 삶의 어려움에서 위로를 얻는 것은 책으로부터이다.

→ 문장의 한 요소를 강조하고 싶을 때 영어에서는 [it ~ that] 강조 구문을 사용합니다. it과 that 사이에 강조하고 싶은 어구를 넣는데 주로 주어, 목적어, 부사 또는 부사구를 강조합니다.

　EX It was **Minji** that met him yesterday.　어제 그를 만난 것은 민지였다. (주어 강조)

　EX It was **him** that Minji met yesterday.　어제 민지가 만난 것은 그였다. (목적어 강조)

　EX It was **yesterday** that Minji met him.　민지가 그를 만난 것은 어제였다. (부사 강조)

단어·숙어 알기
명언에 나온 단어와 숙어를 익혀 보세요.

- **derive :** 동 끌어내다, ~에서 비롯되다

  EX These days, people need to **derive** knowledge from books.

  요즘, 사람들은 책에서 지식을 얻을 필요가 있다.

  EX These English words **derived** from Latin.

  이 영어 단어들은 라틴어에서 파생되었다.

- **consolation :** 명 위안, 위로

  EX There was nothing I could do but offer a few words of **consolation**.

  몇 마디 위로의 말을 건네는 것 외에는 내가 할 수 있는 일이 없었다.

명언 다시 쓰기
명언을 소리 내어 읽어 보고 단계별로 써 보세요.

책으로부터이다

현명한 사람들이 위로를 얻는 것은

삶의 어려움에서

"현명한 사람은 삶이 어려울 때 책에서 위로를 얻는다."

Man is the only creature that consumes without producing.

인간은 생산하지 않고 소비하는 유일한 창조물이다.

- George Orwell -

 주어와 동사 찾기

명언을 읽고 해석해 보고, 영어 문장 속 주어와 동사를 적어 보세요.

 **the only creature that consumes without producing.**

(주어) 인간은   (동사) 이다   생산하지 않고 소비하는 유일한 창조물

 구문 알기

명언 속 핵심 문법을 통해 명언을 자세히 이해해 보세요.

◾ the only creature [that consumes without producing]

[생산하지 않고 소비하는] 유일한 창조물

→ 선행사에 the 최상급, the 서수, the only, the same, the very 등이 함께 올 경우 형용사절을 이끄는 관계대명사로 주로 that을 씁니다. 그 외에도 선행사가 사람과 사물이거나 사람과 동물일 때도 that을 씁니다.

◾ without producing

생산하지 않고

→ without은 전치사이므로 뒤에 명사나 동명사가 와야 합니다. 그래서 동사 produce에 -ing가 붙은 동명사 형태인 producing이 사용되었습니다. 참고로, -e로 끝나는 단어는 마지막 e를 빼고 -ing를 붙입니다.

단어·숙어 알기
명언에 나온 단어와 숙어를 익혀 보세요.

- **creature** : 뗑 생명이 있는 존재, 생명체, 창조물

  EX I think dogs are the most amazing **creatures**.

  나는 개들이 가장 놀라운 생명체라고 생각한다.

  EX Scientists will study the **creature** they found in the ocean.

  과학자들은 그들이 바다에서 발견한 생물을 연구할 것이다.

- **consume** : 뙝 소비하다, 소모하다

  EX He decided to stop **consuming** caffeine because of insomnia.

  그는 불면증 때문에 카페인 섭취를 중단하기로 결심했다.

명언 다시 쓰기
명언을 소리 내어 읽어 보고 단계별로 써 보세요.

인간은 유일한 창조물이다

✎

생산하지 않고 소비하는 (창조물)

✎

"인간은 생산하지 않고 소비하는 유일한 창조물이다."

✎

What we can control is our performance and our execution, and that's what we're going to focus on.

우리가 통제할 수 있는 것은 우리의 성과와 실행이며, 그것이 우리가 집중할 것이다.

— Bill Belichick —

 주어와 동사 찾기

명언을 읽고 해석해 보고, 영어 문장 속 주어와 동사를 적어 보세요.

		our performance and our execution,
(주어) 우리가 통제할 수 있는 것은	(동사) 이다	우리의 성과와 실행

and ⬚ ⬚ **what we're going to focus on.**

그리고　(주어) 그것이　(동사) 이다　　　　우리가 집중할 것

 구문 알기

명언 속 핵심 문법을 통해 명언을 자세히 이해해 보세요.

🔖 what [we can control] / what [we're going to focus on]

[우리가 통제할 수 있는] 것 / [우리가 집중할] 것

→ 관계대명사 what은 '~하는 것'으로 해석하며, 그 자체에 선행사가 포함되어 있습니다. 의문사 what 과 구분하는 방법은 해석을 통해서인데, '~하는 것'으로 해석하는 것이 자연스러우면 관계대명사, '무엇' 으로 해석하는 것이 자연스러우면 의문사로 판단합니다. 예를 들어, That's **what** I want.(그게 내가 원하는 거야.)에서 what은 관계대명사인 반면, The most important thing is **what** you want. (가장 중요한 것은 네가 무엇을 원하느냐이다.)에서 what은 의문사와 관계대명사 둘 다 가능합니다.

◾ [What we can control is <u>our performance</u> and <u>our execution</u>], and [that's what we're going to focus on].

[우리가 통제할 수 있는 것은 우리의 <u>성과</u>와 <u>실행</u>]이며, [그것이 우리가 집중할 것]이다.

→ 이 문장에는 등위접속사 and가 두 번 나오는데, 첫 번째 and는 명사구인 our performance와 our execution을 연결하고, 두 번째 and는 앞 문장과 뒤 문장을 연결하여 병렬 구조를 이루고 있습니다. 참고로 두 번째 and 뒤의 대명사 that은 앞 문장 전체를 가리킵니다.

 ## 단어·숙어 알기
명언에 나온 단어와 숙어를 익혀 보세요.

◾ **execution** : 명 실행, 수행, 처형

EX I don't want to fail in the **execution** of my duty.

나는 내 의무를 실행하는 데 실패하고 싶지 않다.

 ## 명언 다시 쓰기
명언을 소리 내어 읽어 보고 단계별로 써 보세요.

우리가 통제할 수 있는 것은

✎

우리의 성과와 실행이다

✎

그리고 그것이

✎

우리가 집중할 것이다

✎

"우리가 통제할 수 있는 것은 우리의 성과와 실행이며, 그것이 우리가 집중할 것이다."

✎

Making progress on longstanding challenges requires a different lens and a new approach.

오랜 도전에서 진보하려면 다른 렌즈와 새로운 접근 방식이 필요하다.

- Ayanna Pressley -

주어와 동사 찾기

명언을 읽고 해석해 보고, 영어 문장 속 주어와 동사를 적어 보세요.

(주어) 오랜 도전에서 진보하는 것은

	a different lens and a new approach.

(동사) 필요로 한다   다른 렌즈와 새로운 접근 방식을

구문 알기

명언 속 핵심 문법을 통해 명언을 자세히 이해해 보세요.

🍃 making progress **on** longstanding challenges

오랜 도전에서 진보하는 것

→ on은 무엇의 표면에 닿거나 그 표면을 형성함을 나타낼 때 쓰일 뿐만 아니라 여기서처럼 추상적으로 무언가와 '연결/접속되는' 느낌을 전달할 때도 자주 쓰입니다. I thrive **on** challenge.(나는 기꺼이 도전을 즐긴다.), Something **on** your mind?(무슨 고민 있어?), I have 100 followers **on** Instagram. (나는 인스타그램에 100명의 팔로어가 있어.) 같은 문장에서 on이 이와 같은 역할을 합니다.

[making progress on longstanding challenges] requires ~

[오랜 도전에서 진보하는 것은] ~을 필요로 한다

→ making부터 challenges까지가 주어입니다. 이렇게 주어가 길 때는 핵심 주어를 파악하는 것이 중요한데, 핵심 주어에 동사의 수를 일치시켜야 하기 때문입니다. 여기서 핵심 주어는 맨 마지막에 온 challenges가 아니라 맨 앞에 온 동명사 making입니다. 동명사가 주어일 경우 단수 취급하기 때문에 단수 동사인 requires가 쓰였습니다.

단어·숙어 알기
명언에 나온 단어와 숙어를 익혀 보세요.

longstanding : 혱 다년간의, 오랫동안

> EX The two companies have a **longstanding** partnership.
>
> 그 두 회사는 오랜 파트너십을 맺고 있다.

명언 다시 쓰기
명언을 소리 내어 읽어 보고 단계별로 써 보세요.

진보하는 것은

✎

오랜 도전에서

✎

필요로 한다

✎

다른 렌즈와 새로운 접근 방식을

✎

"오랜 도전에서 진보하려면 다른 렌즈와 새로운 접근 방식이 필요하다."

✎

When you catch a glimpse of your potential, that's when passion is born.

자신의 잠재력을 언뜻 발견하는 때, 그때가 열정이 탄생하는 때이다.

- Zig Ziglar -

 주어와 동사 찾기

명언을 읽고 해석해 보고, 영어 문장 속 주어와 동사를 적어 보세요.

When you catch a glimpse of your potential,

당신이 자신의 잠재력을 언뜻 발견하는 때

		when passion is born.

(주어) 그때가　(동사) 이다　　열정이 탄생하는 때

 구문 알기

명언 속 핵심 문법을 통해 명언을 자세히 이해해 보세요.

🍃 when you **catch a glimpse of** your potential

자신의 잠재력을 언뜻 발견하는 때

→ when은 시간 부사절을 이끄는 접속사로 쓰였으며, '~하는 순간, ~할 때'로 해석합니다. glimpse는 '잠깐 봄, 짧은 경험'을 의미하는 명사로 [catch a glimpse of]로 쓰면 '~을 흘끗 보다'라는 뜻이 됩니다. catch 대신 get을 쓸 수도 있습니다.

🍃 that's when **passion is born**

그때가 열정이 탄생하는 때이다

→ when이 이끄는 부사절의 주어 passion(열정) 뒤에 온 동사 is born은 [be동사 + 과거분사] 형태의 수동태입니다. born은 '(생각을) 품다, (아이를) 낳다'라는 뜻의 동사 bear의 과거분사형이며, be born 은 '태어나다'의 의미로 빈번히 쓰입니다.

단어·숙어 알기
명언에 나온 단어와 숙어를 익혀 보세요.

🔖 **potential :** 몡 가능성, 잠재력   혱 가능성이 있는

> EX Every morning brings new **potential**, but if you dwell on the misfortunes of the day before, you tend to overlook tremendous opportunities.
> (Harvey Mackay)
> 모든 아침은 새로운 잠재력을 가져오지만, 만일 전날의 불행에 연연해 하면, 대개 엄청난 기회를 보지 못한다.

명언 다시 쓰기
명언을 소리 내어 읽어 보고 단계별로 써 보세요.

당신이 자신의 잠재력을 언뜻 발견하는 때

✍

그때가 열정이 탄생하는 때이다

✍

"자신의 잠재력을 언뜻 발견하는 때, 그때가 열정이 탄생하는 때이다."

✍

It isn't the mountains ahead to climb that wear you out; it's the pebble in your shoe.

당신을 지치게 하는 것은 앞에 오를 산이 아니라, 당신 신발 속의 조약돌이다.

– Muhammad Ali –

 주어와 동사 찾기

명언을 읽고 해석해 보고, 영어 문장 속 주어와 동사를 적어 보세요.

It isn't [＿＿＿＿＿＿＿＿＿＿＿＿] **that** [＿＿＿] **you out;**

(강조) 아니다　　　　　　(주어) 앞에 오를 산들이　　　　　　(동사) 지치게 한다　당신을 완전히

[＿＿] [＿＿] **the pebble in your shoe.**

(주어) 그것은　(동사) 이다　　　당신 신발 속의 조약돌

 구문 알기

명언 속 핵심 문법을 통해 명언을 자세히 이해해 보세요.

▸ <u>it</u> isn't the mountains ahead to climb <u>that</u> wear you out

당신을 지치게 하는 것은 앞에 오를 산이 아니다

→ it과 that 사이에 동사를 제외한 어구를 넣어 효과적으로 강조하는 방법인 [it ~ that] 강조 구문입니다. 예를 들어 시간을 강조하고 싶다면 It was <u>yesterday</u> that I climbed the mountain.(내가 그 산을 오른 것은 어제였다.), 장소를 강조하고 싶다면 It was <u>at the park</u> that I met him.(내가 그를 만난 곳은 공원이었다.) 등으로 표현할 수 있습니다. [it ~ that] 강조 구문과 [가주어-진주어] 구문은 둘 다 it과 that을 사용하지만 [it ~ that] 강조 구문은 특정한 내용을 강조하기 위한 것이라면 [가주어-진주어] 구문은 긴 주어를 보기 좋게 뒤로 이동한 것이기 때문에 그 쓰임이 다릅니다.

; it's the pebble in your shoe

그것은 당신 신발 속의 조약돌이다

→ 문장 중간에 세미콜론(;)을 쓰면 and나 but과 같은 접속사를 쓰지 않고도 두 문장을 연결할 수 있습니다. '그리고, 그런데' 등으로 자연스럽게 해석하면 됩니다.

단어·숙어 알기
명언에 나온 단어와 숙어를 익혀 보세요.

 wear out : ~을 지치게 만들다, (낡아서) 떨어지게 하다; ~이 못쓰게 되다, 지치다

EX **Shopping all day really wears me out.**

하루 종일 쇼핑하면 정말 피곤하다.

명언 다시 쓰기
명언을 소리 내어 읽어 보고 단계별로 써 보세요.

앞에 오를 산이 아니다

✎

당신을 지치게 하는 것은

✎

그것은 조약돌이다

✎

당신 신발 속의

✎

"당신을 지치게 하는 것은 앞에 오를 산이 아니라, 당신 신발 속의 조약돌이다."

✎

There is no problem that is not improved by effort, and no effort that is too paltry to be worth undertaking.

노력으로 개선되지 않는 문제는 없으며, 착수할 가치가 없을 만큼 하찮은 노력도 없다.

- Sam Waterston -

 주어와 동사 찾기

명언을 읽고 해석해 보고, 영어 문장 속 주어와 동사를 적어 보세요.

There ⬚ ⬚ **that is not improved by effort and**

(유도부사) (동사) 있다　　(주어) 어떤 문제도 ~ 아니다　　　　　　노력에 의해 개선되지 않는　　　　그리고

(there) (⬚ **)** ⬚ **that is too paltry to be worth undertaking.**

(유도부사 생략) (동사 생략) 있다 (주어) 어떤 노력도 ~ 아니다　　　　　착수하기에 너무 보잘것없는

 구문 알기

명언 속 핵심 문법을 통해 명언을 자세히 이해해 보세요.

◥ there is no problem [that is not improved by effort]

[노력으로 개선되지 않는] 문제는 없다

→ [there + be동사 + 주어] 구문으로 '~가 있다/없다'를 나타낼 수 있습니다. 이때 there는 유도부사로 특별한 뜻은 없으며, 주어와 동사의 순서가 도치된다는 점에 주의해야 합니다. 따라서 동사의 수 역시 뒤에 나오는 주어의 수에 일치시켜야 합니다. 이 문장에서 주어는 no problem이며, 선행사로서 관계대명사 that 이하의 수식을 받고 있습니다.

■ no effort [that is too paltry to be worth undertaking]

[착수하기에 너무 보잘것없는] 노력은 없다

→ 관계대명사 that이 이끄는 형용사절이 선행사 no effort를 수식하는 구조입니다. that 이하의 [too A to B] 구문은 'B하기에는 너무 A한'이라는 의미로 '착수하기에는 너무 하찮은'이라는 뜻이 되는데, 선행사 no effort와 연결하여 자연스럽게 해석하면 '착수할 가치가 없을 만큼 하찮은 노력은 없다'는 의미가 됩니다.

 ## 단어·숙어 알기
명언에 나온 단어와 숙어를 익혀 보세요.

■ **paltry :** 형 보잘것없는, 얼마 되지 않는, 하찮은

EX The value of physical labor is still **paltry**.

육체노동의 가치는 여전히 보잘것없다.

 ## 명언 다시 쓰기
명언을 소리 내어 읽어 보고 단계별로 써 보세요.

어떤 문제도 없다

노력으로 개선되지 않는 (문제)

그리고 어떤 노력도 없다

착수하기에 너무 보잘것없는 (노력)

"노력으로 개선되지 않는 문제는 없으며, 착수할 가치가 없을 만큼 하찮은 노력도 없다."

I think all my life's story is condensed in my face. It is neither innocent nor coy. It speaks volumes.

나는 내 평생의 이야기가 내 얼굴에 응축된 것 같다. 그것은 순진하지도 않고 수줍어하지도 않는다. 그것은 많은 것을 말해 준다.

– Dimple Kapadia –

주어와 동사 찾기
명언을 읽고 해석해 보고, 영어 문장 속 주어와 동사를 적어 보세요.

		all my life's story is condensed in my face.
(주어) 나는	(동사) 생각한다	내 평생의 이야기가 내 얼굴에 응축되어 있다고

		neither innocent nor coy.
(주어) 그것은	(동사) 이다	순진하지도 않고 수줍어하지도 않는

		volumes.
(주어) 그것은	(동사) 말한다	많은 것을

구문 알기
명언 속 핵심 문법을 통해 명언을 자세히 이해해 보세요.

▶ all my life's story is condensed in my face

내 평생의 이야기가 내 얼굴에 응축되어 있다

→ condense는 타동사(응축시키다)와 자동사(응축되다)로 모두 쓰이지만, [be동사 + 과거분사] 형태로 온 것으로 보아 여기서는 타동사로 쓰인 것을 알 수 있습니다. 주어 all my life's story가 무언가에 의해 '응축되어' 있는 상태를 수동태를 써서 나타낸 것입니다.

It is neither innocent nor coy.

그것은 순진하지도 않고 수줍어하지도 않는다.

→ [neither A nor B]는 'A도 B도 아니다'라는 의미로 양쪽 모두를 부정하는 상관접속사입니다. 참고로 [either A or B]는 'A와 B 중 어느 하나' 또는 'A이거나 B인'이라는 의미입니다.

단어·숙어 알기
명언에 나온 단어와 숙어를 익혀 보세요.

condense : ⑧ 응축하다, 응결하다, 압축하다

EX Water vapor in the air **condenses** into fog.

공기 중의 수증기는 응결되어 안개가 된다.

명언 다시 쓰기
명언을 소리 내어 읽어 보고 단계별로 써 보세요.

나는 생각한다

✐

내 평생의 이야기가 내 얼굴에 응축되어 있다고

✐

그것은 순진하지도 수줍어하지도 않는다

✐

그것은 많은 것을 말해 준다

✐

"나는 내 평생의 이야기가 내 얼굴에 응축된 것 같다. 그것은 순진하지도 않고 수줍어하지도 않는다.

그것은 많은 것을 말해 준다."

✐

Frustration is fuel that can lead to the development of an innovative and useful idea.

좌절은 혁신적이고 쓸모 있는 아이디어의 개발로 이어질 수 있는 연료이다.

– Marley Dias –

 주어와 동사 찾기
명언을 읽고 해석해 보고, 영어 문장 속 주어와 동사를 적어 보세요.

(주어) 좌절은	(동사) 이다

fuel that can lead
이어질 수 있는 연료

to the development of an innovative and useful idea.
혁신적이고 쓸모 있는 아이디어의 개발로

 구문 알기
명언 속 핵심 문법을 통해 명언을 자세히 이해해 보세요.

🔖 Frustration is fuel [that can lead to the development of an innovative and useful idea].

좌절은 [혁신적이고 쓸모 있는 아이디어의 개발로 이어질 수 있는] 연료이다.

→ that은 형용사절을 이끄는 관계대명사 역할을 하며 that이 이끄는 절 전체가 선행사인 fuel을 수식하고 있습니다. 관계대명사 that 다음에 온 동사 lead는 원래 '안내하다, 이끌다'는 뜻으로 전치사 to와 함께 lead to로 쓰면 '~로 이어지다, ~에 이르게 하다'라는 의미입니다. 대표적인 예로 All roads **lead to** Rome.(모든 길은 로마로 통한다.)이 있습니다.

단어·숙어 알기
명언에 나온 단어와 숙어를 익혀 보세요.

- **fuel :** 🅜 연료   🅓 연료를 공급하다

  🆔 I guess we ran out of **fuel**.

  우리 연료가 다 떨어진 거 같아.

- **development :** 🅜 개발, 발달

  🆔 Sustainable **development** is the pathway to the future we want for all.
  (Ban Ki-moon)

  지속 가능한 발전은 우리 모두가 원하는 미래로 가는 길이다.

명언 다시 쓰기

명언을 소리 내어 읽어 보고 단계별로 써 보세요.

좌절은 연료이다

🖎

개발로 이어질 수 있는 (연료)

🖎

혁신적이고 쓸모 있는 아이디어의 (개발)

🖎

"좌절은 혁신적이고 쓸모 있는 아이디어의 개발로 이어질 수 있는 연료이다."

🖎

Since the day of my birth, my death began its walk. It is walking toward me, without hurrying.

내가 태어난 날부터 죽음은 걷기 시작했다. 그것은 서두르지 않고 나를 향해 걸어오고 있다.

- Jean Cocteau -

 주어와 동사 찾기

명언을 읽고 해석해 보고, 영어 문장 속 주어와 동사를 적어 보세요.

Since the day of my birth, ⬚ ⬚ **its walk.**

내가 태어난 날부터　　　　(주어) 내 죽음은　　　(동사) 시작했다　　그것의 걸음을

⬚ ⬚ **toward me, without hurrying.**

(주어) 그것은　　(동사) 걸어오고 있다　　　　나를 향해 서두르지 않고

 구문 알기

명언 속 핵심 문법을 통해 명언을 자세히 이해해 보세요.

🔖 **since** the day of my birth

내가 태어난 날부터

→ since는 '~ 이후로'의 뜻으로 명사 앞에서는 전치사로, 주어와 동사가 오는 절에서는 접속사로 쓰입니다.

> EX I've been off work **since** Monday. (전치사)
>
> 나는 월요일부터 쉬고 있다.

> EX I've been super busy **since** I came back from holiday. (접속사)
>
> 나는 휴가에서 돌아온 이후로 매우 바빴다.

🔖 **without hurrying**

서두르지 않고

→ 전치사 without은 기본적으로 '~ 없이'라는 의미이지만, without -ing 형태로 쓰일 때는 '~을 하지 않고' 라는 의미로, -ing에 해당하는 행위를 하지 않음을 나타냅니다.

단어·숙어 알기
명언에 나온 단어와 숙어를 익혀 보세요.

🔖 **toward :** 전 ~ 쪽으로, ~을 향하여

ᴇx Run **toward** the hardest problems. (Lisa Su)

가장 어려운 문제를 향해 달려가라.

명언 다시 쓰기
명언을 소리 내어 읽어 보고 단계별로 써 보세요.

내가 태어난 날부터

✎

내 죽음은 그것의 걸음을 시작했다

✎

그것은 나를 향해 걸어오고 있다

✎

서두르지 않고

✎

"내가 태어난 날부터 죽음은 걷기 시작했다. 그것은 서두르지 않고 나를 향해 걸어오고 있다."

✎

You can do everything you can try to stop bad things from happening to you, but eventually things will happen, so the best prevention is a positive attitude.

당신은 당신에게 나쁜 일이 생기는 것을 막기 위해 모든 것을 할 수 있지만,
결국에는 어떤 일들은 일어날 것이기 때문에 가장 좋은 예방은 긍정적인 태도이다.

– Marie Osmond –

 주어와 동사 찾기
명언을 읽고 해석해 보고, 영어 문장 속 주어와 동사를 적어 보세요.

---

		everything you can try
(주어) 당신은	(동사) 할 수 있다	당신이 노력할 수 있는 모든 것을

to stop bad things from happening to you,
당신에게 나쁜 일이 생기는 것을 막기 위해서

but eventually ⬚ ⬚ **,**
하지만 결국　　　(주어) 일들은　　　(동사) 일어날 것이다

so ⬚ ⬚ **a positive attitude.**
그래서　　　(주어) 가장 좋은 예방은　　　(동사) 이다　　긍정적인 태도

구문 알기

명언 속 핵심 문법을 통해 명언을 자세히 이해해 보세요.

● everything [you can **try to stop** bad things]

[나쁜 일을 막기 위해 당신이 노력할 수 있는] 모든 것

→ [try + to부정사]와 [try + 동명사]에는 의미 차이가 있습니다. [try + to부정사]는 '~하기 위해 노력하다,
~하기 위해 애쓰다'인 반면, [try + 동명사]는 '시험 삼아 ~해 보다, 시도해 보다'입니다.

단어·숙어 알기

명언에 나온 단어와 숙어를 익혀 보세요.

● **prevention :** 명 예방

EX **Prevention** is better than cure.

예방이 치료보다 중요하다.

명언 다시 쓰기

명언을 소리 내어 읽어 보고 단계별로 써 보세요.

당신은 모든 것을 할 수 있다

당신에게 나쁜 일이 생기는 것을 막기 위해 노력할 수 있는 (모든 것)

하지만 결국에는 일들은 일어날 것이다

그래서 가장 좋은 예방은 긍정적인 태도이다

"당신은 당신에게 나쁜 일이 생기는 것을 막기 위해 모든 것을 할 수 있지만, 결국에는 어떤 일들은

일어날 것이기 때문에 가장 좋은 예방은 긍정적인 태도이다."

You gain strength, courage, and confidence by every experience in which you really stop to look fear in the face.

당신은 진정 두려움을 직시하기 위해 멈추는 모든 경험을 통해 힘과 용기, 자신감을 얻는다.

– Eleanor Roosevelt –

주어와 동사 찾기
명언을 읽고 해석해 보고, 영어 문장 속 주어와 동사를 적어 보세요.

		strength, courage, and confidence
(주어) 당신은	(동사) 얻는다	힘, 용기, 그리고 자신감을

by every experience in which you really stop to look fear in the face.

당신이 진정 두려움을 직시하기 위해 멈추는 모든 경험을 통해

구문 알기
명언 속 핵심 문법을 통해 명언을 자세히 이해해 보세요.

🔹 by <u>every experience</u> [in which you really stop to look fear in the face]

[당신이 진정 두려움을 직시하기 위해 멈추는] <u>모든 경험</u>을 통해

→ 관계대명사 which 앞에 전치사가 오는 경우를 가끔 볼 수 있습니다. 이때는 그 전치사를 관계대명사절 제일 뒤로 옮겨 보면 문장 구조가 쉽게 이해됩니다. 원래는 이 전치사 뒤에 있던 목적어가 선행사가 되어 관계대명사 앞으로 이동하면서 전치사만 남게 되었다가, 이것이 다시 관계대명사 앞으로 이동한 것입니다. [전치사 + 관계대명사]는 관계부사로 바꿀 수 있으므로 여기서 in which 대신 관계부사

where를 써도 같은 뜻이 됩니다. 단, 관계대명사로 that이 오거나 관계대명사를 생략했을 때는 전치사가 앞으로 이동할 수 없다는 것도 알아 두세요.

every experience **which** you really stop to look fear in the face **in**

⇒ every experience **in which** you really stop to look fear in the face

⇒ every experience **where** you really stop to look fear in the face

단어·숙어 알기
명언에 나온 단어와 숙어를 익혀 보세요.

🔖 **confidence** : 몡 자신감, 확신, 신뢰

  EX I have complete **confidence** in you.

    나는 당신을 전적으로 신뢰합니다.

명언 다시 쓰기
명언을 소리 내어 읽어 보고 단계별로 써 보세요.

당신은 얻는다

🖉

힘, 용기, 그리고 자신감을

🖉

모든 경험을 통해

🖉

당신이 진정 두려움을 직시하기 위해 멈추는 (경험)

🖉

"당신은 진정 두려움을 직시하기 위해 멈추는 모든 경험을 통해 힘과 용기, 자신감을 얻는다."

🖉

001	002	003	004	005	006	007	008	009	010
011	012	013	014	015	016	017	018	019	020
021	022	023	024	025	026	027	028	029	030
031	032	033	034	035	036	037	038	039	040
041	042	043	044	045	046	047	048	049	050
051	052	053	054	055	056	057	058	059	060
061	062	063	064	065	066	067	068	069	070
071	072	073	074	075	076	077	078	079	080
081	082	083	084	085	086	087	088	089	090
091	092	093	094	095	096	097	098	099	100

101	102	103	104	105	106	107	108	109	110
111	112	113	114	115	116	117	118	119	120
121	122	123	124	125	126	127	128	129	130
131	132	133	134	135	136	137	138	139	140
141	142	143	144	145	146	147	148	149	150
151	152	153	154	155	156	157	158	159	160
161	162	163	164	165	166	167	168	169	170
171	172	173	174	175	176	177	178	179	180
181	182	183	184	185	186	187	188	189	190
191	192	193	194	195	196	197	198	199	200